# 河合隼雄著作集

第II期

# 子どもといのち

4

JN159035

岩波書店

# 序説　子どもと物語

## 子どもは物語が好き

人間が赤ちゃんとしてこの世に生まれ、だんだんと大人に成長してゆく事実は、まったく素晴らしく、恐ろしいとさえ言いたくなるようなことである。生まれたときは、この世界に対して何の認識もなかったのに、現実を認知し、言葉を覚え、記憶、知識として形成し、貯蔵してゆく。その間に、自分自身の主体性を確立し、責任感をもった存在として、統合された人格をつくってゆく。これは、誰もがしていることではあるが、あらためて考えてみると、何とも偉大なことだと言わざるを得ない。

このような人格形成の過程における、物語の役割ということについて、ここに考察してみたい。そのために、もっぱら子どもと物語について述べることになるが、それは結構、大人にとっても重要であることを認識しておく必要があるだろう。大人たちも心のなかに子どもをもっている、と言えるからである。

子どもが言語を獲得し、三歳くらいになると、何かにつけて「どうして」とか「なぜ」というのを訊きたがる。「どうして木の葉がゆれるの」、「チューリップの花はなぜ赤いの」などというのから、一日に何度も「なぜ」を連発する子どもがいる。「木の葉は、風が吹くとゆれるのよ」と説明すると、それで満足する子もいるし、さらに「どうして風が吹くの」と訊く子もいる。親がうるさくなって、「いい加減にしなさい」と言いたくなることもある。

子どもがこのように質問をするのは、事実を事実として個別に認識するだけではなく、それらを関連づけ、それを自分にとって納得のいく形で体系化しようとするためである。ここに「体系」という言葉を用いたが、それは論理的なことだけではなく、それに伴う自分の感情などすべてのことを含む「体験」を納得がゆくようにまとめあげてゆく「体系」である。

「一匹の犬がこちらに向かってくる」という表現は、既に大人としてのものであり、子どもがはじめて犬を見たときは、「!」とでも表現したいほどの体験であろう。そこには、驚きや恐れの感情が働くことだろう。しかし、そのときに共にいる信頼する大人(多くの場合、母親)が、別に怖がりもせず、「犬が来たよ」などというので、その子にとっては、「犬」という言葉を覚えるし、それほど大変でもないだろう。しかし、最初に体験した「!」というのが非常に大きいときは、それを単に「犬が来た」という表現で片づけることはできないであろう。あるいは、子どもにとっては動かすことは不可能である机を、父親がかるがると移動させるのを見たときのその子の体験は、山を動かす巨人として表現するのが、一番ぴったりではなかろうか。子どもたちの生活は、「物語」に満ちている。

このように考えてくると、子どもたちが「物語」を好むのがよくわかる。それは、大人たちが時に感じるような「絵空事」なのではなくて、「現実」そのものなのである。子どもたちの体験する「現実」を、もっとも適切な方法で表現しているのが「物語」なのである。嘘と思う人は、子どもに何でもいいから物語を読みきかせてみることである。それを聞いているときの子どもの様子を見ていると、どれほど子どもがそれに惹きつけられているることかわかるだろう。そして、たとえば、桃太郎の話で、桃が「ドンブラコ、ドンブラコと流れてきました」というところを好きになると、自分で「ドンブラコ、ドンブラコ」と言って楽しむ姿に、物語から受けとめた興奮が、体中にひろがっていることがわかるであろう。好きな物語は、何度でも読んで欲しがるのは、すべての子どもに共通のことである。何度同じことを繰り返してもあきないのである。

「子どもは仕方がない」などと偉そうに言っている大人も、「好きな物語」を何度も繰り返して喋っているのに気がついているだろうか。威張っている上司をこっぴどくやっつけたとか、新しいアイデアで会社に貢献したとか、「自慢話」を家族や部下に対して、酔っぱらうたびに語り、「あー、例の話か」などと聞き手が思っているのを無視して喜んでいる。こんなことはまったくない、という人は非常に珍しいだろう。人間は生きてゆくために多くの支えを必要としており、このような自家製の物語は、その人を支える大切な柱のひとつなのである。

ある幼稚園で、まったく口をきかない緘黙《かんもく》の子がいた。家ではよく話をしているのだが、家の外に出ると一言も言わないのである。困り果てた担任が園長に相談すると、園長は、手がすいているときに、その子にいろいろと物語を読み聞かせることにした。はじめのうちは無表情に聞いていた子どもが、回を重ねるにしたがって表情がでてくるようになり、物語を楽しんで聞いているのがわかるようになった。園長先生の読み聞かせを楽しみに待っていることがよくわかるようになってしばらくした頃、園長が「むかし、むかし、あるところに、おじいさんとおばあさんが住んでいました」と言うと、その子が大声で、「おじいさんもおばあさんもいない！」と叫んだので、驚いてしまった。一言も言えなかった子が大声を出したのだ。

驚きながらも読みすすんでゆくと、ひとつひとつの文章ごとに、「おじいさんは山へ行かない！」「おばあさんは川なんか行かない！」と否定する。不思議に思ったし、何だかおかしくもあったが、園長先生は読み続け、その子はいちいち否定する。そのうちにたまらなくなって、園長がぷーっと吹き出すと、その子も笑って、顔を見合せて笑った。このときから、その子は幼稚園でも普通に話をするようになった。

緘黙児は、怒りや否定の感情をなかなか表出できず、そのために言葉も出せない状態になっていることが多い。この子の場合、否定文をまず叫んだ、というのもわかる気がする。ただ、そのような機会を与えるものとして、普通の会話でなく、「物語」が役立ったところが興味深いのである。この子のエネルギーを引き出すのに、物語がうまく役立ったのだ。

## 物語が子どもを育てる

大人も自家製物語に支えられている、と述べたが、子どもたちは物語によって育てられる、と言ってもよい。子どもたちの「お気に入り」の物語というのがあるものだ。同じ絵本を何度も何度も読んでもらい、寝るときもそばにおいて寝るという有様で、背表紙がすり切れてしまうなどというのはよくあることだ。そのような絵本や物語を親は大切に扱ってやらねばならない。汚ないからとか、もうバラバラになったから棄てよう、などというのはもっての外である。そのような絵本は、子どもにとっての宝物というべきである。

『おやすみなさいフランシス』(1)という絵本がある。これを大好きな子どもは多い。大人たちは起きているのに、自分は一人で寝なくてはならない。何だか残念でもあるし、不安でもある。この気持と戦ってゆく間に、フランシスは子どもなりに、いろいろと工夫をする。そして、何のかのと理由を見つけて、お父さん、お母さんのところへやってくる。これに対するお父さんの対応も面白い。ここで何と言っても大切なことは、全体にわたってユーモアが流れている、ということである。子どもたちは、このユーモアがよくわかるのだ。何だか自分の自画像を見せられているようなフランシスの行動を、ユーモアをもって見ているうちに、子どもの心に余裕が生まれてくるのである。

子どもたちは、ある物語を好きになると、それを演じて楽しむことも多い。ケストナーの名作『点子ちゃんとアントン』には、点子ちゃんが犬のピーフケを相手に、一生懸命になって「赤ずきん」を演じるところがある。つづいて、点子ちゃんはアントンと共に折りたたみ式ボートでの大洋横断をする。このあたりの描写は、さすがにケストナーで、子どもの姿を生き生きと示してくれる。

私は兄弟が多かったので、よくドラマを演じていた。と言っても、お気に入りの場面を再現してみせるだけで、「ドラマ」などと言えるものではないのだが、実に楽しいものであった。グリムの昔話に「ルンペルシュティルツヘン」というのがある。日本の「大工と鬼六」のように、悪魔の名前を知ることがポイントになるお話である。ところで、私たちが子どものときに知った話は、「ルンペルシュティルツヘン」が言いにくいので変えたのか、あるいは、もともとそんな話があるのか知らないが、悪魔の名前は「デーケドン」であった。そこで、裏藪にある枯れた栗の大木の枝に登って、「デーケドン、デーケドン、おれの名だ知らぬめぇ」と叫ぶのである。これが、やってみるとやたらに面白いのである。「おい、デーケドンをやろう」などという兄の誘いで、デーケドンごっこをするのだが、何しろ、幼い私は栗の木に登れないので、いつもそれを木の下で聞かされる役なのである。早く、デーケドンになりたい！と幼な心によく思ったものである。

物事の「ほんとうの名前」を知る、ということは大切なテーマである。子どもたちは、大人がまことしやかに言っていることが、実は「ほんとう」ではないことを見抜いているものである。子どもは単純だから、すぐにごまかせるなどと考えている大人のほうが、よほど単純なのだ。子どもたちは、したがって、「ほんとうの名前」を知るお話が好きであるし、それを何度演じても面白いのである。大人は「ほんとうのこと」を隠しているつもりで、知らぬ間に自分でほんとうのことをバラしてしまっていることが多いのだ。

一九九八年九月にインドで開催された国際児童図書評議会第二十六回大会において、ビデオテープによって上映された、美智子皇后の基調講演は、内外の児童文学関係者の高い評価を受けた。(2) そのなかに、子ども時代に読んだ物語が、どれほど人格形成にかかわりをもつかについて、自分の体験に基づいて語られている。たとえば、新美南吉の「でんでん虫のかなしみ」について、この話を聞いたのは、四歳から七歳くらいの間で記憶は確かではないが、「この話は、その後何度となく、思いがけない時に私の記憶に甦って来ました。殻一杯になる程の悲しみということと、ある日突然そのことに気付き、もう生きていけないと思ったでんでん虫の不安とが、私の記憶に刻みこまれていたのでしょう」と述べている。

美智子皇后が思い出に残った本としてあげている本のなかに、『世界名作選』二冊がある。実は私自身もこの本が好きでよく読んだので、これは嬉しいことであった。先に引用した『点子ちゃんとアントン』も、実はこのなかに掲載されていたものである。非常に興味深いのは、同じ書物を読みながら印象に残ったところというのが、お互いにまったく異なることである。男女の差もあるし、性格の差ということもあろう。物語と個性とが相互に関係し合ってゆくのだから、当然のことである。美智子皇后が印象に残ったものとしてあげている詩などは、私はまったく覚えていないのである。

それにしても、この二冊は今読んでも価値のある書物だと思ったので、出版社に復刊をすすめたら実現して、非常に嬉しかった。(3) 読み直しながら、実になつかしい感じがするのは、「さし絵」である。やはり、絵はよく印象に残っているのだ。話は忘れていても、その絵と、それを見たときの感じは鮮明に残っている。物語と共に「さし絵」が大切であることを痛感させられた。

この書物が私の人格形成に果たした役割については、他にも書いているので(4) 省略して、子どもたちにこのような本を与えることについて、美智子皇后の講演の結びの言葉から、引用させていただこう。短い言葉のなかに、子どもの心がこのような物語によって、いかに育てられるかが端的に語られている。

子供達が、自分の中に、しっかりとした根を持つために
子供達が、喜びと想像の強い翼を持つために
子供達が、痛みを伴う愛を知るために
そして、子供達が人生の複雑さに耐え、それぞれに与えられた人生を受け入れて生き、やがて一人一人、私共全てのふるさとであるこの地球で、平和の道具となっていくために。

## いのちの物語

いのちというのは、まったく不思議なものである。突然死した親しい人のところに駆けつけたときなど、それを実感する。いつも接した人とは、まったく異なる、何の応答もない存在に、その人は変り果てている。それ以後は、どんなことがあろうと、その人と話合うことはできないのだ。いのちというのは、考えれば考えるほど不可思議なものなのだが、実際に生きている間は、あまりそれを実感しないのだから、ますます不思議と言わねばならない。そのために、このかけがえのない大切なものを、粗略に扱うことが生じてくるのである。

「いのち」について実感させる物語は実に沢山ある。本書において取りあげている多くの物語はすべてそうなのだ、とさえ言えるだろう。本書の「物語とふしぎ」のなかで論じられている児童文学は、すべて「いのちのふしぎ」に通じる作品だと言っても過言ではないだろう。

ただ同じ話を取りあげるのもどうかと思うので、ホワイト作『シャーロットのおくりもの』(5)を見てみよう。こ

れは、ほんとうに「いのち」について考えさせられる文学である。私事を語って申し訳ないことだが、この本を私に読むようにと推薦したのは、児童文学者の上野瞭さんである。ずいぶんと以前のことで、そのときに読んで深く印象づけられた。ところで、最近、「東京・生と死を考える会」に講演を依頼され、この本はそれにふさわしいと考え、もっぱらこの本を中心にして話をすすめた。この話のなかで、主人公のくものシャーロットは死ぬのだが、その子どもたちが命を継ぎ、その子たちが死んでも孫が命を継ぐところが語られ、シャーロットは死んでも、彼女の友人の豚のウィルバーは決して彼女を忘れない、ということが語られる。「ウィルバーは、シャーロットのことをわすれたことはありませんでした。彼は、もちろん、彼女の子どもも、孫も、愛してはいましたが、彼の心のなかで、シャーロットにかわる者はひとりもいませんでした」。

「命あるものは移ろってゆくものですが、友情は終らないのです」と言いながら、私は突然に烈しくこみあげてくるものを感じ、これは、ラジオのために録音されていることもあって、やや唐突であったが、私はこれ以上続けられないと思ってそこで話を終ることにした。

二〇〇二年一月二十七日、講演の後に私は東京から帰宅し、私が話をしていたときに、上野瞭さんが亡くなられたという訃報を受けとった。いのちの不思議ということを感じざるを得なかった。こんなところに、このような私事を書くべきかと迷ったのだが、「いのちの物語」と題すると、書かざるを得ない気持になってしまった。人間の「いのち」というのは、測り知れない力をもっているのだ。

せっかくだから、ここでもう少し『シャーロットのおくりもの』の内容に触れることにしよう。八歳の少女、ファーンは、父親が生まれたばかりの豚のなかに育ちそこないのチビが一匹いるので、斧で「かたづけちまう」というのを知り、驚いてしまう。ファーンは必死になって父親に懇願し、父親はファーンが自分で育てるという条件のもとに、しぶしぶ承諾する。ここで父親の言う言葉が興味深い。「わしもこんなことをして馬鹿なことをしたもんだと、神さまもおっしゃるだろうよ」と。

これを読むと、このようなテーマで児童文学を書くとき、日本におけるのとアメリカにおけるのとでは相当に意味が異なることが感じられる。日本であれば、豚の「いのち」をどうするかは、人間の生活との関連で考えられるだけだが、キリスト教国だと神も関連してくるのだ。神様は人間が豚を殺して食べることを許容しておられる。だから、豚のいのちを救う、ということなどどうでもいいではないか、とも言えるのだ。そのような文化のなかでこれを書いた作者は、日本において書くよりも勇気を必要としたかも知れない。この後に、シャーロットが「奇跡」を演出して豚のウィルバーを救うところが、大切なクライマックスとして出てくるが、作者はキリスト教に対して、このあたりでも一言申し述べているのかも知れない。このあたりのことをアメリカのキリスト教徒と話合ってみたいとは思うが、残念ながらその機会がなかった。

ともかく、ファーンの力で助かったウィルバーは、最初は喜んでいたが、友人がいないので悲しくなる。誰も相手にしてくれないと悲観しているとき、くものシャーロットが友人になろうと言ってくれる。くもと豚の友情というところが奇抜であり、また二人の間の厚情がうまく描かれていることが、この書物を傑作にするのに役立っている。

ウィルバーはシャーロットがハエやチョウを殺して血を吸うのにショックを受ける。しかし、シャーロットは「わたしは、そういうふうにできているのよ」と説明する。くもも生きてゆかねばならないのだ。この作品は、ほんとうに「いのち」ということについて多角的に考えさせる力をもっている。

ウィルバーは楽しく生きていたが、クリスマスになると人間が彼を殺して食べようとしていると知り、悲しみに沈んでしまう。ここでシャーロットの活躍により「奇跡」が生じ、ウィルバーは救われるが、ここのところは原作を読んでいただく楽しみのために伏せておくことにしよう。

ウィルバーは助かるが、シャーロットは寿命がつきて死ぬ。悲しむウィルバーにシャーロットは、自分の子どもたちが「いのち」を継いでくれると説明し、そのとおり、たくさんのくもの子の生まれるのを見て、ウィルバーは大喜びをする。この後に、既に紹介したように、ウィルバーのシャーロットに対する友情に曇りのないことが語られて終りになる。

この作品を読みすすんでいて、もうひとつ気づくことは、作者が農村の四季の移り変りを実に美しく描写していることである。これははっきりと意図してなされたと思われるが、このことも含めて作品全体のなかに、いのちというものを直線的に理解しようとするキリスト教的な観点ではなく、いのちを円環的に見ようとする意図が示されているように思う。すべての生物のいのちがつながり、それは円環的に永久に続いてゆくのである。いのちについて語る物語の傑作と言えるだろう。キリスト教国の作者にこのような作品を描かれて、仏教国の児童文学作者も発奮しなくてはならない。

## 物語をつくる

子どもの成長発達にとって物語がいかに大切かがわかった。そこで、子ども自身が物語をつくり出す、という点について考えてみたい。子どもが自分の経験について話をするとき、そこに「物語」の要素が混入してくることを大人はよく知っていなくてはならない。子どもは、自分の心に感じたことも込みにして、その経験を語ろうとすると、それを「物語る」ことになるが、そのときに厳密に外的現実と照らし合わせて、「ウソをつくな」などというのは好ましくない。さりとて、子どもの言うとおりをそのまま「事実」として受けとるのもよくない。子どもが物語によって伝えたがっている「真実」は何なのか、それをよく知って応答するのだ、と思うといい。

NHKテレビの「ようこそ先輩」という番組で、故郷の篠山小学校(兵庫県)を訪れた。「心と心が通じる」という困難な課題をテーマにして授業をした。

「物語」という言葉は使わなかったが、他人に対して自分の心を伝えようとするためには「工夫」が必要である、ということを子どもたちに納得してもらった。いろいろとそのための準備をした後に、子どもたちが小学校在学中に体験した印象的なことを、他の子どもたちに「通じる」ように発表する、発表会をすることにした。

果たしてどれほどできるか、と私自身は心配だったが、子どもたちは実に立派にやってのけた。実のところ、壇上に立って発表できるかと心配な子どももいたが、その子には、ちゃんと一緒に組んで発表する子がいて、二人のやりとりで、実に生き生きとした発表をした。絵を描いて説明する子、クイズ仕立てにする子、俳句をつくってそれをもとに話をする子、表現法も実に多彩であった。何よりも私が嬉しく思ったのは、発表する子どもたちのみならず、それを聴いている子どもたちの目が、キラキラと輝いていることであった。子どもたちの生きている実感が伝わってくる。彼らの発表は実に見事な「物語」の創造であった。

私の子ども時代に比べると比較にならない、自由で多彩な表現力である。適切な場を与える限り、このように伸び伸び豊かに自己を表現できるのだから、現在の子どもたちがうまく育たなかったら、大人が悪いと言わざるを得ないと思った。

教師の態度によって、子どもたちがいかに豊かな自己表現をするようになるか、その背後にいかに「物語」ということが関与しているのか、をよくわからせている書物として、『りんごは赤じゃない――正しいプライドの育て方』(6)をあげたい。これは中学校の美術教師、太田恵美子の教育についてのドキュメンタリーであるが、そこに語られる太田の教師としての在り方が、いかに子どもたちの表現力を高め、素晴らしい作品を生み出させるのかが、非常に具体的に語られている。

太田の指導によって、生徒たちはいろいろなコンクールに入賞し、その作品は美術の教科書に掲載されるようになる。太田の指導の根本は、まず自分の姿勢を正すことからはじまる。これは心理療法も同様である。治療者はまず自分の生き方を問題にしなくてはならない。太田はほんとうにすべての子どもを受けいれようとしていると言えるが、そのときに太田に「威厳」があり、ふざけ半分を許さない、しっかりとした姿勢があることが大切である。「受けいれる」というときに、甘くなってしまう人があるが、これは間違いである。その上で、生徒に自由を許し、自分の関心に従って行動させる。

太田が生徒たちに、草の絵を描かせた後に、ほんとうの草を見にゆかせるのも面白い。先に、「犬がきた」などと大人は思うが、赤ちゃんの体験は「!」としか言えない、などと述べたが、草一本にしても、まず「!」と感じて見ることからはじめねばならない。

詳しいことは是非、原書をお読みいただきたいが、子どもたちは絵を一枚描く前に、その絵の支えとなる「物語」を自らの手で構築するのだ。その後に、そこに適切なイメージが出現し、それを絵画として表現する。

ここで印象的なことは、非行少年とか、絵なんか描くものかと思っている少年たちが、太田の姿に接し、太田にほめられているうちに、自分なりの「物語」をちゃんと発見し、それを表現してゆくところである。このような方法は、単に美術教育ということを超え、教育全般について通じるものと言える。つまり、どのような子どもも、すべてその子なりの「物語」をもっており、大人の適切な接し方によって、それは引き出され、見事に生きられることになる、ということである。

（1）　R・ホーバン文、G・ウイリアムズ絵、松岡享子訳『おやすみなさいフランシス』福音館書店、一九六六年。
（2）　美智子『橋をかける――子供時代の読書の思い出』すえもりブックス　一九九八年。
（3）　山本有三編『世界名作選』㈠㈡、新潮社、一九九八年（日本少国民文庫の復刊）。
（4）　河合隼雄「復刊にあたっての解説」前掲書㈠、一九九八年。
（5）　E・B・ホワイト作、G・ウイリアムズさし絵、鈴木哲子訳『シャーロットのおくりもの』法政大学出版局、一九七三年。
（6）　山本美芽著、新潮社、近刊予定。

# 河合隼雄著作集第Ⅱ期第4巻　子どもといのち　目次

# I

# 物語とふしぎ

# 第1章　ふしぎと人生

## 1　ふしぎの体験

人間は毎日生活している間に、「あれ、ふしぎだな」と思うときがある。それにも大小さまざまがあり、ふしぎだと思いつつすぐ心から消えてしまうのと、あくまでそのふしぎさを追究していきたくなるのと、相当に程度の差がある。

非常に簡単な例をあげよう。夜中にふと目を覚ますと、ビーンと変な小さい音が聞こえる。「あれ、ふしぎだな」と思う。それが気になって眠れない。とうとう起き出して、音を頼りに調べてみると、「なあーんだ、冷蔵庫の音だったのか」とわかって安心する。「ふしぎ」ということは、人間の心を平静にしておかない。「わかった」という解決の体験があって平静に戻る。

電車に乗っていると、赤い帽子に赤い靴、鞄まで真赤という服装のおじさんが乗ってくる。「あれ、ふしぎな人」と思うが、おじさんがどこかで降りてしまうと、「変な人だったな」と思い、それで忘れてしまう。この際は、「わかった」というところはないが、「変な人」ということで、自分の人生にかかわりのない事柄として、心の中から排除してしまうことにより、心の平静をとり戻す。

せっかく平静をとり戻したのに、翌日まったく違うところで電車に乗っていると、また例のおじさんがやってきた。こうなるとそのままではおれない。「偶然だ」、「あんな服装流行しているのかな」、「あのおじさん、僕をつけているのかな、まさか」などと心がはたらきはじめる。つまり、人間というのは「ふしぎ」を「ふしぎ」のままでおいておけない。何とかして、それを「心に収めたい」と思う。

大人になって毎日同じようなことを繰り返していると、あまり「ふしぎ」なことはなくなってくる。何もかもわかったような気になると、今度は面白くなくなってきて、「ふしぎ」なことを提供してくれるテレビ番組や催しものなどを見る。これらは必ず「ふしぎ」なことが最後には心に収まるようになっているので、少しの間心をときめかして、後は安心、ということになる。

## あたりまえの事

「ふしぎ」の反対は「あたりまえ」である。大人はだいたい「あたりまえ」の世界に生きている。ところが、それを「あたりまえ」と思わない人がいる。

リンゴが木から落ちるのを見て、「ふしぎだな」と思った人がいる。この人はそれだけではなく、その「ふしぎ」を追究していって、最後は「万有引力の法則」などという大変なことを見つけ出した。リンゴが木から落ちることは、それまで誰にとっても「あたりまえ」のことだったのに、ニュートンにとっては、それを「心に収める」のに大変な努力が必要だった。そして、彼の努力は人類全体に対する大きい貢献として認められた。

「人間は必ず死ぬ」。これもあたりまえのことである。しかし、これをあたりまえと思わず、「人間はなぜ死ぬのか」と考え続けた人がいる。釈迦牟尼は、それを心に収めるために、家族を棄て、財産も棄てて考え抜いた。

彼の努力の結果、仏教という偉大な宗教が生まれてきた。これも人類に対する偉大な貢献となった。

このように考えると、「ふしぎ」と人間が感じるのは実に素晴らしいことだと思われる。特に他の人たちが「あたりまえ」と感じていることを「ふしぎ」と受けとめる人は、なかなか偉大である、と言えそうである。

こんな人はどうだろう。この人も「人間が死ぬ」という「ふしぎ」に心をとらわれた。それを解決しようとして、仏教やキリスト教や、あれこれの本を読んだ。しかし、どれにも満足できないので、何かにつけ他人に問いかけるようになったし、この大きい「ふしぎ」に取りつかれているので他の仕事にあまり手がつかなくなった。そして残念ながら、この人は周囲の人たちに敬遠され、ますます孤独になって心の状態までおかしくなってきた。こうなると、この人は「嫌われ者」になってくる。

「他の人はごまかして生きているのに、自分だけが考えるべきことを考えている」などというので、こんな人はますます嫌われる。それは「ふしぎ」を自分の力で心に収めることをしないだけではなく、せっかく平安に生きている人の心を乱すので嫌がられるのである。「ふしぎ」と思ったからには、自分でそれを追究していく責任がある。

## 子どもとふしぎ

子どもの世界は「ふしぎ」に満ちている。小さい子どもは「なぜ」を連発して、大人に叱られたりする。しかし、大人にとってあたりまえのことは、子どもにとってすべて「ふしぎ」と言っていいほどである。「雨はなぜ降るの」、「せみはなぜ鳴くの」、あるいは、少し手がこんできて、飛行機は飛んで行くうちにだんだん小さくなっていくけど、なかに乗っている人間はどうなるの、などというのもある。これらの「はてな」に対して、大人に答を聞いたり、自分なりに考えたりして、子どもは、自分の知識を貯え、人生観を築いていく。

六歳の子ども、おおたにまさひろ君の詩につぎのようなものがある。(1)

おとうさんは
こめややのに
あさ　パンをたべる

こんなのを見ると、「人間てふしぎなもんだな」と思ったりする。日常の「あたりまえ」の世界に、異なる角度から照らす光源ができて、それによって今まで見過ごしてきたことに注意を向けられたり、関心を寄せたりする。子どもの「ふしぎ」に対して、大人は時に簡単に答えられるけれど、一緒になって「ふしぎだな」とやっていると、自分の生活がそれまでより豊かになったり、面白くなったりする。

## 2　ふしぎが物語を生む

### 納得のいく答

子どもは「ふしぎ」と思う事に対して、大人から教えてもらうことによって知識を吸収していくが、時に自分なりに「ふしぎ」な事に対して自分なりの説明を考えつくときもある。子どもが「なぜ」ときいたとき、すぐに答えず、「なぜでしょうね」と問い返すと、面白い答が子どもの側から出てくることもある。

「お母さん、せみはなぜミンミン鳴いてばかりいるの」と子どもがたずねる。

「なぜ、鳴いてるんでしょうね」と母親が応じると、

「お母さん、お母さんと言って、せみが呼んでいるんだね」と子どもが答える。そして、自分の答に満足して再度質問しない。これは、子どもが自分で「説明」を考えたのだろうか。

それは単なる外的な「説明」だけではなく、何かあると「お母さん」と呼びたくなる自分の気持もそこに込められているのではなかろうか。だからこそ、子どもは自分の答に「納得」したのではなかろうか。そのときに、母親が「なぜって、せみはミンミンと鳴くものですよ」とか、「せみは鳴くのが仕事なのよ」とか、答えたとしても「納得」はしなかったであろう。たとい、せみの鳴き声はどうして出てくるかについて「正しい」知識を供給しても、同じことだったろう。そのときに、その子にとって納得のいく答というものがある。

「そのときに、その人にとって納得がいく」答は、「物語」になるのではなかろうか。せみの声を聞いて、「せみがお母さん、お母さんと呼んでいる」というのは、すでに物語になっている。外的な現象と、子どもの心のなかに生じることとがひとつになって、物語に結晶している。

## 物語ること

人類は言語を用いはじめた最初から物語ることをはじめたのではないだろうか。短い言語でも、それは人間の体験した「ふしぎ」、「おどろき」などを心に収めるために用いられたであろう。

古代ギリシャの時代に、人々は太陽が熱をもった球体であることを知っていた。しかしそれと同時に、彼らは太陽を四頭立ての金の馬車に乗った英雄として、それを語った。これはどうしてだろう。夜の闇を破って出現して来る太陽の姿を見たときの彼らの体験、その存在のなかに生じる感動、それらを表現するのには、太陽を黄金

の馬車に乗った英雄として物語ることが、はるかにふさわしかったからである。

かくて、各部族や民族は「いかにしてわれわれはここに存在するのか」という、人間にとって根本的な「ふしぎ」に答えるものとしての物語、すなわち神話をもつようになった。それは単に「ふしぎ」を説明するなどというものではなく、存在全体にかかわるものとして、その存在を深め、豊かにする役割をもつものであった。

ところが、そのような「神話」を現象の「説明」として見るとどうなるだろう。確かに英雄が夜ごとに怪物と戦い、それに勝利して朝になると立ち現われてくるという話は、ある程度、太陽についての「ふしぎ」を納得させてくれるが、そのすべての現象について説明するのには都合が悪いことも明らかになってきた。たとえば、せみの鳴くのを「お母さんと呼んでいる」として、しばらく納得できるにしても、しだいにそれでは都合の悪いことがでてくる。

そこで、現象を「説明」するための話は、なるべく人間の内的世界をかかわらせない方が、正確になることに人間がだんだん気がつきはじめた。そして、その傾向の最たるものとして、「自然科学」が生まれてくる。「ふしぎ」な現象を説明するとき、その現象を人間から切り離したものとして観察し、そこに話をつくる。

このような「自然科学」の方法は、ニュートンが試みたように、「ふしぎ」の説明として普遍的な話(つまり、物理学の法則)を生み出してくる。これがどれほど強力であるかは、周知のとおり、現代のテクノロジーの発展がそれを示している。これがあまりに素晴らしいので、近代人は「神話」を嫌い、自然科学によって世界を見ることに心をつくしすぎた。これは外的現象の理解に大いに役立つ。しかし、神話をまったく放棄すると、自分の心のなかのことや、自分と世界とのかかわりが無視されたことになる。

せみの鳴き声を母を呼んでいるのだと言った坊やは、科学的説明としてはまちがっていたかも知れないが、そのときのその坊やの「世界」とのかかわりを示すものとして、もっとも適当な物語を見出したと言うことができる。

ところで、すでに述べた赤づくしの服装の人に二度も出会った人が次に三度目に出会う。そして、「わかった。あれはＣＩＡの人物が僕をつけ回しているのだ」と判断したとする。このような解釈は、自分の心の状態を表現するのにはピッタリかも知れないが、外的事実の吟味をまったく怠っている。あるいは、内的事実と外的事実が取り違えられていると言える。このようなときは、妄想と言うことになる。

このことは逆に考えると、精神病的な妄想と言えども、それを「異常」としてのみ見るのではなく、その人が世界と自分とのかかわりを、何とか自分なりに納得しようとしたり、それを他人に伝えようとしたりする努力のあらわれとして見ることもできる。

自然科学と妄想との間に「物語」があると考えてみると、その特性がわかる。簡単に言うと、自然科学は外的事実に、妄想は内的事実に極端に縛られた「物語」ということになる。それでは、ファンタジーはどうなるのか、これは後に述べることにしよう。

## 3　ふしぎが人を支える

人生にはさまざまの「ふしぎ」の体験があり、それが解消されたりしていくが、自分にとって非常に大切な「ふしぎ」なこと、というのがある。これについて、実際の作品を取りあげて考えてみよう。

## ふしぎな黒い石

ここに取りあげるのは、ジル・ペイトン・ウォルシュの『不思議な黒い石』(2)という作品である。主人公の少年ジェームズは父親の仕事の関係で引越をしてくるが、彼はそれが不満である。昔、ビール工場だったところを改築した長屋のようなところで、狭くて変てこな家である。それは我慢するとしても、このビール工場が村と団地との境界にあるため、彼は団地の子どもからも、村の子どもからも「のけもの」にされてしまう。

ジェームズは近所のサムソンじいさんと知り合いになる。じいさんは体力が衰えて死に近いほどの状態にあるが、自分が子どもの頃、ふとしたことでジプシーにもらった「黒い石」のことをすごく気にしている。その石をくれるときジプシーは「これなくしたら、季節の変わるまえに死ぬ。人にやったら、人並みにあぶない目にもあう。けど、もし持ってたら、陸でも海でも災難には一生あわん」と言ったという。じいさんはそれを大切にして、自分の家の暖炉の石の下に隠していたのだが、それをそのままにして、このビール工場改築の家に引越してきているのだ。

自転車に乗るジェームズ(ささめやゆき画『不思議な黒い石』原生林)

ジェームズは、それをじいさんのために探し出してくると約束する。しかし、ジェームズを「のけもの」にしている村の子どもたちは、ジェームズが自由に村のなかを自転車で走りまわるのを許さず、必ずとっちめてやる、と宣言している。しかし、ジェームズはサムソンじいさんのおぼろげな記憶を頼りに、もう廃屋になってしまっているじいさんの昔の家を探し当てるためには、どうしても村中を走りまわらねばならない。

ジェームズはそれでも何とかサムソンじいさんのために石を手に入れようとする。このために、最後に話は、少年たちの命を賭けた対決にまで発展する。このような経過は省略するが、少年の経験すべきイニシエーションの例を描いた傑作である。また、いじめの本質についても考えさせられるところのある作品である。

「不思議な黒い石」を「ふしぎ」と感じなくて棄て去る人もあるだろう。しかし、それを「ふしぎ」と受けとめ、大切と受けとめることによって物語が生まれ、それがサムソンじいさんと少年ジェームズの人生を支えるのである。じいさんはそれに支えられて安らかにこの世を去り、少年は一個の人格をそなえた少年として仲間のなかに入っていくことになる。

## ふしぎの怖さ

ジェームズは「不思議な黒い石」を自分のものとする上で、命を賭ける恐怖を味わっている。ふしぎは何らかの意味の恐怖を含んでいる。しかし、極度に恐ろしいことは、恐ろしさが先立って「ふしぎ」などと感じておられないだろう。あるいは、「ふしぎ」なことに好奇心をもったために、後で命にかかわる恐ろしさを体験することもある。このあたりが、「ふしぎ」と言って喜んでばかりもいられないところである。「ふしぎ」を自分の物語としてつくりあげることによってはじめて、それは自分を支えるものになる、と言うべきである。

恐ろしいことは、時に不可解であるにしても、「ふしぎ」などとは言っておられないであろう。アメリカで性的虐待の事例の報告を聞いたことがある。父親に性的虐待を受け、その後、父親から別れて住むようになったが、二十歳近くなっても男性が怖くてデートもできない、そもそも感情の表現もできない、という気の毒な例であった。このような人の治療に、われわれは箱庭療法という療法を用いている。箱庭のなかにその人が自分の世界を表現する経過のなかで癒されていくのである。

その人の作った箱庭のシリーズを紹介する余裕はないが、簡単に言ってしまうと、彼女は実に深い表現をし、言うならば「あちら」の世界へと行き、そこで深い癒しの体験をして、こちらの世界へと帰ってくるような作品を作った。彼女があまりにも深い世界へと下降し、ひょっとして「こちら」に戻ってこれないのでは、と心配になったとき、彼女が自分の普通に生活している世界へと帰ってくる作品を置いた。そのときに、『オズの魔法使い』[3]の登場人物を使い、自分をその物語の主人公、ドロシーに擬し、その周りに、彼女と共に旅をした、かかし、ブリキの木こり、臆病者のライオンを配した。これを見て私は胸を打たれた。この三つのキャラクターが性的虐待を受けて苦しんできた彼女の内面を表わすのに、あまりにもピッタリと感じたからである。

かかしは脳味噌のかわりに藁をつめこまれ、何も考えられなくなっていた。あらゆる判断力を奪われ、頭がからになった状況は、この女性の恐ろしい体験そのままではないだろうか。心をなくしたブリキの木こりも、体験そのままだ。彼女は悲しむことさえできなかっただろう。それに怒ることのできないライオン。彼女は父に対して、世界に対して怒りの咆哮を向けたかったのではなかろうか。しかし、それは出来なかった。彼女は自分の臆病さを責めていたのだろうか。

『オズの魔法使い』の話など馬鹿げている、という人があるかも知れない。しかし、実際は、このように深い恐れを体験し、人間として生きることさえ難しいと感じていた人の「癒し」に、それは一役買っているのだ。

## ふしぎへの挑戦

『不思議な黒い石』という作品においては、少年ジェームズを支えるものとして「不思議な黒い石」があり、先に紹介した性的虐待を受けた女性を支えるものとして『オズの魔法使い』の物語があった。そのどちらも、日常生活においては、むしろ「無意味」とか「馬鹿げている」とさえ言える事柄である。ここが人間のふしぎなところである。「いじめをやめて、誰とも仲よくしよう」とか「正しいことは勇気をもってやろう」ということは大切で正しいことだが、個人としてのジェームズにとっての支えにはならない。「苦しいことがあっても、ひるまずに生きよう」とか、「異性を愛することは大切です」ということも、性的虐待を受けた女性に言ってみても効果はない。『オズの魔法使い』などという、ある種の人にとっては「ナンセンス」といいたい話が、彼女を支える。このような支えを獲得した後になら、ここにあげたスローガンは承認されるだろうが。

これはどうしてだろうか。人間は外界とも内界とも関係して生きている。外界の事柄を理解し、それをコントロールするために「自然科学」を人間は考え出した。しかし、内界のことになるとそれは役に立たない。よく言う例だが、自分の恋人が交通事故で死んだとき、「なぜ、彼女は死んだのか」と問いかける人に、「出血多量」などの科学的説明をしても納得がいかないのは当然である。自分と自分の内界との関連に目を向けるとき、すでに例に示したような「ふしぎ」なことが役に立つ。それはそのときにその人にとっての固有の意味をもつ。それは個人を支える。

とすると、外界の自然科学的研究に対して、内界の探究も必要とならないだろうか。敢て内界の「ふしぎ」に挑戦すれば、どうなるだろう。ここにファンタジーが生まれてくる。人間の内界は「ふしぎ」に満ちている。日常世界の常識は通用しない。敢てその「ふしぎ」に挑戦していくことによって、ファンタジーが出来あがってくるが、これは自然科学の研究に匹敵する困難があり、訓練を必要とすることを忘れてはならない。内界の探索をするときに、外界との関係が切れてしまうと、潜水夫と船を結ぶ管が切れたのと同様、まったくの混乱が起こってしまう。

ファンタジーをつくりあげるためには、内界の現実の探索が必要で、このことを知らずに、自分の考えや単なる空想によって話をつくりあげると、それはいかに大きく長いものでも「つくり話」になってしまう。頭の体操を必要とする人に対するエンターテインメントとしての意味をもつこともあるが、これまでに述べてきたような、人間存在を支えるような意味をもたない。

ファンタジーの先駆的作品で、その題名に「ふしぎ」という表現がある『ふしぎの国のアリス』を書いたドジソン(ルイス・キャロル)は、数学者である。『アリス』を読んで、こんな面白い物語を書く作者の次の作品をぜひ読みたい、とヴィクトリア女王が言ったのを知り、ドジソンは数学の『行列式』の書物を書いて送り、女王を驚かせたと言う。『行列式』も『アリス』も、彼にとっては同等のエネルギーを費やす仕事だった、と言うこともできる。

## 4 「私」のふしぎ

「ふしぎ」と言えば、「私」という人間がこの世に存在している、ということほど「ふしぎ」なことはないのではなかろうか。自分が意志したわけでもない、願ったわけでもない。ともかく気がつくとこの世に存在していた。

おまけに、名前、性、国籍、貧富の程度、その他、人生において重要と思われることの大半は、勝手に決められている。こんな馬鹿なことはないと憤慨してみても、まったく仕方がない。その「私」を受けいれ、「私」としての生涯を生き抜くことに全力をつくさねばならない。

## 「私」とは何か

いったい「私」とは何ものであろう。このことは人間にとってもっとも根本的な「ふしぎ」のようである。この「ふしぎ」な存在について、ある程度、これが私だという実感をもたないと、うまく生きていけない。生まれてから、だんだんに成長していく子どもを見ていると、その時期に応じて「私」という感覚を身につけていくのがわかる。二歳にもなると、「これは自分がするのだ」という明白な意志を表明する。あるいは、「いや」という拒否を示す。これは「私」という存在が、ある程度自覚されてこそ言えることである。外界に対して、それに対立する存在として「私」が意識されている。

このようにして、だんだんと「私」の実感ができあがってくるようだが、「私」とは何ものか、というように比較的はっきりとした形の疑問が生じたり、他と異なるものとしての「私」が存在する、と感じるのは、どうも十歳前後のようである。このことは、児童文学の名作の主人公に十歳前後の子が多いことによっても示される。

フィリパ・ピアスの『まぼろしの小さい犬』[4]の主人公のベンは、誕生日の日、興奮して朝早くから目が覚めてしまう。誕生日というのは「私」を意識させる日である。多くの祝日があるが、それは「皆」にとってのものである。ところが、誕生日だけは「私」の祝日なのだ。われわれが子どもの頃、日本では一般にそれほど誕生日を大切にしなかった。誕生日ごとに各人が勝手に年をとることなどは考えられない。皆が一斉に正月に年をとる、と考える方がよほど受けいれやすかったのだ。だから正月は大変に重要な祝日であった。しかし、個人を重視する考えに立つと、それは馬鹿げたこととなり、一人一人の誕生日を大切に祝うようになった。これは欧米からの影響である。

ところで、ベンがいつもと違う興奮を感じて誕生日を迎えたのは、そのお祝いとして、犬を祖父母が贈ってくれることを知っていたからである。「僕の犬」、これも自分の存在を支えてくれる重要な要因となる。しかし、残念ながら、いろいろな事情のため、祖父母は犬を贈物にすることができない。ベンはまったく落胆してしまう。

こんなとき、大人はいろいろと慰めてくれる。そして、いくら慰めても効果がないときは、「犬ぐらいのことで、くよくよするな」と怒り出したりする。しかし、そのことによって、ベンという少年の全存在を否定するほどのことをしているのに気づかない。ベンは非常に危険な状態に陥る。こんなときに、子どもは病気になったり、事故に遭ったりして死ぬことすらある。そのような点は、この作品に見事に描かれている。

犬の絵のプレゼント(アントニー・メイトランド画『まぼろしの小さい犬』岩波書店)

自らの存在を危うくされたとき、ベンのたましいは、ベンに「まぼろしの犬」を贈ることによって危機を救おうとする。ベンが自分はいったい何なのか、生きているのかいないのか、さえわからなくなっているとき、ベンのたましいは、「まぼろしの犬」を贈り、「この犬と親しくしていれば大丈夫」、「この犬のことがわかると、あなたのこともわかってくるよ」と言ってくる。そして、そこに生まれる「物語」によって、ベンは少年として成長していく。その詳細については、ぜひ原作を読んでいただきたい。

## たましいのふしぎ

こんなところに「たましい」という言葉が出てきたので、驚かれた人もあろう。「私」のふしぎを追究していると、「たましい」のふしぎに突き当らざるをえない。「私」のふしぎなどあまり感じずに生きている人も沢山いることは事実である。そんな人にとって、「たましい」などというのは無意味であろう。人にはいろいろな生き方があるので、とやかく言えないが、それではあまりにも残念と思われる。どんな料理を食べても味がわからず、栄養価に換算して食べているようなものである。

「私」のふしぎを忘れ、たましいのことを忘れて生きている人に、その「ふしぎ」をわからせる点で、児童文学は特に優れていると思う。私が児童文学を好きなのは、このためである。確かに「大人」として生きるのも大変なことだ、お金をもうけねばならない。地位も獲得しなくてはならない。他人とスムーズにつき合わねばならない。それらは大変な労力を必要とするし、成功したときには、やったという達成感もある。しかし、「いったいそれがナンボのことよ」と「たましい」は言う。その声をよく聴く耳を子どもは持っている。あるいは「たましい」の現実を見る目は、子どもの方が持っている。そのような子どもの澄んだ五感で捉えた世界が、児童文学のなかに語られている。だから、児童文学は、子どもにも大人にも読んでほしいと思う。

たましいというのは、直接にちゃんと定義するなどということはできない。しかし、それは、死んだときにあちらに持っていけるものだ、などと考えてみることもできる。「マッチ売りの少女」があちらに持っていったものと、地位や名誉や財産を沢山持っている人が、あちらに持っていくものと比較したらどうなるだろう。もちろん後者のような人は、立派な戒名を手に入れることが、最近では可能になった。その人が死んで閻魔の前に立ち、立派な戒名を名乗るとして、閻魔さんの家来の鬼が「ふん、それがナンボのものよ」などと言っているところを想像してみるのも面白いことではある。

たましいなどほんとうにあるのかないのか、実のところはわからない。しかし、それがあると思ってみると、急に途方もなく恐ろしくなったり、面白くなったり、人生を何倍か豊かに味わうことができることは事実である。もちろん、よいことばかりではなく、下手をすると普通の人生を維持できなくなるという危険もあることは知っておかねばならない。もし、アリスが「ふしぎの国」から帰って来られなかったら大変なことである。

## 「私」の物語

人生における「ふしぎ」と、それを心のなかに収めていく物語とが、いかに人間を支えているかについて述べてきた。昔はそのことは部族や民族などの集団で、神話を共有することによってなされてきた。このことは現在もある程度まで事実である。すべての宗教はその基盤となる物語をもっている。

しかし、現在のように個人主義が進んできて、その生き方をある程度肯定するものにとっては、個人にふさわしい物語をもつ、あるいはつくり出す必要があると思われる。と言っても、誰もがそのような物語をつくり出す才能があるわけではない。そのために、そのときどき自分にとって必要な物語、あるいはそれに類似のものを他人のつくったもののなかから見つけ出すことをしなくてはならない。それはひょっとして古い神話のときもあろう。あるいは、現代作家の書いた児童文学かもわからない。ただそれは自分に完全にピッタリというのはないであろう。自分もこの世のなかで唯一固有の存在と考える限り、そんなことはありえない。しかし、それと共に自分が人間としていかにその存在を他と共有し合っているかを思うと、多くの人に共通の重要な物語があることも了解できるであろう。

このようにして自分の人生を生きるとき、死ぬときにあたって、自分の生涯そのものが世界のなかで他にはない唯一の「物語」であったこと、「私」という存在のふしぎがひとつの物語のなかに収められていることに気づくことであろう。

自分の人生を豊かで、意味あるものとするために、われわれはいろいろな「ふしぎ」についての物語を知っておくことが役立つのではなかろうか。それらはどんなものなのか、次章から四章にわたって紹介していくことにしよう。

(1) 灰谷健次郎編『児童詩集 たいようのおなら』サンリード、一九八〇年。
(2) ジル・ペイトン・ウォルシュ作、遠藤育枝訳『不思議な黒い石』原生林、一九九〇年。
(3) L・F・バウム作、渡辺茂男訳『オズの魔法使い』福音館書店、一九九〇年。
(4) フィリパ・ピアス作、猪熊葉子訳『まぼろしの小さい犬』岩波書店、一九八九年。

# 第2章　自然とふしぎ

## 1　子どもと自然

自然はふしぎに満ちている。子どもにとってそれはなおさらのことである。大人にとっては慣れ切ったあたりまえのことでも、子どもの目で見、耳で聞くと、まったくふしぎに感じられてくる。自然は子どもに多くの体験を与え、子どもはそれによって多くのことを知る。そこには、いろいろな感情がつきまとうので、子どもは豊富な情緒的体験をすることになる。

もっとも「自然」と言っても、それは単純ではない。難しいことを言い出すと長くなってしまうので省略するが、ごく簡単に言うと、人間も自然の一部として、自然のなかに生きているときと、いわば自然の外に立って、自然を観察したり、支配したりしているときとがある。もちろん、両者の中間くらいのところで、そんなことをあまり意識していないようなときもある。人間にとっては自分が自然の一部であることも、また自然を他者として見ることも、どちらも大切である。そして、子どもは子どもなりにその両方をうまくやっている。

身内の者を引き出して申し訳ないが、兄の河合雅雄の『少年動物誌[1]』は、子どもがどれほど自然に学ぶかを生き生きと知らせてくれる。その「あとがきにかえて」から引用する。

> 私の成長をとことん支えてくれたのは、少年期の深い自然とのつきあいにあったと思います。学校へ行かなくても、私はすこしも苦痛ではなかったし、また、ほとんど勉強をしなかったことを、いまでも後悔しません。
>
> 学校で学ぶことはすくなかったけれども、自然からはあふれるばかりたくさんのことを学びました。大切なことは、だれにも教わらなくても、自分自身でいろんなことを学んだことです。自分ひとりで学ぶというくせは、大きくなってからも、たいへん役立ちました。

この文は実に興味深い。子どものときにどれほど「自然から」多くを学んだかということと、だれにも教わらなくとも自分で「自然に」多くを学んだという、「自然」という用語のもつ二つの意味が巧まずして織りこまれている。この項の見出しの「自然に学ぶ」も、そのような両方の意味をもたせて読むとおもしろいのではなかろうか。最近の子どもは、かわいそうに「不自然に教えられる」ことが多すぎて、「自然に学ぶ」態度が弱められ、大学に入学して自分の力で学ばねばならぬときには息切れしてしまうように思われる。教育の根本に「自然に学ぶ」ことがあるのを、われわれはよく認識する必要がある。

先の引用文にあるように、河合雅雄は子どもの頃は「学校へ行かない」ことが多かった。これは病弱でよく病気をしたためである。その上、「ほとんど勉強をしなかった」のも事実である。しかし、「自然に学ぶ」ことによって、立派に学者になっている。

同じく生物学者で有名な日高敏隆も「学校へ行ってない」ときがあった。こちらは病弱でもあったが、今で言う不登校である。当時は軍国主義が華やかな頃で、軍隊まがいの学校が嫌になって、日高少年は小学三年生のときに学校へ行かなくなる。それがどうして登校することになるのかは、対談のときに聞かせていただいて興味深かった[2]が、それには触れないとして、日高少年もやはり「自然に学ぶ」姿勢をもっていた。彼は昆虫が大好きで昆虫採集をしていたが、採集よりも「見ている」方が好きになって、特に腐肉に集まってくるシデムシの「観察」をしていたとか、猫や犬の死体があると、そこに坐りこんで、いろんな虫がやってくるのが面白くて、それをじっと見ていた。日高敏隆の場合も、自分で自然に学ぶ姿勢が、研究者として成長していく上で、大いに役立っている。

## 楽しい自然

自然に親しむことによって、子どもが「楽しい」と感じるだけで、それはそれで最高ではなかろうか。子どもは常に成長し続けている。何らかの体験が、自分を豊かにし、自分を伸ばす方向に感じられるとき、人間は「楽しい」と感じる。逆に「楽しい」と感じるようなときには、何らかの新しいものが自分につけ加わる、開ける、と感じている。子どもの体験とは、そのようなものだ、と言ってよい。

子どもにとっては、蝶が飛んでいる、花が咲いている、などのことがそれぞれ「楽しく」感じられる。それが新しい体験であり、新しい発見が伴うからである。そのときに、せっかちな大人は何かをすぐに「教え」ようとする。それが圧力として作用すると、子どもの心は堅くちぢんでしまって、楽しさは消滅する。もちろん、子どもの「知りたい」という気持に呼応して教える場合は、これと逆である。子どもは楽しんで学ぶだろう。しかし、そのことが生じるためには、まず子どもに自由を許さねばならない。

「楽しむ」ことの間には、苦しむことや恐ろしいことが混ってくる。人生には楽しいだけというのはめったにない。しかし、そのことも子どもが体験を通じて学ばねばならないことだ。野原を喜んで走りまわっていると、ススキの葉で手足が傷つくことがある。蛇が急に現われるかも知れない。蜂もいる。それらの恐ろしいことや痛いことなどによって、「楽しい」ということが立体化し、生き生きとしてくる。それらが子どもの自主的な体験として、「自然に」生じてくるところが素晴らしい。

しかし、親から見ると子どもが自然に学ぼうとするのは、危なくて見ておれないと感じられるときがある。蛇は恐ろしい。蜂にさされたら大変だ。野原の枯枝で目を突くとどうなるか。考え出すとたまらなくなる。そこで、どうしても子どもの行動を制限してしまう。「危ないですよ」、「やめておきなさい」とすぐに叫んでしまう。しかし、何の危険もなく子どもが成長することなどあるだろうか。苦しみや悲しみや痛みなどの裏打ちがあってはじめて、楽しさがほんものになる。このような子どもの成長の機会を親が奪ってはならない。

最近は子どもの数が少なくなったので、男の兄弟がいなかったという女性が結婚して、男の子を生むと、男の子の育っていく過程がわかりにくいので、思わず「危ないからやめなさい」と言うことが多くなる。自分はまったく普通にしているつもりなのだが、男の子からすれば、やたらに押さえつけられているように感じてしまう。このような母親には、前述の『少年動物誌』を読んで下さいとすすめることがある。「なるほど、男の子というのは、こんなのですか」と感嘆されて、子どもに対する態度が変る。ときには、母子ともにこの本の愛読者になって、いろいろと話し合いができて楽しかった、などと言われる人もある。

## 裏藪の生き物たち

『少年動物誌』に語られる、子どもと自然の触れ合いについて、少し紹介することにしよう。晩秋の頃である。夕方、うちにいるときは、ぼくはいつも日課のように窓辺にもたれ、宵から夜への微妙な風景の移りかわりを楽しんだ。中秋をすぎると、椋鳥《むくどり》の大群が、透明な空を乱舞し、細かい切紙細工のような模様を描く。こごえた空に音もなく、大編隊を組んだ黒い影が空いっぱいに翔けまわり、夕暮をいっそう幻想的なものにする。

椋鳥は確かに大編隊で空を翔けめぐる。それだけでも自然の「ふしぎ」を感じさせる。その上、もっとふしぎなことがある。藪の中でやたらと騒いでいたその声が、夜になるとぴたりと止み、まったく静かになってしまう。「ぼく」の弟の道男は、椋鳥が夜はどうしているか、とふしぎがる。

「そら、寝てるのやろ」と「ぼく」は言ったが、あまり静かなので二人で確かめに行くことにした。と言っても、あたりはだんだん暗くなるし、二人はこわごわ藪の探険に行く。グチュッと音がして、かたつむりを踏みつけたのかなと思ったり、「魔法使いの婆さん」がでてくるのではないかと思ったり。二人の足は重くなる。「二人はいつしかよりそい、竹をつかんで棒立ち」になっていたが、勇気を出して一歩を踏み出す。と、「バッサ、バサ」と羽音がして、大きい鳥が「ギェッ」と鳴いた。

「ヨタカだ」と二人は恐ろしくなる。子どもたちは、ヨタカという恐ろしい鳥がいると信じており、それは、いきなりとびかかってきて、子どものノど仏を噛み切るかも知れないのだ。だから、夕方外で遊んでいても、ヨタカが鳴くと、急いで家に帰ったものである。二人は必死になって藪の外へと逃げ帰ってきた。「それにしても、椋鳥はいったいどこへ雲がくれしたのだろう。夜の闇に溶け、夜が白むと、光にあたってふたたび黒い姿を結晶させ、曙の光の中に生れでるのだろうか。ふしぎなことだった」。

ほんとうに、ふしぎなことだ。二人は探険は不成功だったものの、ほっとした。

「ヨタカにやられんで、よかったのう」

道男は、のどをごりごりかいた。ぼくものどがむずがゆくなり、両手で首をしめつけ、「ギェッ、ギョッ」と声を出した。

「びっくりさすなよ」

と道男がいうのと同時に、二人は大声で笑い、キャアキャア叫んで、薄暗い裏の畠を、犬のように走りまわった。

二人の兄弟は恐ろしい体験をした。しかし、そこにはえも言われない楽しさがあった。それを表現しようとして、「キャアキャア叫んで、……犬のように走りまわった」のだ。楽しさとそれを裏打ちする恐ろしさが、二人の少年の身体のなかで、体験され、自分のものとなっていく。このような「学習」を、大人が意図的に子どもたちにさせることが可能だろうか。

子どもが自由に学習するのが素晴らしいからと言って、それでは子どもは放っておくといいと考えるのは早計である。大人に放っておかれた子どもは、不安や恐怖が先立って、「自由」になどしておられない。大人が見守っているからこそ、自由にできる。このことを忘れてはならない。

『少年動物誌』の「裏藪の生き物たち」の話の続きには、次のような、親子関係を示すエピソードが語られている。「ぼく」の家の裏藪に住んでいる動物で一番恐ろしいのは、「バンドリ」(実はムササビ)である。何しろ、何とも恐ろしい声で鳴くだけではなく、人間の赤ん坊をとって食う、と言われている。子どもたちの恐がることは、この上ない。「ぼく」はあるとき、やたらにダダをこねて泣き叫んでいた。ついに、父親が現われ、「ぼく」を抱きかかえ、有無を言わさず、馬小屋の横の納屋のなかに放り込んだ。「ぼく」は夜の納屋の闇と、バンドリの鳴き声におびやかされ、ぶるぶるふるえ、頭を両手でかかえこんだ。

〝ジャー、ジャー〟

変な音が、戸の外から聞えてきた。なんだろう。ぼくは耳を傾けて、その音の正体をつかまえようとする。その音は、お父さんが小便している音だと気がついたとき、ぼくは思わずふきだしそうになる。はれあがったまぶたを引きつらせ、おかしさに口元をゆがめて、ぼくは泣くとも笑うともつかぬ顔になる。そして、なにかしらほの温かいものが、心の中に満ちてくるのを感じた。お父さんは母家に戻らず、この寒い夜に、じっと戸の外にいてくれたのだ。

守りのなかの自由によってこそ、子どもは自然に学ぶことができるのだ。

ムササビ(バンドリ)(平山英三画『少年動物誌』福音館書店)

## 本を読むこと

戸外で遊びまわっている子と、室内で本を(マンガではない!)読んでいる子と、現在の親はどちらを「よい子」と思うだろう。もちろん、どちらがよい子などと単純に言えないのだが、時代によって評価が異なるのではなかろうか。

現在だと後者の方が「よい子」と思われるかも知れないが、私が子どもの頃は逆だった。特に男の場合、戸外で「元気に」遊ぶ子どもは「よい子」で、本を読んでいる子などは「軟弱」と思われていた。

実は私は「軟弱」な方で、戸外で遊ぶよりも本を読む方が好きであった。いつも、後ろめたい気持で本を読んでいた記憶がある。冬休みのある日、炬燵にはいって、『少年倶楽部臨時増刊号』とやらを読もうと悦にいっていたところ、雪が降ってみるみるうちに積り出した。「おーい、雪合戦をやろう」という兄(『少年動物誌』の著者)の命令で、私は外に出たものの、好きな本は読めないし、外は寒いし、と言って兄の命令は絶対だし、と情ない気持で、ぼんやりとしていた。

ところが、やり出してみるとけっこう面白いのである。私の兄弟たちは自然を楽しむ才能と、年少者をいたわる気持を、実に豊かにもっていた。雪合戦であれ、何であれ常に年少者には適当にハンディを与えてくれる。雪合戦と言っても、いろいろルールがあって、三発あたれば「死ぬ」ときでも、私は「四発」にしてくれるなど、何らかの配慮がある。そんなわけで、キャアキャアやっていると、寒さは吹きとぶし、やっぱりやってよかったな、と思う。私は兄弟のおかげでずいぶんと自然に学ぶことができた。

もし、私が本ばかり読んで外で遊ばなかったら、今はもっとよく読書するエライ学者になっていたかも知れないが、今ほどのオモシロサはなかったのではないかと思う。と言って、本を読むなと言っているのではない。もしそう思うなら、このような「児童文学を読んで下さい」という趣旨の本を書いたりはしない。当然のことだが、どちらも大事なのである。

## 2 自然とともに

子どもと自然のかかわりを『少年動物誌』のなかに見たが、それとはまた異なるあり方が描かれている名作、アーサー・ランサムの『ツバメ号とアマゾン号』(3)を取りあげてみよう。アーサー・ランサムはイギリスの児童文学作家で、一九三〇年に四十六歳で『ツバメ号とアマゾン号』を処女作として出版した。そして、子どもたちの人気に支えられて、つぎつぎと続きを書き、『シロクマ号となぞの鳥』まで全十二巻の連作を発表した。

この作品にも、自然を楽しみ、自然に学ぶ少年たちの姿が描かれている。しかし、『少年動物誌』の主人公たちとは、その態度が異なることに誰もが気づくことであろう。後者では、子どもたちと自然の一体感が非常に強く感じられるのに対して、前者では、子どもたちが自然を「対象」として見て、それを楽しもうとしている。むしろ、自然を支配しようとする姿勢が強い。どちらがいいかなどと簡単に論じられないが、この両者の差を意識することは大切である。これからの子どもは、願わくば、この両方を身につけて欲しいものである。

### 帆船

『ツバメ号とアマゾン号』できわめて大切な役割を担っているのが、帆船である。これがモーター・ボートではなく帆船であるところが、また大切なところだ。つまり、モーターなどの機械に頼るのではなく、あくまで「風」を利用しているところがいいのである。ここに登場する子どもたちは、日本の作品に出てくる子どもと違って、自然を「支配しよう」としている、と述べたが、ここに言う「支配」は、人間の思うままにという意味ではなく、自然に従いつつそれをうまく利用する、という意味である。そこには、自然を大切にし、自然の法則に従うという気持がある。しかし、その法則を知りそれを利用するのが人間の賢さである、という姿勢がある。自然と「一体」になるのではない。

『ツバメ号とアマゾン号』の冒頭は、この物語にふさわしい見事な出だしである。湖からハリ・ハウ農場までの急勾配《きゅうこうばい》の野原を、ロジャが右、左と大きくジグザグに横ぎりながら走ってきた。ロジャは、七つでもう末っ子ではない。ハリ・ハウは、ロジャたちが、夏休みのいく日かをすごしているところだ。ロジャは、小道のきわの生け垣ぎりぎりまで走っていくと、むきを変えて、こんどは反対側の生け垣ぎりぎりまで走る。そこでまたむきを変えて、もう一ど野原を横ぎる。

こんなのを読むと、私は映画のはじまりのようにシーンが見えてくる。野原を一人のかわいい坊やが全速力で走っている。「七つでもう末っ子ではない」という気概は、その顔や走り方から感じられてくる。しかし、この子はどうして野原を直線的に走り切らず、ジグザグに走るのか。「農場の門では、おかあさんが、がまんづよく待ってい」るというのに。答はすぐにわかる。「ロジャは、いま、帆船——茶積みの快速帆船カッティ・サーク号になっていたから、風にむかってまっすぐに進むわけにはいかな」いからである。

蒸気船ならまっすぐに進むだろう。しかしその日の朝、兄さんのジョンが「蒸気船なんて、ブリキの箱にエンジンを入れたようなもんだ」と言ったのをロジャは覚えていた。ぜったい、帆船でないと駄目だ。だからロジャは、わざわざ向かい風に対して間切りながら船を進めたのである。

この本が書かれたのが一九三〇年だから、蒸気船と帆船が混在していた。もちろん、この二つの勝負はお話にならなくて、帆船はだんだんと姿を消していく。そんなことはわかり切っていることだが、ロジャの一家は帆船にこだわっている。どうしてだろう。

## 父性

ジョンやロジャが帆船にこだわるのは当然だ。彼らの父親が帆船の船員だからである。大きい帆船に乗って父は航海中で、今はマルタ島あたりにいる。ジョン、スーザン、ティティ、ロジャの子どもたちは、ハリ・ハウにある父親のヨットの操縦法を習って、今、夏休みの間に来て、それに乗ろうとしている。湖のなかにある島まで四人でヨットをあやつって行き、そこへ夜営をしようと思いついたが、七歳のロジャを含めて、そんな冒険をしていいか、母親はすぐに父親の意見をきくための手紙を出し、それにそえて子どもたちも「おねがい」の手紙を書き、その返事を待っているところである。

さて、父親から何と言ってきただろう。冒頭に引用したように、ロジャは母親のところに一直線に行きたいのを辛抱して間切りながら走っていったが、母親は父親からの電報の返事を持っていた。それには次のように書いてあった。

　オボレロノロマハノロマデナケレバオボレナイ

ロジャは一瞬この意味がわからない。母親に「いいってこと」だと教えてもらう。しかし、兄のジョンにはすぐわかった。「ぼくたちは、ひとりもおぼれないだろう。だれかがおぼれても、それは、やっかいばらいだ、と、おとうさんは思うって意味だよ」と妹や弟に説明してやった。

この物語のなかに、お父さんは実際には一度も登場しない。遠い海を航海中だ。しかし、この子どもたちにとって、父親の存在がどれほど重要であるかをこの物語は如実に感じさせてくれる。家にいつも父親がいても、その存在が子どもにとってほとんど意味がないような家庭もあるが。父の存在ということに関連して、この家族には父母そろっての守りが十分にあり、それを背景にして子どもたちの自由が保証されている様子が非常によく感じられる。

父親に自然のなかで生きていくための技術を習うのはいいことだ。ヨットは上手に操縦しなかったら思うように進んでくれない。それどころか生命の危険さえある。風向きはいつどう変るかわからない。自然はふしぎな動きをする。しかし、そのふしぎをよく理解し、それを利用する方法を身につけるとき、人間は自然をますます楽しみ、効果的に生きることができる。ここには父性の原理が強くはたらいている。現代に生きるためには、このような能力を身につけていなくてはならない。

父性の原理はうまく子どもたちにも取り入れられている。

船長……ジョン・ウォーカー
航海士……スーザン・ウォーカー
ＡＢ船員……ティティ・ウォーカー
ボーイ……ロジャ

と階級がしっかりきめられており、ロジャは兄や姉に何かを言われたとき、「うん」などと言っては駄目で「アイ・アイ・サー」と船乗りらしい返事をしなくてはならない。

父性がこの子たちにしっかりとはたらいていることのひとつの表われとして、ジョンが「うそつき」と言われたことに猛然と反撥するところがある。『宝島』の話の連想から、ジョンたちが勝手に「フリント船長」と呼んでいる大人がいる。その人は一人で屋形船に住んでいるが、大分変人のようだ。このフリント船長がジョンのことを誤解して「うそつき」と呼んだ。ジョンはかんかんに怒ってしまう。相手が大人なので黙って引き下がるが、心のなかでは絶対に許さない。

後ですべてが誤解とわかったとき、フリント船長はジョンに対して、正面からちゃんとあやまる。「きみのことをうそつきだなんていっちゃいけなかった。ほんとうに申しわけない。ぼくと握手してくれないか?」ジョンはフリント船長の手をとって、かたく握手し、二人はその後親しい関係になる。

子どもに正面からあやまるフリント船長も偉いが、日本の子どもで、ここまで大人に対して毅然として相手の誤りに立ち向っていける子がいるだろうか。ここには文化差の問題も大きくからんできて単純には言えないが、このような厳しい父性のなかに育てられてこそ、子どもたちだけでヨットの操縦をし、無人島にキャンプしたりして、自然を楽しみ、自然に学ぶことが可能になると思われる。

## 地図

『ツバメ号とアマゾン号』の表紙の見返しに、地図が描かれている。これは何と愉快な地図であろう。真中にはツバメ号が航海をする湖が描かれていて、彼らの港であるハリ・ハウもある。サメ湾とかヤマネコ島とか、ウの島とか彼らの名づけた地名が書かれている。普通の地図と違って、これは東が上で、南が右になっているが、湖の南端は「南極」、そして左の端つまり北の方は「北極」と名づけられている。北極の横にはわざわざ「未踏査」というのが記されている。

湖の南、南極に近いところの東の陸地には、「野蛮人」が住んでいることになっている。このようにして、この子どもたちは、実に広い「世界」のなかで活動していることになる。ここが「自然」のふしぎなところである。

それは、子どもたちの心に合わせていろいろに変化してくれる。この湖は地球と同等の「世界」として、子どもたちの前に顕われてくれているのだ。

「地図」というのは、子どもの心を――大人の心も！――惹きつける。私は子どもの頃に読んだ、スティーブンスンの『宝島』のなかの地図を忘れることができない。その地図から、何度も何度もそこに見えるはずの景色を想像した。「キッド船長の入江」。「遠めがね山」。この地図に示されている島は、私の心のなかで、ほとんど実在のものになっていた。一枚の地図がいくつものイメージを喚起する。

私は勝手に「秘密の島」を夢想して地図を描いてみたりした。あるいは、自分たちがよく遊びに行く、河原や山などを素材として、地図をつくってみたりした。われわれは兄弟で、よくいろいろな場所に名前をつけていた。それによって、自分を取り巻く自然がぐっと親しいものになった。自分の世界を構成するものとなるのだ。

ところで、ジョンたちの世界にとつぜん思いがけないものが現われてきた。それは二人の女の子の操縦する帆船であった。その子たちは、この湖を自分の「世界」として船を乗り回していたのだ。ジョンたちにとっては大変なことである。彼女たちは「アマゾン川」の川岸に艇庫をもつ「アマゾン号」に乗っている。ツバメ号とアマゾン号は、どちらがこの世界の主導権を握るのか、ということで戦わねばならない。彼らの戦いに、例のフリント船長もからんできて、実に愉快なお話が展開するが、それは作品で楽しんでいただくとして、今は、もっぱら子どもと自然のかかわりについて考えを続けていこう。

### あらし

休みの間、子どもたちは湖の「世界」の大航海を楽しみ、「天気は、ツバメ号とアマゾン号の子どもたちに笑顔を見せていた」。子どもたちはお互いに仲よくなり、テントを並べて最後の日の夜営を楽しんだ。ところが、終りの日になって天候が急変した。日没のときには、あらしの前触れを思わせる、不気味さがあった。「あらしは、するどい雷鳴とともに襲来し、キャンプ全体のねむりをさました」。それでもまだ雨はあまり降っていなかったので、アマゾン号のナンシイとペギイの二人は、すぐにたきぎをテントに入れた。以前に雨が降ったとき、たきぎが全部ぬれて、火がもやせなかったことを思い出したのだ。ロジャは船長のジョンと一緒のテントにいたが、雷の音を砲撃の音に聞いて夢を見ていた。ロジャは目が覚めて真暗闇にいるのに気づいて「ジョン！」と呼んだ。ジョンは「大丈夫」、「ただのかみなりだよ」と安心させてくれた。

雷鳴はとどろき、雨も風もひどくなってきた。服を着た方がいいということになった。テントからは少しずつ水がもりはじめた。

ツバメ号の子どもたちのテントは、二本の木にむすびつけた綱でつってあり、下はテントのすそべりのポケットに入れた石でおさえてあった。綱をむすびつけた二本の木が、あちこち風に吹きまげられるたびに、テントの綱は、ゆるんだり、ぴんと張ったりするので、船長のテントでは、石が動いてごろごろ音をたてた。

風はますます烈しくなり、ばりっと音がして、スーザンとティティのいたテントの綱が切れた。二人は倒れたテントから這い出して、アマゾン号のグループのテントに避難する。気圧計はどんどん下ってくる。けっきょくは六人の子どもたちはひとつのテントのなかに集まった。しばらくは、子どもたちはテントの中に坐ったまま荒れ狂うあらしの音を聞いていたが、ふと、船のことに気づいた。年長者が雨のなかに点検に行ったが、幸い何事もなかった。

すごいあらしの体験だった。それまで湖の世界をわがもの顔に動きまわっていた子どもたちは、自然の恐ろし

ツバメ号とアマゾン号(ランサム画
『ツバメ号とアマゾン号』岩波書店)

さを痛感したのに違いない。これだからいいのだ。帆船は操縦できるが、自然は操縦できない。彼らは自然が決してすべて自分の思うままになることはない、と学んだことだろう。子どもたちの休みの最後に訪れたあらしは、彼らの成長のために大切な教訓をあたえただろう。

翌日やってきたお母さんは、大人たちの会話のなかで「父親は、この人たちのことを、ノロマじゃないと思っているようなんですが、わたしはときどきどうかなと思うこともあるんですよ」と言って、ジョンに「おかあさん!」とたしなめられる。

子どもたちを「ノロマでない」と確信する者と「どうかな」と思う者。二人の親がそれでも子どもに精一杯の自由を許容するなかで、子どもは自然のふしぎを満喫するのだ。

ここで蛇足をひとつ。わが家にはアーサー・ランサム全集がズラリとそろっている。これらは『ツバメ号とアマゾン号』を読んで感激した子どもたちが、つぎつぎと読みたがるうち、「今度の誕生日」とか、期待を持たせながら、年月をかけて買いそろえていったものである。子どもたちの成長を支えるものとして、この全集は大いに役立ったと思うが、最初から十二巻をそろえて買い与えていたら、果して全部読んだだろうか。何かを期待し、そして期待したものが手に入ったときの歓び、というものを子どもから奪わないようにしたいものである。

## 3　自然のなかの「住人」たち

自然のなかには、いろいろなものが住んでいる。と言っているわれわれ人間もその住人なのだが。人間は自然のなかに住みながら、自然に反しても生きている特別な存在である。したがって、人間は自然のなかの他の住人に対して、その時によっていろいろな距離のとり方をして生きている。ペットの犬に対しては家族同然、あるいはそれ以上の親しさをもっているかと思うと、同じ犬でも野良犬に対しては、まったく無関心であったり、時には、命あるものとしてさえ見ていないこともある。動物だけではなく、植物に対しても人間の感情はさまざまで、それを同世界の「住人」として感じている人があるし、単なる「素材」として見ている人もある。

子どもたちにとっては、時には無生物でさえ「住人」と感じられるほどである。子どもの内部に生き生きとした世界がひろがっているのに呼応して、外の世界もふしぎな生きものに満ちているのである。そして、その住人たちは、人間と同じように話し合ったり、泣いたり怒ったりしているのも、むしろ当然のことである。それは「ふしぎ」であって「ふしぎでない」世界である。児童文学の名手たちは、そのような世界を描き出してくれる。

### 幼児期体験

すでにとりあげた『少年動物誌』も『ツバメ号とアマゾン号』も、作者の少年時代の思い出が基礎となっていたと思われる。これからとりあげようとする、アリソン・アトリーの『グレイ・ラビットのおはなし』[4]は、作者がもっと幼いときの体験を基にして書かれたものであろう。ここでは、自然のなかの「住人」つまり、ラビット

(ウサギ)やスキレル(リス)、ヘア(野ウサギ)などが大活躍する。彼らは人間とは異なるのだが、人間と同じような生活をしている。それに、このお話のなかの自然描写には、いかにも幼い子どもの体験したことだろう、と思われるものがある。

作者のアリソン・アトリーは、この本の訳者、石井桃子の「あとがき」によると、イングランドの人里はなれた村に生まれ、「家は、「暗い森」にかこまれた丘の頂上にたつ、石造りの古い農家でした。アリス(アリソンの本名)は、そこで、父母、弟ひとり、作男たちや手伝いの娘といっしょに、外の世界からはほとんど遮断され、自然のなかにとっぷりつかって、幼い日をすごしました」。七歳になると遠い小学校に歩いて通いはじめたが、これは彼女にとっては大冒険だった。そして、「学校へゆくために通りこえなければならなかった「森」の驚異、また美しさは、彼女の心に深く刻印されたのでした」。

『グレイ・ラビットのおはなし』のなかに、「ヘアの大冒険」という話がある。ヘアが森のなかにはいったとき、次のような描写がある。

そのうち、ヘアのまわりは、ひろく、すずしくなりました。頭の上には、大きな柱のような木の幹が、大きなみどりの屋根のように枝をひろげています。あたりにころがっている岩は、とてもとてもやわらかいコケでおおわれ、山道のふちにはえているコケモモの木には、宝石のようなピンクの花が咲いていました。日の光は、レースのようにくみあわさった木の枝からさしこみ、ヘアの毛と青い上着を、黄いろいまだらに染めました。空気は、泉の水のようにつめたく、さわやかでした。

これなど、アリソン・アトリーの幼児期の森の体験そのままではなかろうか。

幼児期の体験をよく記憶にとどめておき、そこから、このような物語を生み出してくるところに、作者の才能がきらめいている。

## 小さいヒーロー

幼い読者に対しては、お話のなかで「よい者」と「悪い者」がはっきりとわかれていることが大切だ。そして、悪者をこらしめるヒーローとしては、小さい生き物が選ばれることが多い。これは幼い子どもが一体化しやすいという配慮からであろう。

グレイ・ラビットとスキレルとヘア(フェイス・ジェイクス画『グレイ・ラビットのおはなし』岩波少年文庫)

ウサギのグレイ・ラビットは、野ウサギのヘアと、リスのスキレルと一緒に住んでいるのだが、ヘアはうぬぼれや、スキレルはいばりやで、二人とも勝手なことばかりしている。しかし、ラビットはこんな二人にやさしくして、いろいろと世話をやいてやっている。

グレイ・ラビットはニンジンを植えようと思うが、どうしていいかわからない。森に住むカシコイ・フクロウに、ニンジンの種を、村のはずれのよろず屋の婆さんの店からかすめとってくるようにと教えてもらうが、その教え代として、しっぽをフクロウにとられてしまう。この「よろず屋」は人間の店で、グレイ・ラビットたちの動物の住人たちと、人間の世界が共存して語られるのが、この物語の特徴である。そして、「よい者」としてのグレイ・ラビットも人間のところから、ものをかすめてくるのなどが許容されている点がおもしろい。アリソン・アトリーが育った農村では、子どもたちに対しての倫理がおおらかだったのかも知れない。子どもには、大目に見て見逃してもらうことと、絶対にいけないこととがある。

グレイ・ラビットの物語で絶対の悪は、イタチである。イタチはラビットたちを殺してしまう。グレイ・ラビットの外出中に、ヘアとスキレルはイタチにつかまえられ、袋に入れられてイタチの家に連れ去られる。ここで、小さいグレイ・ラビットが知恵をはたらかせて、まんまとイタチをやっつけてしまう。イタチをオーブンのなかに押しこんでしまったのだから、丸焼けになっているだろう。こんなところは、ヘンゼルとグレーテルのお話を思い出させる。悪は徹底的にやっつけられるのが、このような話のおきまりである。

ヘアとスキレルは「いままでの、わたしたちのやりかたが、まちがっていた、わるかったと思います。もうぜったい、いばったり、失礼なことはしません」とあやまる。三人は仲よくなって、愉快な話が続き、つぎは、グレイ・ラビットがカシコイ・フクロウから、しっぽを取り返すことになるが、これは読者の皆さんが読まれる楽しみにとっておこう。子どもたちは、このような話を読んで、動物たちと同一化してみたり、あんがい距離をおいてみたりして、自然のなかに生きる自分の姿のことに思いいたるだろう、と思われる。

## たのしい川べ

ケネス・グレーアムの『たのしい川べ』(5)にも、自然のなかの「住人」たちがでてくる。しかし、この住人たちは『グレイ・ラビットのおはなし』の住人たちとはひと味違ったキャラクターをもっている。おそらく、読者の年齢がすこし上であるためであろう。この作品も、多くの名作がそうであるように、作者が自分の息子のために語った話がもとになったとのことである。そのときの息子の年齢はどのくらいだったのだろう。八歳くらいにはなっていたのではなかろうか。
この本にも地図が描かれている。地図の中央を蛇行して流れているのが、話の舞台となる川である。モグラ、ネズミ、カワウソ、アナグマ、などのそれぞれの「家」の場所は示されているが、別に家屋敷は描かれていない。皆、穴のなかなどに住んでいるのだから当然とも言える。しかし、ヒキガエル屋敷だけは別である。堂々とした屋敷が描かれていて、ヒキガエルはこの話のなかでも別格の存在であることを示している。
話は、春になって家から出てきたモグラのことからはじまる。春の陽気のなかを喜んで走っているうちにモグラは川岸に着く。

こうして、あてもなくぶらつくうち、きゅうにまんまんと水をたたえて流れる川岸に出たとき、モグラは、これいじょうの満足があろうかという気もちになりました。生まれてからまだ一度も、川を——このつやつやと光りながら、まがりくねり、もりもりとふとった川という生きものを見たことがなかったのです。川はおいかけたり、くすくす笑ったり、ゴブリ、音をたてて、なにかをつかむかとおもえば、声高く笑ってそれを手ばなし、またすぐほかのあそび相手にとびかかっていったりしました。

ここでは、川も生きものになっているし、

川全体が、動いて、ふるえて——きらめき、光り、かがやき、ざわめき、うずまき、ささやき、あわだっていました。

大人にとっては、川は単に「水の流れ」になってしまって、別にふしぎでも何でもない。しかし、川をはじめて見たモグラには、それはこのように生き生きとしたものとして実感されている。作者のグレーアムが大人になっても「子どもの目」を失わなかったので、こんな文章が書けるのだ。

モグラは川ネズミに会い、彼の誘いに従ってボートに乗せてもらって、ピクニックに行く。ボートのなかから二人の見る川べは、まさに「たのしい川べ」であり、二人の会話も景色の展開につれてはずんでいく。はじめて川を見て、しかもボートに乗って川を下る。モグラは感激して「つまり——こういうのが、川なんだね？」と言う。ネズミは答える。

川は、ぼくにとっては、兄であり、姉であり、おばさんであり、友だちでもあるんだ。それに、たべものであり、のみものであり、（そして、もちろん、）洗濯場でもあるしね。つまり、川は、ぼくの世界なんだ。

確かに川はネズミにとって「世界」である。しかし、地図を見てもわかるように、その川べには、またいろいろな世界がひろがっている。そして、子どもにとって自分の知っている「世界」がだんだんとひろがって、ふしぎな発見が継続されるように、モグラとネズミは、川べの広い世界とだんだんと接触していく。

## パンの神

ネズミとモグラの体験は実に楽しく愉快である。しかし、残念ながらそれらを詳しくここに紹介している余裕はない。そのなかで、もっとも印象的なところを記しておこう。

カワウソの坊やが行方不明になったので、モグラとネズミはボートで夜中に捜索に出る。月の光のもとでの川の美しさ。これも素晴らしいが割愛しておこう。夜の川をボートを漕いでいるうちに、そろそろ夜明けも近づいてきた。そのうちネズミがきき耳を立てて、「とても美しくて、ふしぎな、ききなれない音」が聞こえるという。はじめはモグラには聞こえなかったが、「そのたのしげな、流れるような笛の音は、波のように、モグラの耳にもとどき、すっかりモグラの心をうばってしまったのです」。

二人はその音に導かれて小島に上陸する。そして何かしら偉大な存在の前に立っているような、畏敬の念にかられ、体がふるえるのを感じる。笛の音は止んでいたが、強い命令を受けたように進んでいった。

ふるえながら、命ぜられるままに、モグラは、かしこまって頭をあげました。自然は、この世のものとも思われない色にかがやき、息をころして、このなりゆきを見まもっていました。と、そのとき、夜明けまえのすんだ光の中に、モグラは、はっきり、動物の友であり、すくい手である、あのパンの神のお顔を見たのです。しだいに明けゆく光にかがやいて見える、うしろにしなった角、ふたりをちょっとおかしそうに見おろしているやさしい目、その目のあいだにはさまれた、いかめしいかぎ鼻、かすかに笑いだしそうにしているひげのある口、広い胸におかれている、筋肉たくましいうで、長いしなやかな指には、まだ口からはなしたばかりのパン笛がにぎられていて、毛むくじゃらの足は、美しい曲線をえがいて、ゆったり芝生の上にのびていました。

川べのピクニック(E. H. シェパード画『たのしい川べ』岩波書店)

そして、パンの神のひずめの間に守られて、カワウソ坊やがいた。モグラは息をのみ、ネズミに「こわい?」とささやきかけた。ネズミは、

こわいって? この方《かた》を? こわいもんか、こわくなんかあるものか! だけど——だけど、やっぱり——ああ、モグラ君、ぼく、こわいよ!

二人が思わず頭をたれたとき、太陽が地平線に輝かしい姿を現わした。その光に二人の目がくらんだ瞬間、パンの神の

姿はかき消えてしまった。二人は深い悲しみを感じて呆然としていたが、そよ風が彼らの顔をそっとなでると、その瞬間に、二人はいままでのことをすっかり忘れてしまった。

つまり、これこそは、あのしんせつなパン神が、なにかを助けるためにすがたをあらわしたとき、用心深く、いちばん最後にあたえるおくりもの——忘却というおくりものでした。あのおごそかな思いでが、いつまでも頭にのこって、よろこびや、たのしさをうばってしまうことのないよう、助けてもらった小さな動物たちが、またもとどおり、愉快に、陽気に暮らせるようにという心づかいだったのです。

ネズミとモグラがカワウソ坊やの捜索に行って体験した「ふしぎ」。この描写は児童文学のなかでも相当な傑作と言っていいのではなかろうか。私はそのなかの少ししか引用せず、ずいぶんと省略して示した。原文は、さらに深い味わいがある。この世ならぬ自然の美しさ、それを象徴するパン神の突然の顕現と消滅。そして、「忘却というおくりもの」。自然のふしぎを語って、これ以上のものはないだろう。

## 心のなかの自然

『たのしい川べ』のなかで、もうひとつ印象的なのは、ここに登場するヒキガエルのキャラクターであろう。はじめ、ネズミとモグラがボートで川に出たとき、カワウソとヒキガエルのことについて話し合って、カワウソは「まったく、いいやつなんだがね」とヒキガエルのことを評している。それから日がたって、モグラがネズミにヒキガエルに紹介して欲しいと言ったとき、ネズミは「あんな気のいい動物はないさ」とヒキガエルのことを言っている。

とかく「いいやつ」というのは、騒動を起こしたり、他人に迷惑をかけたりすることが多いものだが、ヒキガエルはその典型である。そして、「いいやつ」は自分が「いい」ので反省することがほとんどないが、ヒキガエルもその点でも十分に資格をもっている。

ネズミに連れられてモグラがヒキガエルを訪問すると大喜び。彼が最近購入したジプシーの箱馬車に乗って、大旅行に行かないかと誘う。

つまり、この車の中に、ほんとの生活があるんだよ。街道、ほこりのたつ往来、ヒースのしげった荒れ地、公有地や生垣やなだらかな丘！　キャンプに村に町に、都会！　きょうは、ここかと思えば、またあすは、べつな場所へ！　旅、変化、興味、興奮！　全世界が、きみの前にあらわれ、地平線は、つねに変わっていく！

ヒキガエルの運転（E. H. シェパード画『たのしい川べ』岩波書店）

と大演説をぶつので、モグラはすっかり心を奪われてしまう。ネズミはいつものことだと冷淡に聞いているが、モグラがすっかり乗せられてしまったのを見て、仕方なく一緒に旅に出ることに同意する。実際に旅をすると、もちろんヒキガエルの演説どおりにいくはずもないが、思いがけない恐ろしいことが起こった。彼らの馬車旅行の最中に、猛然として自動車が現われ、ものすごい物音を立てて通過していく。馬は驚いて暴走し、馬車は溝のなかにおちこんでしまう。ヒキガエルは、このことで怒ると思いのほか、新しい自動車に身も心も奪われてしまった。

それからが大変である。ヒキガエルは新式の自動車を購入したのはいいが衝突六回、入院三回という次第。思いあまって、ネズミとモグラはアナグマまで連れて自動車をやめるように、とヒキガエルの説得にいくがおさまらない。ヒキガエルは盗んだ車で事故を起こし、警官に悪態をついたりして、懲役二十年の刑に処せられる。しかし、こんなことでへこたれるヒキガエルではない。牢屋からうまく逃げ出し、大冒険をする。この間に、人をだましたり、かついだり、まったく勝手放題である。最後はめでたしめでたしとなるが、ともかく、ヒキガエルは途方もない「悪《ワル》」である。

カタイ先生なら、こんな本を子どもに読ませてもいいのですか、と必ず抗議することであろう。それはまったく大丈夫である。うそと思う先生は、この本を子どもたちに読みきかせてみるといい。おそらくヒキガエルは子どもたちの人気を博すだろう。しかし、子どもたちはヒキガエルと同じことをしようとはしないであろう。子どもたちは、おそらく言葉ではうまく言えないだろうが、このようなヒキガエルは、誰の心にも(先生の心の中にも!)住んでいることを知っているからである。規律には従うべきである。それでも……と人間の心は動く。「それでも……」というほうの心の動きを愉快に体現しているのがヒキガエルである。そのあたりのことがわかるユーモアを子どもたちは、ちゃんと持っている。

子どもの心のなかのヒキガエルを根絶しようとするのは、農薬によって、蝶もトンボもいないようにしてしまうのに等しい。それは心のなかの「自然破壊」なのである。そのことは、子どもたちにヒキガエルのような生き方をしろ、というのとはまったく異なる。心のなかの「自然の住人」のことをよく知り、それと共存する道を考えようということである。

## 4　自然と畏れ

自然に対する畏れの感情は、人間にとって大切なことである。近代になって人間は科学・技術の力によって相当に自然を支配できるようになったが、そのことによって、何でも自分の思うままになると思い、畏れの感情を忘れてしまうと、大変な危険に陥る。

子どものときに、自然に対する畏れを体験することは、その人の人生において意義あることと思う。すでに紹介した『少年動物誌』には、子どもたちが自然のなかで感じる、不可解な畏れについての印象深い記述がある。著者の「ぼく」は、相変らず弟たちをひきつれて、いつも行きなれた権現山に昆虫採集に行く。権現山へは何度も行って山の南側以外のところはすみずみまでよく知っている。しかし、南側は、何か恐ろしい秘密の場所として恐れられていた。

> 南の山麓には、墓があって、うす暗い森の中に、墓石《ぼせき》が冷たくつっ立ち、ひっそり静まっていた。大きな藪の蔭に、蟠竜庵《はんりょうあん》という寺があった。ぼくたちは、理由もなく、その寺を恐れていた。

ところが、ある日、「ぼく」はその恐ろしい場所に弟たちを連れて入り込んでいく。一同は怖がりながらもだんだんと森の奥へと進んでいった。そのとき、

> なにかわけのわからない恐怖と不安が、とつぜんぼくに襲いかかってきた。一歩でも前進したら、奈落のような暗黒の淀みに、いきなり吸いこまれそうな不安が、ぼくの心を圧し潰した。黒い藪がゆらいだとき、死神の手がその中から伸び、ぼくをわしづかみにしそうな恐怖が、どっとのしかかってきた。

「ぼく」は全速力で走って逃げ、わけがわからないまま、弟たちもそれにつられて必死になって走って逃げた。誰も何が何かわからなかった。しかし、ともかく怖かったのだ。

自然への畏れは、深いところで宗教性につながっている。自分の力を超えた存在、それを認め、それに畏敬の

念を感じることは宗教のはじまりである。

## 子どもと老人

「自然の超自然性」とでも言うべきテーマを取りあげ、つぎつぎと傑作を発表している児童文学作家に、パトリシア・ライトソンがいる。彼女はオーストラリア生まれで、その地に育った人である。オーストラリアはかつて西洋人が徹底的にその地の自然を破壊しようとしたところである。そこに住むアボリジニは、近代人から見れば同じ人間とも思われないくらいに原始的に感じられたのであろう。白人はわがもの顔に侵略と破壊をくり返し、アボリジニは、ほとんど絶えてしまうとさえ思われた。しかし、現代になってその点についての強い反省が起こり、今は、アボリジニのもっている文化を尊重しようとする傾向が生じてきた。「オーストラリアの魂を描く」と言われているライトソンは、アボリジニの伝えてくれた超自然の存在に注目し、名作を書いている。

ここに取りあげる『ミセス・タッカーと小人ニムビン』[6]には、ニムビンという超自然的な小人が登場し、愉快な話を繰りひろげるのだが、まず、もう一人の主役、ミセス・タッカーの方に注目してみよう。ミセス・タッカーは老人である。どうして児童文学の作品の主役に老人が登場するのか、それは子どもと老人は本質的によく似たところがあるからである。つまり、子どもは「あちら」から来たばかりだし、老人は「あちら」にもうすぐ行くことになっている。彼らは異界に大人たちよりよく通じている。大人たちが「よく知っている」自然と思っているところに、超自然を見ることが容易である。逆の言い方をすると、大人というのは、一般にありきたりの生き方に血まなこになっている、と言うこともできる。

ミセス・タッカーは「夕日が丘ハウス」という老人ホームにいる。心配症の娘夫婦が老人のことを心配して、

この上等のホームに入れてくれたのである。しかし、
あたしにはわかっている、とミセス・タッカーは思った。年をとった人間は、子ども並みにあつかわれるものだ。それまで自分でしていたことをぜんぶ人まかせにし、身体も頭もにぶくなるにつれて、若い者の天下となる。若い人たちは、あらお元気ねとか、がんばってなどと声をかけて、こっちを子どもあつかいし、清潔で明るい老人ホームにとじこめ、頼みもしないのに、あたたかい下着なんかをもってくる。気をつかわれ、せわをやかれて、用心していないと、いつのまにか、お節介という牢獄の囚人にされてしまう。子どもとおなじように。

ミセス・タッカーは勇気があったので、このような「お節介牢獄」をうまく脱出し、最近亡くなった兄から遺産相続した、開拓小屋に一人で住むことになる。これはまさに「家出」である。このミセス・タッカーの快挙は、児童文学愛好者なら誰でも知っている、クローディアの家出にも類比すべきことと言うべきではなかろうか。(少女クローディアは家出をしてメトロポリタン美術館に住む。『クローディアの秘密』(7)参照)。

ミセス・タッカーは開拓小屋での一人の自由な生活を楽しむ。しかし、そこには地霊小人ニムビンがいたこともあって、なかなか暮しは容易ではない。そこで彼女も時には、自分の行動に疑いをもつこともあった。やはり、奥地で、気ままに、誰のせわにもならず暮し、ニワトリを飼ったりするには、年とりすぎているのかもしれない。自分は、ぼけかかった、おろかなおばあさんで、居心地のいい安全な施設から逃げ出した、聞きわけのない子どもにすぎないのかもしれない。

「居心地のいい安全な」ところを、一般の大人はもっとも幸福な場所と信じている。しかし、そこに入れられた(あるいは、入れてもらった)老人や子どもは、そこをお節介牢獄と感じる。と言って、そこを出たからといっ

て単純な「幸福」があるわけではない。したがって、ミセス・タッカーのような勇気ある老人でも、自分の行動に対する疑いがちらりと心のなかをよぎるのを感じる。それでも、飼犬のヘクターがカエルを見つけて、ちょっかいをかけ、カエルが跳びはねるので肝をつぶすのを見て、「ミセス・タッカーはお腹をかかえて大笑いした。「夕日が丘ハウス」の寮母さんたちがその声を聞いたら、きっと腰をぬかしただろう」というような体験もする。

自然のほんとうのふしぎに触れるためには、「居心地のいい安全な」ところにいては駄目である。多少の危険や居心地の悪さは覚悟しなくてはならない。その上、たっぷりと時間がなくてはならない。ミセス・タッカーはこの条件を十分に満足させる生活をすることになった。そこで、自然のふしぎに遭遇するのだが、オーストラリアの自然は、まったく思いがけない「ふしぎ」を用意していた。

## 小人ニムビン

ミセス・タッカーの住むことにした開拓小屋には、先住者がいた。それは地霊小人ニムビンであった。

ニムビンは、ちっぽけな精霊だが、原生林の木々が育ち、人間たちがやってきて倒し、その人間がまた去っていくまで、その間ずっとこの一帯の山々で暮してきた。ニムビンもいぜんは、大昔からいる人間のように、狩猟をしていた。といっても、そのえものは、あばれんぼうのフクロネズミとか、ずるい沼地ネズミとか、すばしこいトカゲなど、人間の狩るものにくらべたら、ずっとささやかだった。

しかし、今では全体の状況がすっかり変ってしまった。

ニムビンは、人間とおなじように、世の中がうつり変わったとなげき、そして人間とおなじように、変化にちゃっかりと便乗した。

ニムビンは自分で狩をしたりするよりは、人間の作ったものや獲ってきたものを失敬することにした。あるいは、ネズミに対しては給水栓からさびた空缶に水が落ちるようにしてやったり、家畜のえさ箱のふたをあけてやったりしながら仲よくなっておき、ときたま肥えてうまそうなやつを棍棒でなぐり殺して食べる、というような生き方をする。

ミセス・タッカーには小人ニムビンが小さくて素早いので見えない。犬のヘクターは、この「においのしない」嫌なやつに気づいているが、悲しいかなそれを主人に伝えることはできない。したがって、ミセス・タッカーにとっては、ふしぎで仕方のないことが起こるのだ。何しろニムビンはずる賢いのでたまらない。ミセス・タッカーが置いておいたはずのものがなくなっていたり、ニワトリ小屋のかけがねをちゃんとかけたはずなのに、ニワトリが小屋の外に出ているのを見たりして、自分も「ぼけてきた」のではないか、と心配になってくる。

これを読んでいて、私も自分の家に小人が住んでいることを悟った。何という名なのか、ニムビンではあるまい。ともかく、部屋のなかにあるはずのものが、よく無くなるのだ。そして、しばらくしてからまったく思いがけないところにそれがあるのを発見する。一番ぎょっとするのは、自分が買ったおぼえのまったく無い書物が書棚にある。変だなと思ってページをパラパラとめくると、あちこちにアンダーラインがしてあるのだ。つまり、わが家の小人は読書さえしているのである。しかし、小人の存在を知ったおかげで、最近は年と共にずいぶんとぼけてきたと嘆いたり、私の不在の間に家人の誰かが書斎のなかのものを動かしたのではあるまいか、と変に疑い深くなったりすることはなくなった。

ミセス・タッカーとニムビンの、ヘクターなどをまきこんでの丁々発止の愉快な戦いについては、読者はどうか作品を読んで楽しんでいただきたい。その間に、自分の家にはどういう類いの小人が住んでいるかについてもとであろう。

考えてみられると、いろいろ思い当るふしがあることだろう。そして、家族間の無用の争いも少しは減少するこ

## ナルガン

ニムビンのお話に続いて、これもパトリシア・ライトソンの作品『星に叫ぶ岩ナルガン』[8]を読んでみよう。まずそのはじめから。

ナルガンが動き始めたのは夜だった。峡谷の切りたった斜面のずっと下のほうで、落着きをなくしたナルガンは身動きした。すみかの口までナルガンはゆっくりとその重たい体を引きずっていった。長い、あてもない旅が始ったのだ。

これだけを読んでもナルガンがなにものかわからない。ともかくふしぎな動物に違いないと感じる。ところが読みすすんでいくと、予想をはるかに超えてしまった存在であることに気づかされる。ナルガンは動物ではなかった。「岩」だった。それでも生きていた。何かをひっつかんで食べるのが十年に一度のこともあるし、五十年間一食もしないこともあった。巨大なナルガンが進むと、植物も動物もすべてが踏みつぶされた。

そんな恐ろしいナルガンの存在に気づき、何とかしようとする少年が孤児のサイモン・ブレントである。サイモンはナルガンの他にもオーストラリアの大自然のなかの超自然的存在であるポトクーロックやツーロングなどという、ふしぎな生きものとかかわりをもつことになる。

ポトクーロックやツーロングが何であるかをサイモンは知らなかったが、彼らがこの地球と、この山の一部であることはわかっていた。人は行ったり来たりする。だがあの生きものたちはここに属しているのだ。そ

してあの連中はいつもここに属していたのだ、とサイモンは考えた。（中略）連中は自由で、山のように古かった。そして遠くの青い影のようにとらえどころがなかった。その感じを言葉で説明はできなかったが、サイモンにはそれがわかっていた。

このようなふしぎな連中に会うことは、普通の人間にはないことだ。それがどうしてサイモンには可能だったのだろう。その秘密のひとつは、サイモンの境遇にある。彼は孤児である。ある施設にいたが、遠縁のチャーリーとイーディスという兄と妹が夫婦のように暮している山奥にある牧場へと引きとられてきたのである。チャーリーとイーディスがサイモンの親代りだとすると、この家族の構成は非常に興味深い。普通の家庭では、親と子は血でつながり、父親と母親は血でつながっていないのだが、サイモンの家は逆で、親は血でつながり、親子は血でつながっていない。児童文学の名作のなかで、これと同じ家族構成が認められるのがあるのに気づかれた人も多いだろう。皆さんよく御存知の『赤毛のアン』がそうである。アンにも普通の人の気づかないことが沢山見える才能があった。サイモンも同様である。サイモンはアンと異なりオーストラリアの奥地に住んだので、その自然のなかに、他人には見えない生きものを見ることができた。

ところで、ナルガンはその馬鹿力を使って地ならし機械をどこかに隠してしまう。もちろん人間はナルガンの存在など知らないので、地ならし機械の突然の消滅に啞然とするばかり。先に述べたように、少年サイモンだけがその秘密に近づいていく。彼ははじめてナルガンのことを知ったとき、ポトクーロックに「あれはいいやつなの？」ときく。ポトクーロックの答は簡単だ。「いい、って何だ？　あれはナルガンだ」。いいとか悪いとかは、人間がその都合で勝手に言っているだけである。ナルガンはナルガンだし、ニムビンはニムビンである。「悪いやつだから退治しよう」という思想は、ライトソンの文学にはない。このようなすごい自然を知り、それを畏敬すること、そして、自然とどのように共存するかを考えること、これが人間にできることである。そして、自然と共存することによってこそ、人間の生き方はより豊かになる、というのがライトソンがこれらの作品のなかで語っていることのように思われる。

## 5　自然との融合

自然との共存ということを述べた。それをこえて融合となるとどうなるだろう。融合してしまったら、おそらく人間ではなくなるだろう。確かに、われわれ人間も死ねば自然に還ることができる。しかし、生きている間にそれと近似する体験をし、作品として結晶させるとなると、天才としか言いようのない才能が必要であろう。このような天才的な作者として、宮沢賢治をあげることができる。

自然との融合というとき、わが国の仏教の影響を見逃すことができない。「草木国土悉皆成仏」の考えが彼のすべての作品の底流として流れている、と言えるだろう。しかし、ここで忘れてはならない大切なことは、宮沢賢治が西洋に生まれた自然科学についても相当な知識をもち、その本質を理解していたことである。当時の日本人にしては、他と比較できないほどの合理性を身につけていた。自然とほとんど融合するほどの体験をしながら、最後の一点でそれを客観視し記述する力を失わなかった。しかし、そのようなことを可能にした賢治の意識状態は通常の意識とは異なり、宇宙的なひろがりをもっていた、とでも表現したくなるようなものであっただろう。

話が横道に入るが、第1章でも触れたように、児童文学の世界における「ふしぎ」の先達とも言えるルイス・キャロルが数学者であったことは、周知の事実である。それに、先に紹介したアリソン・アトリーも、『グレイ・ラビットのおはなし』の「訳者あとがき」によると、中学時代から科学的なものに興味が移り、マンチェスター大学では物理学を専攻した、とのこと。ファンタジーの作者の理科的センスということは、興味深いテーマである。

話を宮沢賢治にもどすと、彼の作品に出てくる動物は、『たのしい川べ』の動物に比べて人間との間の距離がほとんどないほどに近いことに気づく。人間と動物の接している層が深いと言ってもいい。「セロ弾きのゴーシュ」[9]のなかの、ゴーシュと動物たちのやりとりは、われわれの心の深いところにはたらきかけてきて、ふつふつとした動きが心の奥の方から生じてくるような効果をもたらしてくれる。

宮沢賢治は、このような融合体験のもたらす危険性を十分に承知していた。そのことは、たとえば「注文の多い料理店」[10]を見てみよう。「ふたりの若い紳士」は「すっかりイギリスの兵隊のかたちをして」、つまり、近代的装備に守られて山奥にやってくる。しかし、その山奥はそのような装備は何の役にも立たないところであった。そこに入るのにふさわしい守りをしてくれるはずの「二匹の犬」が死んでしまうと、二人の紳士はまったく無防備な状態で「融合」の世界にそれとは知らずに入っていく。しかし、山奥の世界はあんがい親切で、「当軒は注文の多い料理店ですからどうかそこはご承知ください」にはじまって、つぎつぎと「警告」を発してくれるが、近代人である二人はそれをさっぱりと自分なりに解釈してしまって平気でいる。

うっかりすると、彼らは「融合」の最たるものを体験するはずだった。つまり、山猫の腹のなかに完全に融合して収まるはずだったが、幸いに犬が生き返ってきて難を逃れることができた。実に危ないところであった。

人間と動物との距離のない交歓は、賢治の作品の特性のひとつである。それをよく示している「雪渡り」(11)を見てみよう。ここには、人間の子ども四郎とかん子と小狐の紺三郎との楽しいつき合いが描かれている。

四郎とかん子は雪におおわれた野原に、

「堅雪かんこ、しみ雪しんこ」

と「小さな雪ぐつをはいてキックキックキック」と出かけていく。ところが、

「しみ雪しんしん、堅雪かんかん」

と言って、白いきつねの子がでてきた。ふたりはぎょっとするが、両者の間にうまく会話が成立する。ところでここで面白いのは、両者の会話は、ある種のリズムをもった、子どもの好きな「はやしたて」の形をとってなされることである。

「きつねこんこん、きつねの子、およめがいらなきゃ餅やろか」

「四郎はしんこ、かん子はかんこ、きびのだんごをおれやろか」

という調子である。これは最初に示される「堅雪かんこ、しみ雪しんこ」のリズムが、ずっと一貫してはたらいていることを意味している。そして、三人(二人と一匹?)は一緒にキック、キック、トントンと踊りはじめる。

そして三人はおどりながらだんだん林の中にはいって行きました。赤い封蠟細工のほおの木の芽が、風に吹かれてピッカリピッカリと光り、林の中の雪には藍色の木の影がいちめん網になって落ちて、日光のあたるところには銀のゆりがさいたように見えました。

このようにして四郎とかん子は、人間と動物の区別のまったくない世界へとはいっていくことができた。これは「注文の多い料理店」の二人の紳士と反対の体験である。四郎とかん子は危険どころか、狐たちと実に楽しい時をすごし、狐の幻灯会の入場券さえもらうのだ。

両者の相異を示すひとつのキーワードは、「十一歳以下」である。狐の紺三郎は幻灯会の入場券を渡したとき、四郎がにいさんたちも一緒に来たいと言うのに対して「にいさんたちは十一歳以下ですか」と問いただし、にいさんが十二歳と知ると、「残念ですが」と断っている。このことは、十二歳をこえると——それに紳士などになると——動物の世界に入っていくことがお互いに非常に危険であることを示している。

「精神年齢十二歳以上お断り」などという児童文学の集まりをすると面白いかもしれない。

小ぎつねの紺三郎(春日部たすく画『岩波世界児童文学集9』岩波書店)

## 虔十公園林

虔十はいつも縄の帯をしめて、わらってもりの中や畑の間をゆっくりあるいているのでした。

雨の中の青いやぶを見ては、よろこんで目をパチパチさせ、青ぞらをどこまでもかけて行くたかを見つけては、はねあがって手をたたいてみんなに知らせました。

これは「虔十公園林」(12)のはじめである。ここにも「十一歳以下」の資格をもった人物が登場する。虔十の笑いは正真正銘の赤子の笑いである。

けれどもあんまり子どもらが虔十をばかにしてわらうものですから、虔十はだんだんわらわないふりをするようになりました。

子どもたちはふしぎである。急に「大人」になるときがある。しかし、大人も「子ども」になるときがあるのだから、あたりまえとも言える。虔十は「賢い子」たちの笑いものになっている。しかし、このような虔十だからこそ、普通の子どもたちを超えて「幼い子の心」の世界に入っていけるのである。

虔十は家のうしろの大きな運動場ぐらいの野原に杉を植えたいと言い出す。幸いにも両親の同意を得て杉苗を七百本植える。そして丹精をこめて虔十は手入れする。ある日のこと、

あっちでもこっちでも、号令をかける声、ラッパのまね、足ぶみの音、それからまるでそこらじゅうの鳥も飛びあがるような、どっと起こるわらい声、虔十はびっくりしてそっちへ行ってみました。

するとおどろいたことは、学校がえりの子どもらが五十人も集まって、一列になって歩調をそろえて、その杉の木のあいだを行進しているのでした。

こんなところが子どもたちのいいところである。虔十を笑い者にしたりしていても、事態が変るとそれにちゃんと適応する。「虔十もよろこんで、杉のこっちにかくれながら、口を大きくあいて、はあはあわらいました」。

ところが近所に住む平二が、自分の畑が杉のために日かげになるので、杉を伐れと言ってきた。今にも泣き出しそうになりながら、虔十は「きらない」と言う。「じつにこれが、虔十の一生のあいだたった一つの人に対するさからいのことばだったのです」。

平二は怒って虔十をなぐりすえる。虔十は無抵抗になぐられていたが、平二も気味悪くなって去っていく。

「さて虔十はその秋チブスにかかって死にました。平二もちょうどその十日ばかり前に、やっぱりその病気で死んでいました」。

その後何年もたつ間、虔十の植えた杉の林はそのままに残り、子どもたちの遊び場としての役割を果してきた。あるとき、村の出身者でアメリカの大学教授になっている人が帰郷し、虔十のつくった林の残っているのを見て感激し、「虔十公園林」と名づけて保全することを提案する。卒業生から寄付も集まるし立派な公園林ができて、虔十の家族の人たちはうれし泣きをした。

まったくまったく、この公園林の杉の黒いりっぱな緑、さわやかなにおい、夏のすずしいかげ、月光色の芝生が、これから何千人の人たちに、ほんとうのさいわいが何だかを教えるかかぞえられませんでした。

この作品で、賢治が人間と植物の間にも融合体験の生じることを示してくれていると思われる。人間の赤ん坊の心は動物にも植物にも通じるようなものなのであろう。それが自我意識をもちはじめると出てくるのが「ノー」という言葉である。外界に対して自分が別の存在であることを意識してはじめて「ノー」ということができる。

虔十が最初にして最後の「ノー」を言い、それによって杉林を守り、そして死んでいったという事実は、深いパラドックスを秘めている。賢治は融合に伴う多くのパラドックスをよく知っていたものと思われる。

(1) 河合雅雄『少年動物誌』福音館書店、一九七六年。
(2) 河合隼雄『あなたが子どもだったころ――こころの原風景』講談社＋α文庫、一九九五年。
(3) アーサー・ランサム作、神宮輝夫・岩田欣三訳『ツバメ号とアマゾン号』岩波世界児童文学集29、一九九三年。
(4) アリソン・アトリー作、石井桃子・中川李枝子訳『グレイ・ラビットのおはなし』岩波少年文庫、一九九五年。

(5) ケネス・グレーアム作、石井桃子訳『たのしい川べ』岩波書店、一九六三年。
(6) パトリシア・ライトソン作、百々佑利子訳『ミセス・タッカーと小人ニムビン』岩波書店、一九八六年。
(7) E・L・カニグズバーグ作、松永ふみ子訳『クローディアの秘密』岩波少年文庫、一九七五年。
(8) パトリシア・ライトソン作、猪熊葉子訳『星に叫ぶ岩ナルガン』評論社、一九八二年。
(9) 宮沢賢治「セロ弾きのゴーシュ」『風の又三郎』岩波世界児童文学集9、一九九四年。
(10) 宮沢賢治「注文の多い料理店」同右。
(11) 宮沢賢治「雪渡り」同右。
(12) 宮沢賢治「虔十公園林」同右。

# 第3章　ふしぎな人物

ふしぎな人、というのが人間社会に存在する。それはいろいろな意味で「ふしぎ」なのだが、その人の存在によって、普通に動いていたことが動かなくなったり、あたりまえと思っていたことのなかに新しいことを見出したり、どうしようもないと思っていたことに、思いがけない解決が見出せたり、ともかく、普通が普通でなくなるのだ。それは、その人自身のもっている能力による、と思えるときもあるし、ただ、その人が「ふしぎな人」だと、周囲の人たちに思いこまれているだけ、のようなときもある。よきにつけ悪しきにつけ、ふしぎな人が、きまりきっているように見える人間の生活に彩りを与える。

児童文学にも、もちろんたくさんの「ふしぎな人」が登場する。これまで紹介してきた作品のなかにも、ふしぎな人物は沢山いる。児童文学のなかに登場する「ふしぎな人物」というと、すぐ思いつくのは宮沢賢治の「風の又三郎」(1)である。

田舎の複式授業をしている小学校に、一人の転校生がくる。高田三郎君。父親の転勤に伴って越してきた三年生の男の子である。別に普通の子なのだと言えば、その通りなのだが、実はこの子は「風の又三郎」で、風を好きなときに好きなように吹かせる力をもっているらしい。ともかく、この「ふしぎな子」が転校してきたために、子どもたちの生活に大きい変化が生じる。

どっどど　どどうど　どどうど　どどう
青いくるみも吹きとばせ
すっぱいかりんも吹きとばせ
どっどど　どどうど　どどうど　どどう
どっどど　どどうど　どどうど　どどう

このふしぎな歌のリズムが示すように、自然のもっているリズムが伝わってくると、子どもたちの生活が急に生気を帯びてくる。そのために相当な危険も生じるが、やむをえない。

宮沢賢治の素晴らしいところは、この作品のなかで、一人の少年が「風の又三郎」なのか「ただの三郎」なのか、わからなくなってくるところである。そうだと思うと、どちらにも思える。しかし、そもそも現実というのはそのようなものだろう。きまりきった単層の現実にのみ生きていては、何の面白味もない。子どもたちは普通のなかに「ふしぎ」を感得する能力をもっている。大人になって、それを失ってしまうのはあまりにも残念である。この章においては、児童文学に登場する「ふしぎな人物」をいろいろな角度から考えてみることにしよう。

## 1　恐ろしい人

子どもにとって、「恐ろしい人」、「恐ろしい体験」というのは忘れ難いこととして残る。それが本人にとって耐え難いものであるときは、破壊的な作用を及ぼす。その子のその後の成長の過程を歪ませる。しかし、このことは、子どもに恐ろしい体験をなるべくさせないようにした方がいい、ということを意味しない。プラスの感情のみではなく、マイナスの感情もある程度体験することによって、人間の感情が豊かになり、人間の深さも増してくる。児童文学のなかの「恐ろしい人物」は、そんな点で、子どもの成長を助けてくれる。

## 宝島

子どものときに読んだスティーブンスンの『宝島』(2)は、今もなお強い印象を残している。私が子どもだったころ、アルスの『日本児童文庫』というシリーズがあり、そのなかに確か、『宝島探険物語』(3)という題で収録されていたと思う。読んだのは小学三、四年の頃だ。何しろ田舎育ちでそれほど本の知識がないときなので、一冊全部がひとつの話である、というだけでも大変である。「グリムみたいなのとぜんぜんちがうぞ！」という兄たちからのインフォメーションもある。挑戦するような気持で読み出したが、最初から登場する海賊たちの恐ろしさに縮みあがってしまった。

少年ジムは病弱な父、それと母を助けて「ベンボー提督亭」という宿屋の仕事をしている。そこにある日「ふしぎな人」がやってくる。「背がたかく強そうで、どっしりとしていて、クリみたいに褐色の顔の男だった。タールまみれの編んだ髪は、よごれた青い服の両肩にたれさがり、両手はごつごつとして傷だらけで、爪は黒くて割れていた。片方の頰には、きたない青白い刀傷がついていた」。いかにも恐ろしい顔つきだ。

この男がジムの宿屋に滞在することになったために、まったく予想外の世界がジムに開けてくることになる。しかし、その体験の最初は、「恐怖」に彩られている。

まず黒犬という名の海賊——これも恐ろしい顔をしている——が現われ、そこに宿っている例の男、ビルと言い争って刀での切り合いになる。黒犬は退散するが、ビルは脳溢血で倒れる。何とか一命をとりとめるものの、衰弱し、次に他の海賊が現われはしないか、と恐れている。そんなときに、ジムの父親が病気で死んでしまう。

こんな話を読んでいると怖くて仕方がない。私はもともと怖がりの臆病者なので、こんな話を夜に読んでいると、窓ガラスを破って海賊がやってきそうに思えて、読み続けられない。そして、眠ろうと思っても眠れなくなる。ビルや黒犬のイメージが現われてくる。このような恐ろしさを一段と高める作用をしたのは、つぎの海賊ピューの登場である。

ジムが、父親の葬式の翌日、父のことを思い、悲しみに沈んでいるところに、その男がやってきた。子ども心に、その描写を読んでどんなに恐ろしく感じたか。それを示すために、差別語が使われているが、この際そのまま引用しよう。

だれかが、のっそりと道をやってくるのが見えた。その男は、杖で道をたたいて歩いていたし、目と鼻との上に大きな緑色のおおいをつけていたから、めくらにちがいなかった。そのうえ、年とったためか病気のためか、せむしになっていて、大きな古ぼけた、ぼろぼろの頭巾つきの船乗り外套にくるまって、化けものみたいだった。あんなぶきみな姿を見るのは生まれてはじめてだった。

この男は妙な節まわしで、「どなたか、お情け深いだんなさま、教えてくださりませ」と言っていたが、ジムがここが「ベンボー提督亭」だと教えると、猫なで声で「お若いだんなさま、わたしの手をとって、中へ入れてくださりませんか」と言う。

ぼくが手をさしだすと、ぶきみなねこなで声のめくらの男は、たちまち万力という機械みたいな力で、そのぼくの手をにぎりしめた。ぼくははっとして手を引っこめようともがいた。だがめくらは、その腕をぐっと一つ動かして、ぼくをひきよせた。

「さあ、小僧。」かれはいった。「おれを船長のところへつれてゆけ。」

「おじさん。」ぼくはいった。「そんなこと、とてもできない。」

「うう。」かれは、せせらわらった。「ぬかしたな。さっさとつれてゆけ。でないと、腕をへし折ってくれるぞ。」

かれは、そういいながらぼくの腕をねじあげ、ぼくは悲鳴をあげた。


これを読んでいて、私は自分の腕を、ぎゅっと何者かによってつかまれたように感じたものだ。怖さが身体にまで、はっきりと影響を及ぼすのだった。

まだ恐ろしいシーンは続く。ピューはビルに海賊の呼出状である「黒丸」を渡して去るが、ショックのためかビルは脳溢血の再度の発作で死ぬ。そして、その後、仲間と共にやってきたピューは、海賊を捕えるためにやってきた騎馬隊の馬の足の下にうろたえてとびこんで、悲鳴をあげながら死んでいく。何と恐ろしいことか。

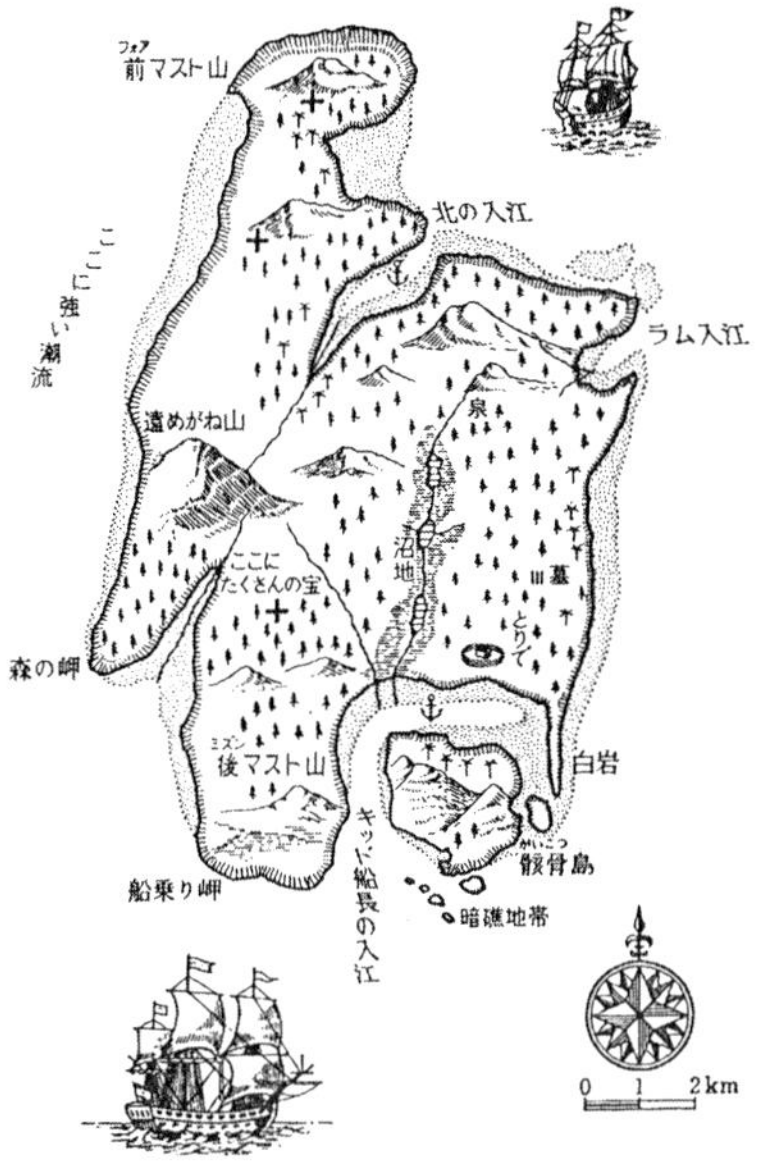

宝島の地図(『宝島』岩波少年文庫)

## 海賊シルバー

『宝島』の冒頭は、すでに紹介したように、恐ろしい人物の話に満ちている。しかし、その恐ろしさのなかから、すごい冒険が生まれてくる。ビルの隠しもっていた地図！　これを手がかりに海賊の頭、フリント船長の宝を探し出すための船が調達され、ジムはそのボーイとして、探険に参加する。その探険がどのように展開していくかについては、周知のことと思うので、繰り返す必要はないだろう。ジムはその後も、何度も恐ろしい目に遭うが、何とか探険に成功する。そのお話は実に面白くよくできていて、スティーブンスンが『宝島』を書いてから百年近くたっているが、今でも多くの人に読まれているのも当然のことである。

『宝島』は恐ろしいだけの物語ではないし、恐ろしい人物ばかりが活躍するわけではない。登場する人物のそれぞれの性格がよく描かれていて、それがこの作品を不朽の名作にした要因のひとつと思う。そのなかで、わけても忘れられないのが、海賊シルバーである。シルバーの存在が、この物語を数倍面白いものにしている。

ジムの見つけた地図を手がかりに、郷士のトレローニさん、医者のリブシー先生たちは航海に乗り出そうとする。トレローニさんが船を調達し、船乗りを集めようとするとき、一本足のジョン・シルバーが現われ協力する。シルバーはそのとき居酒屋をしていたので、料理番としてやとったのだが、彼はたちまちにしてトレローニさんの信頼を得てしまう。ジムはシルバーのことを聞いたとき、何だか怪しいと思っていたのに、シルバーに会うやいなやそんな疑いはふっとんでしまう。シルバーは片脚で松葉杖をついていたが、「それをおどろくほどたくみにつかって、まるで鳥のようにとびまわっていた。ひじょうに背が高く、強そうで、顔はブタの脚肉みたいに大きく、そしてみにくくて青白かったが、頭がよさそうで、にこにこしていた」。

何しろシルバーを見ると、誰でも愉快になり、裁判官でも警官でも信用してしまうだろうと思われるほどだ。一緒に波止場を歩いていても「かれのようなおもしろい道づれはなかった。いろいろな船のところを通りすぎるときに、かれは、その帆の型とかトン数とか国籍とかをおしえてくれ」たりする。ジムは「この人こそ、このうえなしのいい航海友だちだと思うようになった」。

ところが、この男が大悪党だった。昔のフリント船長の手下の海賊どもを、うまく水夫として乗りこませ、結局は宝島の宝を全部、自分のものにしようと計画していた。話は、二転、三転してジムたちの仲間もジム自身も危機に陥るが、最後はめでたしめでたしで終る。この間にシルバーは恐ろしい敵になったり、意外なところでジムの命を守ったり、いろいろと一筋縄ではいかぬ様相を示す。しかし、何と言っても悪者には違いない。ただ、その悪者が陽気であったり、剛胆であったりどこか憎めないところがある。

私は子ども心に、シルバーに対してどんなに思ったらいいのかわからぬようになった。どこか文句なしに「かっこうのいいところ」があるが、「悪者！」と思うのも事実であるし。考えてみると、人間の世界はなかなか単純ではなく、このようなキャラクターが登場する本を子どものときに読むのも意味があるな、と思わされる。

## 十歳の少年

ジムは十歳である。人によって多少のずれはあるが、十歳ごろは人間の成長にとって、大事なひとつの節目のようである。この世のなかに「私」という存在が、他と切り離されて存在することを意識しはじめる年齢である。生まれてから人間はだんだんと「私」という独立した存在を意識してくる。そして、「虔十公園林」のところで述べたように、外界に対して「ノー」というのが、そのはじまりとも言える。そして、それが明確になってくるまでは、「私」はまだまだ外のものと一体化していてあいまいである。特に父親や母親とは相当に一体化している。それが、十歳くらいになると、他と切り離されて「私」という存在があることを意識する。それが相当にはっきりとした体験として記憶されるときもある。それを「自我体験」と呼んでいる人もある。

自我体験をする頃は、自分が他の存在から切れるという感じもあり、強い不安を感じるときがある。考えてみると、何もないところに急に「自我」が出現してくるとも言えるわけで、それはふしぎで恐ろしい体験なのである。十歳頃に子どもがいわれのない不安を感じ、それまで夜は一人で寝ていたのに、急に両親と一緒に寝たいと言ったり、便所に一人でいくのが怖いと言ったりする。そのくせ、「怖い、怖い」と言いながら恐ろしい話を読んだり、聞いたりするのを好むときがある。このようなときに、親は心配したり、「大きくなっているくせに」と無理をさせたりせずに、その不安を受けいれていると、子どもはそこを乗りこえていくことが多い。しばらく、両親のところに寝に来るのを許容したところで、少しの間だけで終ってしまうだろう。

この物語では、ジムの父親の死と、思いがけない海賊の出現ということで、そのあたりの感じを非常にうまく語っている。だからこそ、この年齢の子どもたちが、この物語に惹きつけられるのである。それに大切なことは、そのような不安におののいていた少年が、大冒険をやり抜くことにある。

「私」という存在がわかる。この世に「私」がいると知る。これは大事業であり、大冒険である。この年齢の子どもたちは、だから、そんな話が好きだし、それを夢見ている。それを「物語」として表現すると、十歳の子どもでも、大人の海賊とわたり合うことになる。

ジムは、海賊のイズレイル・ハンズと——彼が傷ついていたとはいえ——正面から戦うのだ。このときも二転、三転、かたずを飲んで読んだ子どものころの興奮を、私は未だに忘れずにいる。

ジム少年は、はじめの頃は海賊のビルやピューの出現に恐れおののいていたのだが、冒険を続けているうちに強くなって、最後のあたりでは、ハンズとわたり合ってやっつけてしまうのだ。子どもたちはこれを読んで、子どもでも、絶対に正しくて、十分に沈着であれば、大人に勝つことができることを学ぶ。『宝島』はこれからも、まだまだ人気を保っていくことであろう。

## 2　ふしぎな楽しさ

人生には恐ろしいこともあるが、楽しいこともある。子どもが楽しい体験をするのは、もちろんいいことである。しかし、楽しさにもいろいろあって、心の底から楽しさがふつふつと湧いてくるような、となるとあまりないのではなかろうか。人生というのは暖かいんだあ、と思えてくる。このような、ふしぎな楽しさを味わわせてくれる作品が、児童文学のなかにある。それらの代表として、ドリトル先生のお話に注目してみよう。

### 「ドリトル先生」の思い出

ロフティング作『ドリトル先生航海記』(4)は、実に楽しい物語である。海を渡る冒険の話と言っても、先にあげた『宝島』と比べると、いかに性質の異なるものか。こんなのを見ると、イギリスの児童文学の幅の広さにつくづくと感心させられる。

この作品は私は子ども時代に読んだので、特に印象が深い。当時は『少年倶楽部』という雑誌が読みものとして唯一と言っていいほどで——と言ってもこれを購読している子どもは、私の学級では二、三人だったろう——、それに連載される作品を、ほんとうにむさぼるように読んだ。『少年倶楽部』は、私よりずいぶん年上の兄の頃から購読していたが、有難いことに、兄たちが昔の連載ものを切り抜いて綴じ、「本」を作ってくれていた。それらの名作！　高垣眸『快傑黒頭巾』、佐々木邦『出世倶楽部』、山中峯太郎『太陽の凱歌』などを何度も繰り返し読んだ。そしてわれわれ兄弟は、それらを種にしてよく遊んだ。これらの作品の名せりふを覚えていて、何かにつけてそれを使っては喜んでいた。そこで、私も真似をして何かを「本」にして残したいのだが、いいのが無い。「この頃の少年倶楽部は質がおちたなあ」などと兄たちが嘆くので、ますますそんな気になる。

そんなときに、このドリトル先生が『少年倶楽部』に連載されはじめた。それは「ドリトル先生、船の旅」という題だったと思う。私はその最初から惹きつけられた。小学校の五、六年の頃だと思う。そして、これはそれまでの『少年倶楽部』の名作とは、まったく異なる質をもっていると感じた。それが何なのか当時は明確に言うことができなかった。しかし、子ども心にも文学的な香りの高さのようなものを感じていたのではなかろうか。私は早速これを切り抜き、確か、上、下二冊の書物にしたと思う。

兄たちもドリトル先生を好きになり、われわれの使う名せりふのなかに、それらはよく用いられるようになった。あまりやりたくない仕事を言いつけられたりすると、それをやりながら、「私は異議があります。――私は反対です。――私は抗議します」などと言ったりして笑い合っていた。それに、「ジョリギンキの王子、カアブウブウ・バンポ」とか、アヒルのダブダブとか、それに井伏鱒二の名訳によるオシツオサレツとか、名前を言っているだけで楽しかった。

話の展開が早く、つぎつぎと語られる話題がまったく予想外である。猿のチーチーが苦労して帰ってくる話、世捨て人ルカの裁判、大闘牛、それらの果てに「動き島」まで出てくる。途方もない話なのだが、あまり荒唐無稽と感じずにそれにひき入れられていく。ロフティングという人は、よほど話の上手な人であり、子ども好きの人なのであろう。

なつかしい気持で、これを今回もう一度読んでみた。やっぱり名作だと思う。以下は、大人になってから読んだ感想である。

## 動物の言葉

この本の成功の要因のひとつは、動物の言葉を理解する博物学者ドリトル先生、というふしぎな人物を生み出してきたことにある。これまでにも、たとえば『たのしい川べ』のヒキガエルのように、動物が人間と話し合うという発想は、古くからあった。ところが、動物は動物としていながら、その言葉を理解する人物、という発想はこれがはじめてではないだろうか。もちろん、オウムのポリネシアとか、犬のジップなどは相当に擬人化されてはいるが、それでも昔話、その他の物語にでてくるように、まったく擬人化されてはいない。出てくる動物は多くは、擬人化されず、その姿のままである。しかし、博物学者ドリトル先生は訓練の結果、動物たちの言葉を理解し、自分も話せることになっている。

ドリトル先生と犬の証人(ロフティング画『ドリトル先生航海記』岩波書店)

ドリトル先生の動物に対する態度を見ていると、単に言葉がわかる、というよりは、むしろ「仲間」として接しているようなところにその特徴がある。チーチーに対して、ポリネシアに対して、先生は友情をもって接している。その先生の態度は、ジョリギンキの王子に対しても、子どものトミーに対しても同じである、と言っていいだろう。要するに、先生は実に差別をしない人なのだ。これが、しかも、一九二二年に出版された書物だということを、よく心に留めてほしい。当時だと、一般のヨーロッパ人は、子どもや非ヨーロッパ人に対して、相当に明確な差別感をもっていたことと思われる。大人の子どもに対する態度の典型は、トミーがはじめてドリトル先生に会う――と言うよりぶつかる――前に、トミーが時間をたずねたベロスさんの答にちゃんと示されている。「このわしが、おまえごとき子どもに時間をきかれたとて、それで、わざわざ外套のボタンをはずせると思うのか」と彼は言ったのだ。

ドリトル先生は弱い者、苦しんでいる人に対して優しい。世捨て人のルカが殺人罪で裁判室に立たされたとき、先生は彼を弁護して救うのだが、そのときも、動物の言葉を理解できることが役立っている。何と言っても面白いのは、裁判所の証人台に犬が立つところである。検察官は、「私は反対です。法廷の権威は、いまや危険にひんしつつあります。私は抗議します」と叫ぶが、裁判官は堂々と審議を続け、ついに、ルカは無罪になる。

動物の言葉がわかる、ということは大変なことだ。もし、これが相当に可能になると、どんなことになるだろう。誰からも尊敬されている立派な人がいる。しかし、そこの飼犬は、「いやあ、あの人はどうもね」と言うかも知れない。あるいは、町中を飛びまわっているツバメが窓ごしに見たことを全部、町中に触れ歩いたら、どんなことになるだろう。われわれは動物たちの沈黙に感謝すべきだろう。

ここで「動物」というのを、なかなかうまく言葉で表現できない者、表現しても他人にわかってもらえない者、と読みかえてみるとどうなるだろう。まず考えられるのは子どもである。立派な両親をもったために苦しみながら、表現のできない、あるいは表現を奪われた子どもたちに私はずいぶんと会ってきた。実際、彼らのなかには、「犬の言葉がわからない検察官」によって、「犯罪者」にされかかった人もいる。弱い者、苦しんでいる者、と言っても、現在ではその子どもたちは物質的には豊かに見えたりするので、余計に話が難しいのである。彼らの声に少しは耳を傾けて欲しい。

つぎに「動物」としては、自分の心のなかの動物たちを考えてみてはどうだろう。自分の心のなかで、犬や猫が「オカネばかりためて、どうするんだろ」とか、「何だかお酒の飲みすぎだね」などと噂していると思うと、少し自分の生き方を変更したくなったりするのではなかろうか。

## 楽しい権威者

「権威」は英語では「オーソリティ」と言う。英語圏では「オーソリティ」はプラスの感情を誘発するが、日本では「権威」という言葉を嫌いな人が多いだろう。日本人はそれを「権力」と取り違えるからである。その道の権威というのは、そのことについてもっともよく知っており、もっとも信頼しうることを意味している。私はドリトル先生を最高の権威者であると思う。ただ、作者はそれを「楽しい権威者」として描いているので、それがいかに反権力的かをよく示してくれるが、「権威者」であることを見逃すことにもなる。こんな心配は、おそらくイギリスでは生じることはないのだろう。日本人だからこそ、このような考察も必要なのかも知れない。

権威と権力の差を如実に示しているのは、先にあげた世捨て人ルカの裁判の話である。この裁判における第一の権威者はドリトル先生である。つまり、事態を解決するのにもっとも必要で正確な知識をもち、それを他の人々に伝達できるのは、ドリトル先生だけである。これに比して、犬の証言を拒否しようとする検察官は権力者である。そして非常に面白いことに、彼は「法廷の権威」と言っている。権力者が自分の立場を守るために、それを「権威」と言いかえることは、洋の東西を問わず起こるらしい。

この際、幸いにも権威は権力に勝った。ここでユーモアが一役買っていることにも注目したい。権威者がユーモアを失うと、知らぬ間に権力闘争に巻きこまれてしまう。それともうひとつ大切なことは、裁判が終り、群衆が「ドリトル先生万歳」と叫んでいると、ドリトル先生はいち早くそこを抜け出している。権威者はぼやぼやしていると、すぐに権力者に祭りあげられてしまい、そこから堕落がはじまる。権威を保とうとする人は、逃げることを知っていなくてはならない。一か所に止まっていてはいけないのである。

権威と権力のジレンマは、ドリトル先生がクモサル島の王様になったときに最高に達する。博物学の権威者としての道と、王様としての権力者の道とを比べれば、もちろんドリトル先生は前者をとりたいし、後者の場合においても、権力を濫用したりはしない。あくまで島民のひとりひとりの幸福を願って行動している。しかし、ドリトル先生のほんとうの人生を考える場合、それでいいのだろうか。

ドリトル先生は善意の人である。その善意がドリトル先生の真の生命を断ち切ろうとしているのではなかろうか。ドリトル先生は、トミーたちにはっきりと「わしは、じぶんの旅や、博物学の仕事をつづけたい。そして、わしもパドルビーの家に帰りたい」と言っている。しかし、島民のことを思うと「ここにとどまるべきだ」と思ってしまう。

ドリトル先生は優しいからと言って、いつもにこにこばかりしてるのでもないし、弱い人間でもない。カンカンに怒るときもあれば、「勇士」として戦ったりすることもある。それでも、今の場合はどうしようもない。このような状態に解決をもたらしたのは、オウムのポリネシアの知恵——それはずる賢いとも言えるだろう——であった。善意だけではどうしようもないのだ。ポリネシアのうまい(ずるい)計画に、ドリトル先生は少ししりごみするが、結局はそれに従ってクモサル島からの脱出に成功する。権力から逃げ出し、権威を守るために、ドリトル先生は、動物の知恵に従ったのである。

## クマのプーさん

子どもたちに、ふしぎな楽しさを味わわせてくれる本というと、おなじみの『クマのプーさん』(5)をあげずにおくことはできない。小学校低学年の子どもたちに、これを読んでやると、喜ぶこと受けあいである。とぼけた愛嬌のあるプーさんは、子どもたちの人気者になる。

プーさんはミツバチの蜜をとりにいく。そのために、プーさんは木に登らねばならない。木に登りながらプーさんは歌をうたう。

ふしぎだな
クマはほんとに
ミツがすき
ブン！　ブン！　ブン
だけど、そりゃまた
なぜだろな

あんまり大した歌でなさそうだが、この歌が子どもの心をとらえる。さあ、これから欲しいものが手にはいるぞ、というとき、子どもたちの心がはずむ。それは自然に歌になるのだ。上手だとかいい歌だとか、そんなことにお構いなく、はずむ心がうたわれるところに面白さがある。プーさんの作者A・A・ミルンは、この作品を書く前に、童謡集を出版し、それで

風船にぶらさがるプーさん(E. H. シェパード画『クマのプーさん』岩波書店)

成功を収めていた。子どもたちの心のはずみに共鳴するものをもっているのだ。

プーさんのハチミツ取りのための工夫は、言ってみれば、あまりにも単純である。単純と言えば、「プーさん」の中のギャグはすべて単純である。ところが、子どもたちはそれをやたらに喜ぶのである。

風船にぶらさがってハチミツをとりにいく。ハチが疑っているようだから、黒雲と思わせるために、ロビンにこうもり傘をさしてもらう。こんなところが、子どもたちにはたまらなく面白いのだ。家にいる者が「いませんよ」と言って居留守をつかったり、自分の足跡を他の動物のだと思いこんで失敗したり。子どもはこのようなギャグを覚えこんでいても、まだ「もう一度読んで」とせがみ、何度読んでも大笑いする。単純なようにみえて、実は深味のあるギャグなのである。

「プーさん」が子どもの心をとらえる秘密のひとつは、作者がある特定の子どもに語ってきかせることによって作品が出来あがってきたことにあるだろう。児童文学の名作には、そのようにして出来あがったものが多い。本書に取りあげている書物のなかだけでも、『ふしぎの国のアリス』、『たのしい川べ』、『宝島』などがそうである。

漠然と「子どもたち」のために話を作ろうとするのではなく、目の前に存在する生きた一人の子ども、その子のために語ろうとする方が、はるかに名作ができやすいのかも知れない。「子どもたち」という不特定多数の対象を思い浮かべるとき、人間のたましいのもつふしぎさは消え去ってしまうのではなかろうか。それに比べると、たとえ小さい子どもでも、現前する一人の子をほんとうに喜ばせようとすると、思いがけない可能性がひらけてくるのであろう。

## 3　もう一人の「私」

第1節で「私」という存在のふしぎさについて述べた。この世に、たった一人しかいない「私」。その「私」という存在を異なる角度から照射する方法として、「もう一人の私」というテーマが古くから存在する。これは大人の文学の方にもいろいろあるが、『宝島』の作者であるスティーブンスンの『ジーキル博士とハイド氏』[6]は、あまりにも有名である。ジーキル博士は秘密の薬の力によって、自分を自分の悪の化身であるハイド氏に変える。そしてジーキル博士として普通には生きているのだが、時にハイド氏になって悪の限りをつくすのである。

そんな馬鹿なことはない、と思いつつ、この話に心を惹かれるのは、自分の心のなかに「もう一人の私」が隠されているように、誰しも感じるからではなかろうか。自分は善で、もう一人の自分の方は悪という構図は、わかりやすいが、実際の人生はそれほど単純ではない。児童文学にも、いろいろと「もう一人の私」のテーマがあるが、もう少し複雑なニュアンスをもっている。このテーマについては、他ですでに論じたが、「ふしぎな人物」としては、どうしても取りあげねばならぬことなので、少し角度を変えて考えてみることにしよう。

### 癒しの力

『ジーキル博士とハイド氏』のハイド氏は悪の化身であった。実際、今世紀のはじめ頃によく生じた二重人格の症例においても、第二人格は「悪」の色合いが濃いのが通例であった。そして、つい第二人格の方は悪者扱いされ、それをどうやって退散させたり、消滅させたりするか、と考えられていたとき、分析心理学者のC・G・

ユングは、むしろ、第二人格は新しい人格の発展の可能性を含んでいるものとして考えられることを、非常に早くから指摘した。片方があまりにも「善」にかたまりすぎるため、それを補償し、より全体的にものごとを理解してゆこうとする新しい可能性の方は、一見「悪」という形をとらざるをえない。しかし、両者をうまくバランスさせてこそ、人格がより豊かになり柔軟になるのではなかろうか、と考えたのである。

このことを一歩進めると、「もう一人の私」は、私の傷を癒すような性格をもっているのではないか、とさえ考えられてくる。人生を、現実を、単層的に捉えようとする人にとっては、「もう一人の私」など混乱の種としか考えられないが、深く考えると、それは癒しの作用ももっているのではなかろうか。特に、第一人格というか、日常世界に生きている「私」の方が、病んでいたり、傷ついていたりするとき、そのことは顕著に示されるものと思われる。

このテーマが見事に物語として展開しているのが、ロビンソン『思い出のマーニー』[7]である。これについては他に詳しく論じたので[8]、ここでは簡単に触れる。この主人公アンナは、まったく無表情で感情を表に出さない少女である。両親に早く死に別れ、施設に収容されたりしているうちに、そのようになってしまったのだ。彼女はその上、ぜんそくにも悩まされている。

そのような彼女を癒す人として、マーニーというふしぎな少女が現われる。しかし、結局のところ、それは彼女の心のなかの住人と言ってよく、そんな意味で、アンナの「もう一人の私」だったのだ。アンナはマーニーとの交友を通じて、失われていた感情を徐々に取りもどしていく。もちろん、アンナがこのような体験をしていくためには、それを支えてくれる人たちが必要であった。彼女をあずかってくれたペグ夫妻が、その中心である。しかし、何と言っても、アンナが癒されていくために、もっとも重要な人物は、アンナの心のなかにいたマーニーであった。彼女は突然にあらわれ、アンナの回復と共に消えていった。

ぼくと〈ジョージ〉

心のなかの「もう一人の私」を描いた作品として、カニグズバーグ『ぼくと〈ジョージ〉』[9]を取りあげてみよう。カニグズバーグは現代アメリカに生きる、傍目から見ると何の苦労もなく――というより幸福そうに――生きている中流家庭の子どもたちが、ほんとうの自分の人生というものを築くために、いかに苦闘しているかを、実にうまく描いてみせてくれる人である。なにもかもが、普通にうまくいくように見えるのだが、ひとりひとりの子どもはそれなりに苦労している。それを、ある男の子のなかに存在するふしぎな「もう一人の私」との関係、という形で描き出したのが『ぼくと〈ジョージ〉』である。それでは、この作品の最初のところを引用してみよう。

ジョージが世界一といっていいくらいおかしな、ちっぽけなやつで、おまけに悪いことばを使うやつだという事実を知っていたのは、二人きりだった。ハワード・カーとその兄のベンジャミン・ディキンソン・カーの二人だ。ベンジャミンがなぜ知っていたかといえば、その世界一へんなやつは、じぶんのからだの中に住んでいたからだし、ハワードがなぜ知っていたかといえば、そのジョージが、ベン以外に声に出して話しかけたのはハワードだけだったからだ。

ベン(ベンジャミン)とハワードとは兄弟だが、まるで違っていた。ベンは「よい子」で、その上学業もできるので、英才教育をしている特別な実験校であるアストラ校に入学した。ところが、ハワードは「話すことをおぼえずに口答えだけおぼえたのだ」と言いたいほどで、幼稚園からも追い出されてしまう、やんちゃであった。そんなハワードを、ベンの中にいるジョージは好きであった。ハワードのいいところを見つけて、ジョージはそれ

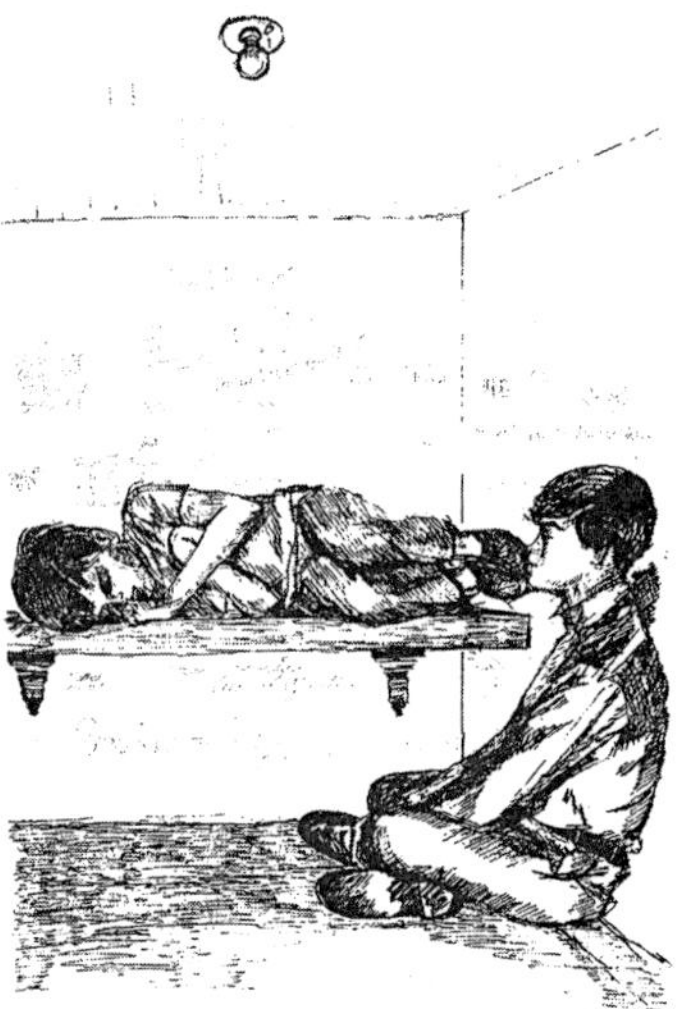

ベンとハワード（カニグズバーグ画『ぼくと〈ジョージ〉』岩波少年文庫）

をベンに報告した。ベンはおかげで、このやんちゃ坊主の弟が好きになった。そんな経過の間に、ハワードはジョージの存在を知るようになったし、話し合ったりするようにもなった。

ベンとハワードと、それにジョージの三人（と言っても外からは二人に見えた）は、仲がよかった。しかし、ベンとジョージの間にかすかに亀裂が生じてきた。それは、ベンが秀才として上級生と一緒に有機化学などの勉強をすることになり、「ベンが科学に夢中になって以来、ジョージは自分が無視されていると感じたからだ」。

ジョージは、人はただものを知るだけでなく、ものを知るまでの過程を楽しまなければいけないと信じていた。ところが科学の勉強で、がむしゃらに目標ばかり見て走っているベンの内側に乗っているジョージは、道の途中に咲く花の匂いをかぐことさえ許してもらえなかったのだ。

ここにジョージの存在意義が明瞭に述べられている。しかし、学校教育においては（アメリカも日本もあんがいよく似ているのだ）、がむしゃらに目標に向かうベンは優等生、とびきりのいい子であり、ジョージは、もし実際に学校に行けたらの話だが、あまり「よい子」とは言われないのではなかろうか。

ベンとジョージの関係にかげりを生じさせる要因として、上級生のとびきりの秀才、ウィリアムの存在があった。ベンはウィリアムに接近したくてたまらないのに、ジョージははっきりとウィリアムを嫌っている。ウィリアムは勉強ができるだけではない。空手をやったりフランス料理がうまかったり、服装も他と異なりピカッと光っていた。「ウィリアムはアストラの神話だった」。アメリカでは、勉強ができるだけでは駄目で、いろんな点で「人と差をつける」ことが必要だし、ウィリアムはそれを十分にやりこなした。ベンが憧れるのも無理はない。

しかし、ジョージはウィリアムが嫌いだ。それはなぜなのか。「本当に他人と違っているのではなくて、違っていると見せかけようとつとめている人間を、ジョージはきらっていた。本当に頭がいいのでなく、頭がいいように見せかけようとしているやつのことを」ジョージは嫌いだった。「ジョージは好奇心があり、ものごとの内面を見ることのできる人間が好きだった。ウィリアムはそんな力はふみつけにして(かりにあったとして、だけど)、そのかわりにみえをはることだの、成績をあげることだのにきゅうきゅうとしていた」。

ベンとジョージの間の葛藤は、ウィリアムをめぐって前面に押し出されてきた。しかし、二人の葛藤は思いがけない場で露呈されることになった。

## 制度の影

実はベンたちの両親は離婚して、母親とベン、ハワードが同居し、父親は家を出て、他の女性と結婚し遠いところに住んでいた。ベンは父が家を出たときに、ハワードがあまりにもやんちゃなので出ていったのかと思ったり、自分がもっともっとよくできたら父親は出ていかなかったのではないか、と思ったりした。大人の男女関係の機微はわからないので、どうしても、「自分たちを置き去り」にしていく父親と、子どもとの関係で、あれこれと考えたり、反省したりするのである。もっとも、大人たちはこんなことを知らない。

アメリカには離婚が多い。離婚は夫婦の関係の解消として当人同士の合意によって成立するが、気の毒なのは子どもたちである。自分たちの意志と関係なく、父親か母親かのどちらかがいなくなってしまう。これはどう考えても問題だ、というので、子どもが別れた片親に会いにいく「訪問権」というのが認められるようになった。このようにどんどんと適切な制度を考え、法律を制定していくところが、アメリカのいいところである。法律が実状とそぐわなくなっても、一度決めた法律を金科玉条として守りたがるような、どこかの国とはまるで違うよさをもっている。

しかし、どんな制度も人間が考え出すものである限り、その「影」を背負っている。「いいこと」を考えついたので、すべていいなどということは人間世界にはない。カニグズバーグは、大人たちの考えた「よい」制度の陰で、子どもたちがどのように感じて生きているかを鋭く描き出す。

ベンは父親の家の訪問を、期待と嫌悪のまざった気持で待った。彼はどうしても、幸福のスイカの中にある種にぶつかってしまう。父親に会う時は、できるだけ背のびをしたいという気持があった。どんなに自分が成長したか、進歩したか、見せたかった。もし自分がほんものの恐るべき英才だったら、父親は家を出たりしなかったのではないか、という疑問がいつもベンを苦しめていた。父親がヴァージニアのノーフォークで再婚したことで失ったものを、ベンは見せつけてやりたかった。父親を訪問する前の数日は、父親の前で見せる自分の幻想で胸がふくらみ、訪問のあとの数日は、うまくいったかどうか考えて胸がいっぱいだった。

ベンと〈ジョージ〉とハワードは、クリスマス休暇に、ノーフォークにいる父親を訪問する。そのときのベンの気持は前記のとおり。しかし、制度的には、子どもたちは「なつかしい」父親に会いにいくのであり、父親の再婚の相手、マリリンも彼らをおおらかな気持で受けいれることになっている。

マリリンは、ベンとハワードに「マリリンおばさま」とか「おばちゃま」と呼んで欲しいと言ったが、「ハワードは一ばん最初から、初対面の時から、ハワードにとっては他人にすぎない父親の奥さんを、自分が思ったとおりに呼ぶことにきめた。マリリンさん。それ以上の何ものでもなく、それ以下の何ものでもない」。

父親とマリリンとの間には小さい女の子、フレデリカが生まれた。フレデリカのために何でも大騒ぎする親を見るのも、ハワードには気にくわない。「ただかたまったミルクを吐いたってだけで、ぼくが字が読めるようになったとき以上の大さわぎなんだから。腹ちがいの妹か。腹ちがいなんてもんじゃないよな。気がちがってるよ」とハワードは憤慨する。ジョージはフレデリカのことを「あいつはちっぽけでハゲで、びしょびしょ、な。いつもどっちかぬれてるの、な。上か下か。それがぼくらとのちがいさ」と言ってハワードを慰める。子どもたちは「よい制度」の陰で、苦労しながらも頑張っている。

## 切り棄てるための知識

実は、ウィリアムやベンたちの化学実験室ではつぎつぎと盗難が起こり、ベンは容疑者扱いをされていた。ジョージはウィリアムが怪しいと言うのだが、ウィリアムに好かれたい一心のベンはそれを取り合わない。ジョージはとうとう、ベンが父親の家を訪問し、そこに泊った日の夜、ベンに向かって大声で非難をはじめた。ベンもいろいろと化学の知識を使ったりしてウィリアムを弁護する。ジョージは怒って、ベンに「化学屋」になるなと忠告する。ベンは「化学者」と聞きまちがって、自分はそれになりたいのだという。ジョージはカンカンに怒り、化学屋と化学者の違いを大声で論じる。

ぼくはきみが小ぎれいなレッテルつきのびんに品物を分類するだけの小ぎれいな、できあいの化学屋にならないよう、見張っているつもりだ。ありあわせのレッテルのびんに収まらないものは、ともかく何かのびんに入れておいて、適当なレッテルができるまでしまいこんでおくような化学者にならないように、さ。化学はすべて公式と限界ばかりだけど、ぼくはね、このいやらしい下品なジョージはね、きみをその限界からちょっとばかりひっぱり出して、動いたり、ぶらついたりさせてやりたいのさ。つまりだね、ぼくのからだベンジャミン君、ぼくはおまえさんを人間にしたい。

このジョージの言葉は素晴らしい。何もかもを分類し、わかったように思うとき、それは人間ではなくなっている。人間はわけのわからない、ふしぎな世界に出ていき、ぶらついたりする自由と勇気をもたねばならない。ジョージの論説は素晴らしかったが、声が大きすぎた。マリリンがすっかり「二人」の話を聞き、大いに心配をはじめた。そして、もっと悪いことにマリリンは大学で心理学を熱心に勉強していたし、結果はジョージが「化学屋」について論じたのと同じようなことが生じた。マリリンはベンを明確に「分類」し、「精神分裂症よ、ベン。偏執精神分裂症よ」と告げたのである。

マリリンの行動は早かった。すぐにベンの母親を電話で説得し、ベンを精神科医のところに行かすように決め、一刻も早く家に帰るように、それは「あなたにとっても、フレデリカにとっても、いいと思う」と言った。ここで、マリリンの心理学の知識は、分類し、切り棄てることに役立った。ベンを「精神分裂症」と断定し、正常な自分たち家族から、異常な存在をいち早く切り離すことに成功したのである。現代はこのような「切る」力をもった知識が横行しすぎていないだろうか。

もちろん、人間の知識のはじまりは「分ける」ことによってはじまっている。天と地、火と闇などを分けることによって人間は知識をもつようになり、それをどんどんと行なっていくことによって、今ではずいぶんと人間生活は便利になった。マリリンがしたように、すぐさま「危険物」を見出し、それを排除することで、大切なフレデリカの「正常な発達」を守ることができたのである。

しかし、果してそれでいいのだろうか。ジョージは「人間というものは、そんなものではないぞ」と言いたいのだ。マリリンが生半可な分類の知識だけではなく、人間にとって何ともふしぎでわけのわからない「愛」とでも言うものを少しその考慮にいれていたら、彼女はベンを切り棄てるのではなく、どのようにつながっていくかを考えたに違いない。そして「つなぐ」ためには物語が必要なのだ。知識によって切るのではなく、つながっていく物語をどのように創り出すのか。それをすることが、ジョージの言うような「人間」になることなのではなかろうか。

マリリンはベンを切り棄てたが、それによってベンがやられてしまったわけではない。ベンの「もう一人の私」、ジョージはベンをこの世にうまくつなぎとめるための、物語のプロモーターとして活躍を続ける。後の展開は読者に原作を読んで楽しんでいただくとして、一人の人間が「人間として」成長していくために、「もう一人の私」というふしぎな存在が、どれほど役立つものかを明らかにしたことにして、この節を終ることにしよう。

## 4　ふしぎな家族

家族というのは、まったくふしぎなものである。そのなかで、夫婦の関係は一応本人たちの意志によって成立している(それも、そうではないところもある)が、その他の関係は、有無を言わさずに運命的に成立している。このことはいくら考えてもわからぬふしぎさをもっているが、ここではそれはそれとして、普通の家族とは異なる形の、ふしぎな家族をとりあげることによって、家族の問題を考えてみることにしよう。

# 偽孤児

ポーランドでワレサを委員長とする「連帯」が力をもちはじめたが、政府がこれを弾圧し、戒厳令が出され、ポーランド全体が暗い時代を迎えて苦しんでいたときの、ある冬。貧しいながらも、何とかおいしい料理をつくり家族で楽しもうと、マルタ・レヴァンドフスカ夫人が食卓の準備をしているとき、玄関の呼び鈴がなった。

玄関には、「高価な毛皮コートにモヘアの赤いベレー帽、ふわふわのマフラー。上品な革のブーツは外国製」といういでたちの六歳位の女の子がいた。「ブーツは夫の給料の一・五か月分の値段はするだろう」と思われる。夫人がいぶかしく思う間もなく、その子は、「お昼を食べにきたの」と言う。ゴクリと唾を飲みこむ様子から見ても、ずいぶん腹をへらしていることは明らかだ。夫人はこの子を迎えいれ、家族は文句も言わずこの子と共に食事を楽しむ。しばらくして、お父さん、お母さんはどこにいるかと聞くと、「死んだ」、「気管支炎で死んじゃった」と女の子は答える。

御馳走になって、女の子は感謝の気持を表現しようと必死になって詩を朗読するが、忘れてうまくいかない。「だれがあんたにそんな詩を教えるの？」とたずねると「お父さん」と言う。いったい親はいるのかいないのか。ともかくふしぎな女の子である。

『クレスカ15歳　冬の終りに』(10) は、ポーランドの作家マウゴジャタ・ムシェロヴィチの作で、題名のとおり、十五歳の少女クレスカが主人公である。激動するポーランドの社会の動きを背景にして、クレスカがいかにその少女らしい愛を実らせていくかが語られる名作であるが、それに実に素晴らしい彩りをそえているのが、ここに登場したゲノヴェファという、ふしぎな女の子である。

ゲノヴェファは、昼になると適当な家を見つけて、「お昼を食べに来たの」と訪ねていく。食糧難の時代なのに、人々がゲノヴェファを招き入れると、彼女は大喜びで、勝手なおしゃべりをしながら、両親は死んだと繰り返している。

しかし、実際は彼女の両親は健在。どちらも立派な人である。そして、他の児童文学の作品と同じように、この立派な両親は、あまり感心できない。と言って、二人が「悪い」などとは言えない。人にはそれぞれの生き方があり、それぞれが精いっぱい努力しているのだが、どこかで少し食い違ってくると、大変なことになってくる。お父さんは政府の役人で大変忙しい。お母さんは教師でこれも大変だ。二人とも国のためやよその家の子どものためにつくしているので、自分の子どものための時間がない。しかし、子どものことをさぼっているわけではない。二人は勤めに出る間、近所の家に子どもをあずけ、ちゃんとお礼をし、食糧も十分なようにしているのだが、ゲノヴェファは、そこを脱け出して、あちこちの家を「昼食訪問」している。

彼女の母親は怒って、「お父さんもお母さんもあんたのために一生懸命なのがわからないのかと言った。アウレリア(ゲノヴェファの本名)が必要とするものを全部、全部手に入れるためにどんなに苦労しているかわからないのかとも言った」。

子どもに「必要なものを全部」与えることなど、ほんとうは不可能である。「この子のためには何でもしてやったのに」とか、「必要なものはすべて与えたのに」と思いたくなった親は、ちょっと考え直すべきである。そんなできもしないことをしたように思いたがるのは、親としてなすべき大切なことを抜かしているという、漠然とした不安を何とかしておさえこもうとしているときである。

ゲノヴェファが他人の家でロスウ(澄ましスープ)を二杯も飲むのに、家では見向きもしないので、ゲノヴェファの母親は、その人たちにロスウの調味料をたずねたが、別に変りばえのするものではなかった。たまりかねて、母親は「阿片でもいれているのか」と聞く。これに対して「そう、阿片かもしれないわね。心のね」という答が返ってきた。これが、この家にないものだった。ゲノヴェファは、心のこもったロスウが飲みたかったのだ。

ゲノヴェファは、両親がそろっているにもかかわらず、偽の孤児なんかではなかった。心の孤児であった。しかし、うれしいことに、彼女の心と母親の心とは最後に触れ合うことになる。この作品は最初に述べたように、青春のはじまりにある男女の愛を描いているのだが、ふしぎな少女ゲノヴェファのイメージは、実に生き生きとして忘れ難い印象を与える。家族内の心のつながりということが、どれほど大切かを、物の少ないポーランドの町の冬に現われた裕福な身なりの偽孤児の姿が教えてくれるのである。

## 家族の絆

家族間の心の絆《きずな》がどれほど大切か、ということを、ふしぎな少女ゲノヴェファがわれわれに教えてくれた。しかし、このままで単純に話を終らすことができないところに、家族の難しさがある。大江健三郎は「「家族のきずな」の両義性」(11)という講演で、次のように語っている。

自分たちも家庭をつくるとなると、子供たちを育てていく役割と、それを弾圧する役割というものをどうも持つのらしい。それから子供たちは父親に、あるいは母親に深い影響を受けると同時に、それに反逆しなければ成長していけない側面も持っている、そういう両義性があって、それは必ずしもすべて否定されるべきではない。

家族の絆の両義性を、われわれはよほど意識していないと、失敗を犯してしまう。少し横道になるが、絆の両義性はわが国では平安時代に強く意識され、それは王朝文学のなかにしばしば出てきている。と言うと驚く人もあろうが、まったくそのとおり。絆という字が王朝文学に用いられるとき、ほとんどが「ほだし」と読まれ、家族との絆《ほだし》によって、自分の意志が遂げられない、何とか絆を断ち切りたい、というふうに述べられる。ただ、このとき、その人が絆を断ち切って行いたいことは、出家なのである。年老いて出家しようとするが、家族との情にほだされて出家ができない。

近代になって、家族の絆の両義性が、子どもが大人になるときのこととして意識されるのに対して、日本の平安時代には、成人が死を迎えるときに意識された、という事実は、非常に興味深い。私は現在においても、この両者は共に大切なことと考えている。もっとも、現在では、老人になれば断ち切るべき絆もない、ということもあろうが。

変てこなことを言い出したものだ、と思う人もあろうが、すでに四十八頁に述べたように、老人と子どもとは思いがけない親近性をもっており、子どものことを考えるときに、並行的に老人のことを考えてもいいほどである。児童文学の多くから、老いの問題について学ぶことは可能である。そして、このような意味での家族の絆ということを考えさせるものとして、次の『ピーター・パンとウェンディ』(12)の一節は、まことに印象的なのである。

おなじみのピーター・パンについて、くどくど説明する必要はないだろう。ピーターと共に家に帰ってきたウエンディたちは、両親と抱き合い、「これより美しい光景はないと思われました」。ところが、これを見ていたピーター・パンは「ほかの子どもたちがけっして知ることの出来ない、数かぎりない大きな喜びを知っています。けれども、いま、窓から見ているけしきこそは、この子が永久に手にとることのできない、ただ一つの喜びでした」と語られる。

この文は私には次のように読めた。「家族の絆の一体性に酔う人は、(年齢に関係なく)ピーター・パンの知る数かぎりない大きな喜びを味わうことはできない」と。

ウェンディがピーター・パンと経験したことは、途方もなく素晴らしい。しかし、これを味わうためには、家族との「絆」を切る必要がある。これは老人にとっても、まったく同様のことである。ピーターにとって、「死」はそれほどの重大事ではない。ピーターがフック船長を殺して自分たちを助けてくれたときの話を、ウェンディが後で会ったときに話すと、ピーターはそのことを忘れているのだ。「ぼく、殺したあとは、みんな忘れちゃうんだ」と彼は、なんでもなげに言う。

ピーター・パンは正真正銘の自由人である。何とも羨ましいところがある。現代、多くの「大人にならない少年」がいるが、それらは母親との絆を断ち切ることができないためであって、ピーター・パンとはまったく異なる存在であることを、よく知って欲しい。

## 虐げられた子

わが国では「ゲド戦記」として知られている、ル＝グウィンのシリーズの第四巻『帰還』(13)には、一人のふしぎな少女が登場する。テルーというこの女の子(真の名はテハヌーと言う)の存在が、これからの新しい家族を考える上で、大きい手がかりを与えてくれる。ゲドという父、テナーという母、この父母の子であるテルーは、親と血でつながっていない。親と血でつながらない子のテーマは、すでに述べたように、『赤毛のアン』そして『星に叫ぶ岩ナルガン』に見られた。どちらも孤児であった。ところがテルーはこれらと異なり、親はいるのだが、親に虐待され棄てられたのだ。テルーの親はテルーを火のなかにほうりこんで棄てていったのだ。

ゲドとテナーとテルーの三人の家族は、何とふしぎな家族であろう。以前のゲドは大魔法使いであった。自分の思うままに雨を降らしたり、嵐を起こすことさえできた。ところが、今のゲドはどうだろう。「わたしにはもう力がないんだよ。なんにもないんだ。わたしは出しつくしてしまった。持てるものすべてを使いはたしてしまったんだ」と言う。文字どおり無一物、そして、無力なのである。一方、母親のテナーの方はどうか。彼女は地下の女王になるはずだった。ゲドが彼女を連れ出して地上の世界に昇ってきたときも、彼女は相当な魅力をそなえていたに違いない。しかし、彼女はその後、ヒウチイシという普通の男と結婚し、子どもをつくり、まったく普通の生活をしてきた。ヒウチイシは死に、子どもは独立し、彼女は普通のオバサンに近くなっているのではなかろうか。そして、子どもは。テルーの将来には絶望しかないように思われた。

ゲドはこの三人が生きていくことについて、「わたしにはわからない」と言う。「なぜあなたがいやされないと知っていて、あの子をひきとったのか。なぜあの子の将来がわかっていて、あの子をひきとったのか。生きてきた時代の一部といっていいのかもしれない。暗い時代だった。破滅の時代であり、終末へとむかう時代だった」。

しかし、このような結婚こそが、現在の状況にふさわしいのではなかろうか。魔法の力とは、人間が思いのままに他を「支配する」能力ではなかろうか。人間は、特に男たちは、何でもかんでも支配できると思いすぎた。彼の命令にすべてが従うことによって、うまくいくと信じていた。女性は、男性に従うという形で、魔力はないとしても魅力によって男を捉え、受動的に支配する方法を磨いてきた。子どもは、自分の「輝かしい可能性」によって親を支配しようとした。もう、そのような時代は終りつつある。他を支配することによって幸福を獲得することなどはできない。魔力も魅力もないカップルが、傷つき癒され難い子どもをもつ、という閉塞された状況のなかに家族はいる。

この閉塞状況を誰か偉大な人によって破ってもらう期待もない。「今ロークの大賢人と呼ぶべき人はどこにもいないのです」。全体に対して方向を示すような人は、もういない。大賢人がいなくなると、はびこる人間がいる。そのような人間につかまって、ゲドもテナーも辱しめを受けるが、どうしようもない。しかし、この二人の親を救ってくれたのは、子どもであった。テルーつまりテハヌーは竜の子どもだった。彼女の呼び出した竜の力によって、親は救われる。

竜は古来より存在し、善でも悪でもない。人間の善悪の判断を超えている。それは、人間の支配できない力である。それは人間の意志や知識によって利用することはできないが、虐げられた者、弱い者、排除された者を通じて接近できる。これからの人間の家族の在り方は、大きく変ってくるだろう。しかし、人間の能力が大きくなったといって、家族なしで幸福に暮すというようにはなり難いのではなかろうか。

(1) 宮沢賢治「風の又三郎」『風の又三郎』岩波世界児童文学集9、一九九四年。
(2) R・L・スティーブンスン作、阿部知二訳『宝島』岩波少年文庫、一九六七年。
(3) 平田禿木訳『宝島探険物語』日本児童文庫74、アルス社、一九三〇年。
(4) ヒュー・ロフティング作、井伏鱒二訳『ドリトル先生航海記』岩波書店、一九六一年。
(5) A・A・ミルン作、石井桃子訳『クマのプーさん』岩波少年文庫、一九五六年。
(6) R・L・スティーヴンスン作、岩田良吉訳『ジーキル博士とハイド氏』岩波文庫、一九五七年。
(7) J・ロビンソン作、松野正子訳『思い出のマーニー』上・下、岩波少年文庫、一九八〇年。
(8) 河合隼雄『子どもの本を読む』講談社＋α文庫、一九九六年。〔第I期著作集第四巻所収〕
(9) E・L・カニグズバーグ作、松永ふみ子訳『ぼくと〈ジョージ〉』岩波少年文庫、一九八九年。
(10) M・ムシェロヴィチ作、田村和子訳『クレスカ15歳 冬の終りに』岩波書店、一九九〇年。
(11) 大江健三郎「「家族のきずな」の両義性」『あいまいな日本の私』岩波新書、一九九五年。

(12) J・M・バリー作、石井桃子訳『ピーター・パンとウェンディ』岩波書店、一九五七年。福音館書店、一九七二年。

(13) U・K・ル＝グウィン作、清水真砂子訳『帰還』岩波書店、一九九三年。

# 第4章　ふしぎな町・ふしぎな村

児童文学には実にいろいろな、ふしぎな町や村が出てくる。あるいは、ふしぎな場所と言っていいかも知れない。その場所に行くと、ふしぎなことばかりあったり、ふしぎなことが起こったりする。これから紹介するように、それは馬鹿な人ばかりが住んでいる村であることもあるし、ふしぎな妖精の住んでいるところだったりする。あるいは、おそらく人間が実際には行くことのできない国であったりもする。そんなありもしないところの話を、子どもたちにして何の意味があるのだろう。こんなナンセンスなことを子どもに読ませずに、もっと道徳とか、科学的知識とかに関するものを読ませるべきだと言う人もある。

しかし、よく考えてみると、われわれの今住んでいる世界、生きている世界を、何のふしぎもないと思っている方がどこかおかしいのではなかろうか。町中の人があまり尊敬していない人が町長になったり、自分たちが敬愛している先生の悪口を、自分たちの親が大声で言っているのを聞いたり、「嘘をついてはいけません」とよく注意する大人が、嘘をついて平気でいるのを見れば、子どもたちが「ふしぎだなあ」と思うのは、むしろ当然ではなかろうか。

もっと話をすすめると、村はずれに立っている一本の杉の木にしても、「ふしぎ」と思えば、限りなくふしぎではなかろうか。それはなぜそこにあるのか。それは長年月にわたって何を見てきたのか。それは話すことはできないのだろうか。それは「スギ」と呼ばれているが、ほんとうの名前なのだろうか。考えはじめるときりがない。

人間の心に浮かぶ「ふしぎ」から、いろいろな考えが生じてきて、その人の心を広くし、豊かにする。ふつうに、あたりまえとして見がちな、自分の生きている世界を活性化するためには、「ふしぎな町」や「ふしぎな村」に行ってみたり、そのことについて聞いたりすることが役立つのではなかろうか。子どもたちが、ふしぎな場所の話を聞くのを好むのもそのためであるし、大人がふつうと思っている場所に、子どもたちがふしぎを見出すのもそのためである。

## 1　ふしぎの国

ふしぎと言えば、児童文学の好きな人なら誰でも『ふしぎの国のアリス』[1]を思い出すのではなかろうか。児童文学の古典であり、「ふしぎの国」の古典でもある。この本が最初に出版されたのが一八六五年だから、それ以来百三十年ほどたっている。これまで、世界中で何人くらいの人がこの本を読んだことだろう。そして、今後もこの本は読まれていくに違いない。

この話も、アリスという実在の子どもを相手に話されたものである。作者がドジソン先生というオックスフォード大学の数学の先生だというのも興味深い。ファンタジーの世界を構築していく上で、合理的、論理的な性格が役立つのであろう。もっとも『ふしぎの国のアリス』は、本格的なファンタジーの世界とは言い難いものがあるが。数学者らしい論理の遊びのようなものを、随所に見ることができる。

## ウサギ穴

アリスは、何だか変なウサギを見て、後を追いかけ、ウサギにつづいて「穴へとびこみました。いったいどうやったらまた出てこられるかなどということは少しも考えないで」。ウサギ穴の世界は、こちらの世界とはずいぶんと違った世界である。うっかりとびこんで帰ってこられなかったらどうなるのだろう。老婆心がでてくると、ウサギ穴にとびこむのもいいが、どうやって出てこられるかを先に考えておくべきだ、などとどうしても言いたくなる。しかし、アリスはまったく無謀にとびこみ、面白い体験をして帰ってきた。

未知の世界に「とびこむ」ことについて少し考えてみる。たとえば、「他人のためにつくしたい一心でカウンセラーになろうとする」などは、その類いである。そんなとき、私のように老人になると一言いいたくなってくる。「他人のためにつくす」などという甘い気持でとびこんできてもどうしようもないぞとか、それがどんなに苦しい困難な世界であるかを知っているのかとか。しかし、考えてみると「未知の世界」について「前もって知る」ことの不可能なことは、数学者ドジソン先生に聞くまでもなくわかることだ。私自身のことを考えてみると、やっぱり何もわからないまま、ただ「他人のためになりたい」などと思ってとびこんできたものだ。

ウサギ穴に「とびこみたい」人にとやかく言うことはない。要はとびこんでからが問題なのだろう。前もってどうするかとか、心構えをいかに持つかなどというのは実状に合わないことだ。「帰れなくなっても知らないよ」くらい言っておけばいいのだろうと思う。アリスがとびこんだ「ウサギ穴」が通じている世界が、どんな性格をもっているかについては、後で述べることにする。

アリスは「ウサギ穴」に無我夢中でとびこんだ。しかし、それが「ふしぎな場所」に行く唯一の方法ではない。

上野瞭は「児童文学のなかの「ふしぎな世界」」を論じたなかで、「ふしぎな世界」に到る「通路」の重要性に注目している。(2) 児童文学の名作『トムは真夜中の庭で』(これについては次章で触れる)を用いて、トムが大切な庭に入っていくための「裏庭のドア」が、「ふしぎな世界」に到る「通路」の役割をもっていると、上野は指摘している。それは「トムだけではなく、読者である子どもを「ふしぎな世界」へ引きこむための「通路」なのである」と述べた後に、次のような「通路」についての的確な記述がある。

そこを潜り抜けるからこそ異質の世界にはいれる。そのドアの一歩手前には、何の異常もない日常生活が待っている。ドアを潜る。ふしぎな世界。ドアからもどる。普通の世界。この、現実世界から異質の世界へ、異質の世界から現実へ、という往復運動。この繰りかえしの楽しさが、「通路」によって成立している。

トムの場合は、はっきりとした「通路」をもっていたので、こちらの世界とあちらの世界との「往復運動」を楽しむことができた。しかし、アリスの場合は「ウサギ穴」は「通路」にはなっていない。入口としては機能したが、彼女はそこを通ってこちらにもどってきたわけではない。全体の話が「夢」だったとして、彼女はこちらにもどってくる。文学作品の構造としては残念な形だが、これは百三十年も前の作品だからいたし方ないだろう。その後、児童文学の歴史のなかで、フィリパ・ピアスのように巧妙な「通路」を設定する作者が生まれてきた、と言った方がより正確だろう。

## 座標軸のゆらぎ

ドジソン先生にならって、少し数学的なものの言い方をすると、ある人やものがどこにあるかを明確に示すためには、座標軸がしっかりときまっていなくてはならない。ここで、XとかYとか言いだすと、それだけで読むのが嫌になる人があるのでやめておこう。その代りに京都の町で誰かに会うときのことを考える。たとえば「今日午後二時に、四条西洞院でお会いしましょう」と言う。京都の町ははっきりと碁盤の目のようになっているので、四条西洞院とは、東西に走る四条通りと、南北に走る西洞院通りの交叉点である(X軸とY軸なのだ!)。そこで午後二時と時間を指定すると、しっかりと相手に会える。

ところが、「ウサギ穴」のなかは大変だ。御存知のようにアリスの体はのびたり縮んだりする。長さというものが変化する。四条通りや西洞院通りが伸縮自在に変化しだすと、交叉点に行くのも大変だろう。そもそも、どれがどの通りなのかを見極めるのも難しいかも知れない。それに、もっと恐ろしいのは、時間もでたらめなのである。第一、ウサギが持っている時計は、当てになるのだろうか。アリスが招待された(のかどうかもはっきりしないが)「気ちがいのお茶の会」では、ウサギが、時計にバターをぬりつけたり、紅茶のなかにつけてみたりしている。アリスは、「なんておかしな時計なんでしょう! 何日だかわかるけれど、何時だかわからないなんて」とそれを見て驚いているが、その日にしても「二日ちがってら」というぐらいだから、相当な代物である。

そもそも、アリスが「ウサギ穴」に落ちこんでいくとき、それは大分普通の時間感覚とは異なる感じがしている。「アリスは落ちてゆきながら、ゆっくりあたりを見まわしたり、このつぎには、どんなことが起こるかしらなどと、考える時間がじゅうぶんありました」。アリスは落ちていきながら、棚から、つぼをとったりそれを他の棚へのせたりすることもできた。時間がゆっくりと流れているのだ。

われわれは時間が一様に流れていると信じている。だからこそ、われわれは何月何日の何時に誰かに会うとか、会議に出席したりできる。これは地球の上でならどこでも通用して、国際会議などもちゃんと開かれるのだから大したことである。

こうやって、われわれが日常生活を営む上において非常に大切にしている時間と空間の尺度があっさり変ってしまうのだから、「ウサギ穴」のなかの世界はめちゃくちゃである。ものごとを定位する座標軸がぐらぐらとゆらいでいるのだから、話にならない。アリスは知らぬ間に大きくなってしまって、「まあ、まあ！　きょうは何から何までへんてこなんでしょう！　きのうはふだんとちっとも変わりがなかったのに。それじゃあたしは夜の間に変わってしまったのかしら。ええと、けさ起きた時には、いつものあたしだったかしら。なんだか、考えてみると、すこしちがった気もするけど。でも、いつものあたしでないとしたら、そんなら、「あたしはいったいだれでしょう？」それがわからないんだわ」と言っている。自分が誰だかわからない。

しかし、われわれは実際、時間も空間もまったく一様な世界に生きているのだろうか。同じ一時間でも、長く感じるときと短く感じるときがある。同じ距離も遠かったり近かったりする。人間の「生きている」時間と空間はそんなに一様ではない。そのことを忘れてしまうと、人間は時計や巻尺に縛られるような、面白みのない生き方をすることになるのではなかろうか。アリスの行った「ふしぎの国」から、こちらの方を見返すと、自分の住んでいる世界のほんとうの姿がよりよく見えると思われる。アリスの体験は「ふしぎ」かも知れないが、空間も時間も一様な世界があれば、それこそ変なものではなかろうか。

背がのびるアリス（ジョン・テニエル画『ふしぎの国のアリス』岩波少年文庫）

## ふしぎな論理

アリスの「ふしぎの国」では変てこな論理が横行している。そのなかのもっとも典型的なものを取りあげてみよう。アリスの首がどんどん長くなっていったとき、ハトはアリスを見て「ヘビめ!」と叫ぶ。アリスは自分はヘビではないと抗弁する。これについて、ハトとアリスは次のようなやりとりをする。

「おまえはヘビだ! かくそうたってだめ! おおかた、今に、卵というものなど、まだたべたことがないなんて言いだすんだろう。」

アリスはたいへん正直な子どもでしたから、「あたし、卵をたべたことはあるわ。でも、女の子というものは、ヘビに負けないくらい卵をたべるのよ。」と言いました。

「そんなことあるもんか。だけど、もしそうだとしたら、女の子というのは、つまりヘビの一種だと言うことさ。」と、ハトは言いました。

ここに用いられたハトの三段論法は、次のように定式化される。

ヘビは卵をたべる。

アリスは卵をたべる。

故に、アリスはヘビである。

次にこのような論理は述語論理と呼ばれる。(3) もちろん、結論はまちがっている。このような述語論理は、精神病者の妄想の説明に用いられるものとして、最初はその病的な面に注目された。たとえば、「私はマリアである」と確信している患者に、なぜかと聞くと、「マリアさまは処女ですし、私も処女ですから」と答えた。これはまさに述語論理によっている。

ところが、述語論理的な考え方は、詩的表現に見られるし、創造的な発想の根本にもなっている。たとえば、乙女の目は海である、などという場合、

乙女の目は——である。

海は——である。

故に、乙女の目は海である。

というような述語論理を援用している。そしてこの「——」の部分に何をイメージするかによって、この表現の理解が異なってくる。ただこの際、先ほどの精神病の例のように、「乙女の目は海である」とそのとおり確信しているわけではない。それなら、「乙女の目は海のようだ」と言えばよさそうだが、それでは表現のインパクトが薄れてしまう。言うなれば、それはあるときひとつのそのままの真実として感じられることなのである。

このようにしてみると、アリスのふしぎの国では変てこな論理が駆使されて奇妙な結論になったり、急に話を逆転させてみたり、というようなところが多いであろう。われわれはものごとを証明するときは正しい論理を使わねばならない。しかし、ものごとを発見しようとするときは、敢てまやかしのなかにも入りこんでいく態度をもっていなくてはならない。そんなとき怪しげな論理が発見の手助けをしてくれるのである。もちろん、発見したことを他人に伝えるときは、それにふさわしい表現法や論理を考え出さねばならないのだが。

こんなわけで、アリスの落ちこんだ「ウサギ穴」の世界は、まちがいだらけでしかも極めて有用な論理に満ちている、ということになる。

アリスの落ちこんだ「ふしぎの国」では、精神病的なものと創造的なものが混在していた。「気ちがい」という言葉もよく出てくる。トランプの女王様は「首をちょん切る」ことばかり考えている。要するに、この世界はめちゃくちゃである。ところで、このような世界は、すなわちわれわれすべての人間の心の奥底のことだと言えないだろうか。

アリスのすべての体験は「夢」だった、ということになっている。文学として見たときにはこれ全体を夢にしてしまうのは、あまり感心しないという面はあるが、たしかに、われわれが夜見る夢は、まったくめちゃくちゃではなかろうか。夢のなかでは、時間、空間が通常の世界と異なって、まさにアリスの夢のとおり、今と昔がごちゃまぜになったり、遠い距離のところを一瞬のうちに移動したり、あるいは、友人と思っている人間が父親になってみたり、要するに日常世界で通用する尺度が全然通用しない。日常世界で守っている道徳も、夢の世界では相当に崩れてしまう。聖アウグスチヌスも「神様は夢のなかの行為まで罰することはないだろう」と考えて、自らを慰めたと言われている。「聖人」も夢のなかでは不道徳な行為をしていたのだろう。

こんなわけで、夢などまったくナンセンスだと見向きもしない人が多い。しかし、心理療法を行う深層心理学者は夢を大切にしている。それは、すでに「述語論理」のところで述べたように、ナンセンスに見えるもののなかに、創造的なことや、新しい発展の可能性などが隠されているからである。トランプの女王様はやたらとカードの首をちょん切っている。しかし、考えてみると、われわれは心のなかにある沢山の「持ち札」を、そうと知らずに切り棄ててしまって、使うことを忘れてしまったりしてはいないだろうか。

このような心の深層を西洋の学者たちは、無意識と呼んだ。そして、最初は無意識をもっぱら病的な世界、異常な世界と見なしていたが、だんだんと、それは創造性をも秘めていることに気づきはじめた。無意識界の内容と日常の世界とを混同してしまうと、それは病的になるが、無意識界の内容をうまく現実世界の方に生かせると、それは創造性につながってくる。その「生かし方」が難しく、それぞれの人の個性が大いに関係してくる。それは危険ではあるが、多くの価値をもっている世界である。

アリスの「ウサギ穴」は、したがって人間の心の奥底にも通じている、ということができる。アリスの見聞きした「ふしぎ」は、人間の心のふしぎでもある。そして、トランプの札がふしぎでも何でもなく、「たかがトランプの札じゃないの!」とアリスが叫んだとき、アリスは「こちら」の世界へともどってきたのである。

## 2　ふつうの家・ふつうの村

アリスの落ちこんでいった国は、まったく「ふしぎ」な国だった。何もかもがあべこべになっているのかと思うほどだった。そのような世界ではなく、ごくふつうにある生活や場所を描きながら、人間というもの、人生というものの「ふしぎ」さを伝えてくれる作品もある。ここではそのような作品を取りあげてみよう。リンドグレーンの『やかまし村の子どもたち』(4)と、フィリップ・ターナーの『シェパートン大佐の時計』(5)である。どちらも、ふつうの町や村に起こった話であるが、ふつうの町や村にふつうでないことが起こる。あるいは、少し以前は「ふつう」であったことも、後から見ると素晴らしいことに見えたりする。それによって、自分の今生きている生活を見直すこともできる。

# 誕生日

「やかまし村」と言っても、家は三軒だけ。北屋敷、中屋敷、南屋敷とあり、主人公の「わたし」は、中屋敷に住む七歳の女の子、リーサである。リーサにはラッセとボッセという九歳と八歳の兄がいる。南屋敷にはオッレという男の子、北屋敷にはブリッタとアンナという姉妹がいる。この六人の子どもたちの楽しい日常の生活が語られる。

カブラの収穫のとき、子どもたちがカブラぬきをして小遣いをもらう話。ブリッタとアンナのおじいさんのこと。このおじいさんから家出の話を聞き、リーサとアンナが家出を計画すること。ほし草のなかで女の子たちがねたこと。すべてが田舎に住む子どもたちのほほえましい日常生活である。私も、これほどの田舎ではないにしても田舎育ちであるし兄弟は多いし、似たような体験をしているので、ほんとうになつかしい感じで読んだ。しかし、考えてみると、現代の都会で生活している子どもから見れば、こんなエピソードも「ふしぎ」な生活に見えるかも知れない。

それはともかくとして、そのような日常生活のなかの特別な日、リーサの誕生日の話があまりにも素晴らしいので、それを紹介することにしよう。

「一年じゅうでもいちばんたのしい日といったら、お誕生日と、クリスマス・イブとの二日だとおもいます」とリーサは言う。日本の子どもにとってはどうだろう。ともかく、子どもにとって「いちばんたのしい日」があるのはいいことだ。一年中すべての日が同じだったらたまらない。リーサは朝早く目を覚ましたが寝たふりをしている。「なぜって、お誕生日には、食事をベッドにはこんでもらうまでは、ねてるふりをしてないといけないからです」。実際その日は、眠っているふりをしているリーサのベッドのところに家族一同がにこにことやってきて、お母さんのもっているお盆には「ココアのはいった茶碗と、花をさした花びん、それに、さとうをかけ、ほしブドウを入れた大きいケーキがのっていました」。そのケーキには、砂糖で「リーサ、七歳」と書いてあった。

誕生日の祝いも、その家特有の祝い方があるのが望ましい。それによって、家族の結びつきも強くなる。その家の歴史、伝統を皆でつくりあげていくのだ。

この誕生日にはふしぎなことがあった。誕生日のプレゼントがどこにもなかったのだ。いぶかしがるリーサにお父さんは一緒にプレゼントを探そうと言って、まずリーサにハンカチで目隠しをして、かついで部屋を出た。お父さんはリーサをかついであちこち歩きまわり、兄のラッセとボッセはそのわきではねまわり、ときどきリーサの足のゆびをつねって、「どこにいるか、あててごらん!」と言う。とうとう下におろされ、ハンカチをとってもらうと、リーサはこれまで見たことのない部屋にいた。

実はそれは以前は祖母の部屋だった。そこを母親が機織りに使っていたのだが、それを全部片づけ、壁紙をはり変え、お父さんの作ってくれたテーブルや椅子、棚などを入れ、すっかりいい部屋に改装してあった。そして、それがリーサへの誕生プレゼントであった。リーサはそれまで兄たちと一緒の部屋に住んでいたのだが、七歳の誕生日の

誕生日の朝食(イロン・ヴィークランド画『やかまし村の子どもたち』岩波書店)

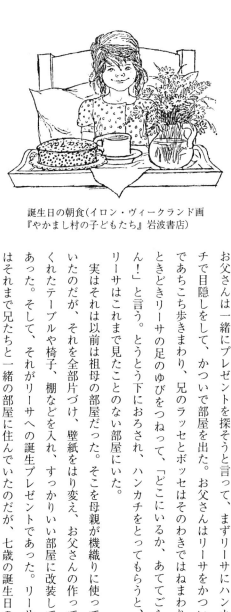

日から独立した部屋に住むことになったのだ。ラッセとボッセは早速リーサのベッドを運んできてくれた。これで完成である。

そう言えば、お父さんは幾晩も仕事部屋にこもって家具をつくっていたし、お母さんはボロ布を織りまぜて、じゅうたんを作っていた。しかし、リーサはそれがまさか自分のためのプレゼントになるとは思ってもみなかった。機織り部屋を片づけるには、ラッセもボッセも手伝ったことだろう。これらすべてのことを、リーサに誕生日まで悟られないように、家族全員が心を合わせてやり抜いたのである。家族一人一人の愛情のこもった誕生プレゼントである。日常生活のなかに、光輝く特別な日が出現する。なんと素晴らしい家族であろう。

## 怖い大人

やかまし村から学校まではずいぶんと遠い。学校は大村という村にあるのだが、子どもたちはいつも長い道を歩いて学校に通った。やかまし村と大村とのちょうどまんなかあたりに、スネルという名の靴屋さんが住んでいた。「スネル」というのは「親切な」という意味なのだが、まったく逆で、子どもたちにとってはとても怖い人であった。彼はスヴィップという犬を飼っていたが、この犬がよく吠えつくのだ。「わたしたちは、とてもスヴィップがこわくて、ぜったいに、そばによろうとしませんでした。それに、わたしたちは、靴屋のスネルも、こわいのでした」。スネルはいつもきげんがわるくて、こんなことをいう。「子どもなんて、ろくでなしだ。まい日、なぐってやらなきゃいけないんだ」。

私の子どもの頃にも「怖い大人」がいた。何となく子どもを敵対視しているようで、すぐに怒鳴られた。子ども全部がその人を嫌だと思うのだが、何かちょっかいをかけに行きたくなるようなところもある。子どもは子どもなりに、してはならぬことをして楽しむところがあるのだが、見つかると怖いのも事実である。私は、子どものころ、このような怖い人を「ヘンコツモン」と呼んだりしていたが、これは偏屈者のなまったものだろう。しかし、このような大人に対抗しようとして、子どもの社会や文化ができてきたり、自分の親を「ものわかりのいい人」として見直してみたり、それはそれなりの存在意義があった。現在は大人が子どもに対して誰も「ものわかりがよい」か、そのようなふりをして、「怖い大人」がいなくなって、子どもの生活を平板にしているようにも思う。

ところでリーサは、あるとき登校したものの、すごい吹雪が吹き出した。暗くならないうちに帰った方がいいと六人で帰りはじめたが、吹雪はひどくなるばかり、とうとう全員がスネルの靴屋にころがりこむ。スネルはさすがに出ていけと言わないが機嫌は悪い。六人とも腹がすいてきたがそれも言えず、部屋の片隅に坐りこんでいた。スネルは平気でコーヒーをわかして、一人でサンドイッチを食べている。子どもたちは家に帰りたいし、腹はへってくるし、たまらない。

そんなときに、リンリンリンと馬の鈴の音が聞こえてきた。リーサたちのお父さんが除雪機を馬にひかせて迎えに来てくれたのだ。子どもたちはどんなにうれしかったことか。

わたしたちが家にかえったとき、おかあさんは、台所の窓のわきに立って、とても心配そうに、そとをながめていました。ラッセとボッセとわたしは、あつい肉スープとお団子をたべさせてもらいましたが、それは、いままでたべたこともないくらい、いい味でした。わたしは、三皿もたべました。

この日はリーサにとって忘れ難い、ふしぎな一日だったのではなかろうか。

## 子どもたちの「冒険」

『シェパートン大佐の時計』は、いくつかの主題が複雑にからみ合って物語を構築している興味深い作品である。これはイギリスのあるふつうの町で、三人の子どもたちをめぐって起こる物語である。ところが、そのなかで足に障害があって歩くのが不自由な少年デイビドの足をめぐっての話、それに、デイビドの家にあずかっているシェパートン大佐の時計にまつわる話(これが中心だが)、それに鉛泥棒、などといろいろな主題がうまくからんでいて、ふつうのことをあつかっていながらふしぎな話が展開していく。その筋を紹介する余裕はないので省略するが、読者はその面白さを原作で味わっていただきたい。シェパートン大佐の時計に関する秘密を解いていく興味も大きいが、それを単なる「推理読物」にしてしまわないのは、すでに述べたような主題のからまりとその綾がうまく描き出されているからであろう。

デイビドは友人のアーサー、ピーターの三人で教会の屋根にひそかに登る冒険をしようとする。ところが、そこに至るらせん階段の入口の鍵がやすやすとは手に入らない。ピーターは牧師の息子なので、いろいろと様子のわかるところがある。その鍵は牧師祭服室の鍵戸棚にあるが、その戸棚にも鍵がかかっており、その鍵をもっているのは、牧師さんと、チャーリーという教会の会堂番のじいさんである。この二人に「鍵を貸して下さい」などと頼めるはずはない。「なぜ」と聞かれるのにきまっている。「教会の屋根に登りたい」などと言って通じるはずがない。

「なぜそんなところに登りたいのか」と言われるだろう。「そこに山があるから」などと言って危険千万な高い山に登る人を、大人は英雄視するが、「そこに屋根があるから」と言って、子どもたちが屋根に登るのは禁止する。大人も子どもも、言うならば、ふしぎな生き物である。
子どもたちはなかなか上手な計画を立てて実行し、らせん階段を登る。スリル満点だ。ところが風で扉があいてしまい、チャーリーじいさんに誰か子どもが上にあがっていったことを勘づかれてしまう。子どもたちは逃げまどううちにパイプオルガンの中に入りこんでしまい、面白い経験をするが楽しんでいる余裕はない。やっとの思いでうまく逃走する。ところが、結局のところはバレてしまう。子どもの冒険はどうも最後のところでバレることが多いようだ。

屋根に向かう（フィリップ・ガウ画『シェパートン大佐の時計』岩波世界児童文学集）

牧師さんは三人の男の子に説教し、「聖歌隊の無秩序という酸を中和するための、謹慎というアルカリ」と呼んでいる、罰を加えようとした。このいたずら三人組は聖歌隊に属している。このとき三人を救ってくれたのは、チャーリーじいさんである。じいさんはみんなも子ども時代はそれなりの「冒険」をやったことを、うまく思い出させながら、名文句を吐く。

危険てことについちゃあ、男の子と危険は、タマネギと肉みたいなもんで、まあ、くっついてはなれやしません。

というわけで、三人の子どもは軽い罰を与えられることで落着する。その後で、チャーリーじいさんはアーサーに対して、「おまえがあのばかげたいたずらをやったとき、デイビー・ヒューズ（注＝デイビドのこと）を仲間にしてくれたのは、ほんとにいいことだったよ、あの子にゃ、それが必要なんだ。しかし、危険な場所には、つれてっちゃだめだぞ」と言う。なかなか、大したじいさんである。足の悪いデイビドをうまくかばいながら「いたずら」をするアーサーをちゃんと認めている。しかし、やっぱり「危険な場所」は駄目だと言わざるをえない。

チャーリーじいさんも、子どもたちにとっては、「怖い大人」の一人であるだろう。しかし、すでに前節に述べた靴屋のスネルとは、一味も二味も違うよさをもっている。

子どもたちには「危険」が必要だ。しかし、それを許容しつつ、また心配してくれる大人がいてこそ、それが限界をこえないのであろう。冒険は下手をすると、大変な破局につながってしまう。それに対する守りが必要なのである。

## 3　土地の精霊

ある土地なり場所なりが特有の精霊と結びついている、という考えがある。それが悪い精霊であると、そこに行けばいろいろと思いがけない失敗をしたり、危険な目にあったりする。逆に、よい精霊の場合は、そこに行くだけで気分がよくなったり、病気が治ったり、何かよい考えが浮かんできたりする。このような考えは全世界にわたって、長い年月の間信じられてきた。そして、悪い精霊に対して人間が祀りをすることによって、その力を遠ざけたり、あるいは反転して人間に役立つようになるなどの話も数多くあって、そこに神社が建てられたりもする。

特定の土地そのものに不可解な力が秘められている、という考えは近代になって急激に否定されるようになった。啓蒙主義の考えに立つと、それらはすべて「迷信」ということになる。どこの土地も別に「引力」の強さが変るわけでもないし、特定の場所だけ急に気圧が変ったりするわけでもない。しかし、このような考えをあまりにも押しすすめてしまうと、世界が平板になってしまう。人間に個性があるように、それぞれの場所も固有の性格をもっている。と言っても、結局はそれとかかわる人間のありようが大きい力をもつものと考えられる。

現代人は残念ながら、妖精や小人や、その場所に先住していた死者の霊の「実在」を信じることは難しくなっている。しかし、アリスのふしぎな国について述べたように、われわれの心の奥底にはまだまだ不可解な領域が残されており、外に存在する世界にしても「科学的」に理解しうる現実は、ひとつの大切な現実であるにしろ、それを「現実そのもの」と規定してしまうのは速断であろう。多層な現実の様相を味わおうとするとき、ある場所に特有のふしぎな存在、土地の精霊、などがこの世にあるとして考えてみることは、人間の生き方を豊かにする上で役立つことと思われる。

これから取りあげる、ルーシー・ボストン作『グリーン・ノウの子どもたち(6)』では、主人公の少年トーリーは、大おばあさんの家をはじめて訪ねていき、その家の一室に眠ることになったとき、「少年は、いままでこのようなへやで寝たことがなかったけれども、はじめてのような気はぜんぜんしなかった。しみじみと、じぶんの家にいる気がした」。つまり、まったくはじめてなのに「わが家」と感じさせる家、などというのがやはり存在するのだ。その逆に、ずっと住んでいる家なのに、「しみじみと、じぶんの家にいる」と感じないことだってある。人間と場所との関係は、ふしぎなものを秘めている。

## グリーン・ノウの家

『グリーン・ノウの子どもたち』の舞台となる家は、実に長い歴史をもっている。なにしろ十字軍の時代から続いており、それは家というよりは「城」と言った方が適切である。その「城」に一人の少年が訪ねていく。少年は七歳。名前はトーズランド。彼の両親はビルマにいる。と言っても「少年のおかあさんは、もうなくなっていた。二度めのおかあさんがいたが、うちとけることができず、この人のそばにいると、ひどくおずおずしてしまった」。彼はイギリスの学校の寄宿舎にはいっていたが、休暇にビルマに帰るのは遠すぎるし、グリーン・ノウに住んでいる大おばあさんが、そちらに来て休みをすごすようにと言ってくれたので、やってきたのである。

そのへやは、まるで城の一階のようだった。トーズランドが学校の遠足で見たことのある、荒れはてた古い城によく似ていた。だがこのへやは、荒れはててはいない。それどころか、このへやが荒れてしまうなどということは、けっしてありえないように見えた。ぶあつい石の壁は、がんじょうで、あたたかく、力があふれている。それに、気もちのよさそうな、みがきのかかった古い家具がおいてあって、城の中でもおだやかな生活ができることが、よくわかる。

大おばあさんは、「とうとう、かえってきたわね！」と言った。

「どうして、か、え、っ、てきたなの？」といぶかる少年に、大おばあさんは、「みんな、いつでもここにかえってくるのよ。あなたは、あなたのおじいさん、やっぱりトーズランドっていうんだけど、その人にそっくりね。おなじ名まえでほんとによかった。これから、あなたをトーリーとよびますからね。あなたのおじいさんも、トーリーとよばれていたのよ」と言う。

トーズランド、つまり、トーリーは、前々から、生まれる前からここに住んでいたのだ。だから「おかえり」なのだ。

トーリーは暖炉の上に、三人の子どもと二人の女の人の家族をかいた油絵があるのに気づく。それは、この家の先祖の人たちだった。「鹿をつれてるのがトービー、フルートを持ってるのがアレクサンダー、女の子がリネット、この子は六つよ。青い服をきてるのが、三人のおかあさんなの」と大おばあさんが説明してくれる。そして、彼らの後ろに立っているのが、子どもたちのおばあさんである。トーリーは、それを聞いて、自分のお母さんも「リネット」という名前だったと言う。

トーリーの到着(ピーター・ボストン画『グリーン・ノウの子どもたち』評論社)

外国の場合、おじいさんやおばあさんの名前を孫がもらうことが多い。時には、ずっと同じ名前が襲名される。父と息子とが同じ名前なので、息子には「ジュニア」というのをくっつけて区別したりする。このことは、生命の連続性を強く感じさせる。この「城」に住み、この絵のなかに描かれている鳥かごが今なお自分の部屋に置かれていることに気づいて、トーリーは、これらの子どもたちが今も自分と一緒にここに住んでいるのではないか、と感じはじめる。

# 先住者

大おばあさんはトーリーが知りたがるので、絵のなかの人物について、いろいろと知っていることを教えてくれる。トーリーのこの子どもたちに対する関心はますます高くなった。そして、トーリーが夜ベッドに横たわり眠ろうとすると、「小さなはだしの足が床を走りまわる音や、わらう声、ささやく声、それに大きな本のページをめくるような音が、きこえるような気がした」。トーリーは、夢でも見ているように、「あれは、アレクサンダーとリネットが、月の光で絵本を見ているのかしら?」と思った。

子どもたちが一緒に住んでいるような、声やもの音がよく聞こえてくるようになり、彼らは、トーリーに対して「かくれんぼ」の遊びをしかけているように思えた。そこで、トーリーはそのことを、大おばあさんに言ってみると、彼女はぜんぜん驚かず、当然のような顔をしていたので、トーリーはうれしく思ったが、「少年には、大おばあさんが、ほかの子がいるふりをする遊びを、じぶんとしてくれているのか、それともほんとに子どもたちがいると、じぶんと同じように信じているのか、どちらだかよくわからなかった」。

ところが、だんだんと、子どもたちはトーリーの前に姿を現わすようになるし、大おばあさんも実はこの子たちと一緒に遊んだりしていたことを話してくれる。そして、大おばあさんは、少年のトービーがどんなに上手に、当時飼っていた馬のフェストを乗りこなしたか、とか、リネットが何をした、アレクサンダーがこれをしたとか教えてくれるようになる。つまり、大おばあさんとトーリーは、今やこの三人の子どもたちと同居しているのだ。

もっとうれしいことに、この三人の子どもたちのおもちゃ箱の鍵が、ふとしたことから見つかり、三人のもっていたものがそのままトーリーに継承されることになった。トーリーはアレクサンダーのフルートを手にし、自分も吹けるようになった。大おばあさんが、フルートの吹き方を手ほどきしてくれたのだ。トーリーが「先住者」たちの姿を見ることは、だんだんと多くなる。トービーが乗っていたという駿馬フェストのいななく声が聞こえてきたりもする。ある大雪の朝、トーリーは庭に出て、大きいイチイの木の枝に積もった雪でできたテントの下に行くと、そこに彼らはいた。

幹にもたれて、トービーとアレクサンダーがいた。リネットは、二人の足もとのイチイの枯れ葉のじゅうたんの上に、すわっていた。フルートを吹いているのは、もちろんアレクサンダーだった。

三人の話すこともよく聞こえてくる。ずいぶんと楽しそうで、トーリーも仲間に入りたいと思っているとき、突然にクジャクが出てきて鳴きたてる。すると、「スライドをぬいた幻燈のように」子どもたちは消え去ってしまった。枝から粉雪がさっと落ちてきて、「トーリーは、天から雪の中へ墜落したような気もちだった」。

トーリーと大おばあさん、それと「先住者」たちとの交歓は、この作品に実に巧みに描かれている。二、三百年前に住んでいた子どもたちが出てくるのを、読者はすんなりと受けいれられる。しまいには、こちらまで、トービー、アレクサンダー、リネットと親しくなったような錯覚を起こすほどである。考えてみるとふしぎなことだが、それを「変なこと」と思わせない現実感覚が、この書物の全体のなかにある。こんな作品を読んでいると、「先住者」のいない住宅に住むことの味けなさを思い知らされる。それは「快適」であったり「便利」であったりはするのだけれど、そのような新興住宅に住む子どもたちは、豊かに生きるためのまた別の努力をしなくてはならず、そのために「友人としての魔女」を必要としたりするのだ(この点については、第5章の『魔女ジェニファとわたし』のところで述べる)。

## おばあさん

この書物のなかの大おばあさんの役割は大きい。このような豊かな楽しい経験を子どもが持ちえたことの条件として、子どもが両親の「守り」から離れた状態にあること、それに加えて、親とは異なる味をもった暖かい人間関係が生まれること、の両者が満足されていなくてはならない。ここに、「豊かな楽しい」と述べたが、これも一歩まちがえば狂気につながっていく世界である。下手をすると外的現実から遊離してしまう危険性をもっている。両親は、そのような危険に子どもがであうことを望まないことが多いので、両親の守りや監督のあるところには、こんなことは起こらない。トーリーはビルマの両親から、まったく離れている。しかし、それを単なる危険にしてしまうのではなくて意味あるものとするには、親とは質的に異なる守りを必要とする。そんな点で、この大おばあさんは最適である。このような類いのいろいろなおばあさんを詳しく分析して「児童文学における おばあさん」というエッセイを書くこともできると思う。

『グリーン・ノウの子どもたち』が一九五四年に出版されたとき、作者のルーシー・ボストンはすでに六十二歳であった。彼女は実際に、一一二〇年に建てられたイギリスでも特別に古い住居に長年にわたって住んでいた。この作品は、したがって彼女自身のこの家における経験が語られていると考えられるが、ルーシー・ボストンは素晴らしい「おばあさん」だったに違いない。彼女はこの作品の成功に力をえて、つぎつぎと「グリーン・ノウ」シリーズを発表するが、いずれも傑作である。そのなかでも第四作『グリーン・ノウのお客さま』(7)は一九六一年度のカーネギー賞を受賞している。

『グリーン・ノウの子どもたち』には、この「おばあさん」の特性が巧みに描かれている。トーリーは以前の休暇にビルマまで帰れないとき、学校のミス・スパッド校長先生とそのお父さんの家にとめてもらった。二人とも親切な人であった。しかし、トーリーをいつも「ぼうや」と呼んだ。

「ごはんはぜんぶ食べなさいよ、ぼうや。やせてはこまりますからね」「上着を着なさいよ、ぼうや。かぜをひかれてはこまりますからね」という調子である。そして朝ごはんのあとでは、きまって、「いそいでへやにもどりなさい、ぼうや。わたしたちは新聞を読むのですからね」と言うのだった。

大おばあさんはこのような「しんせつ」なことは一切言わなかった。大おばあさんは新聞を読むのとトーリーが聞くと、「とんでもない。なんでそんなもの読まなくちゃいけないのかね。世の中はそう毎日かわっちゃあいませんよ。わたしのみるかぎりでは、いつでもおなじことよ。でも、わたしには、用事がいっぱいあるの」と言う。

まったくそのとおりだ。大おばあさんは二百年前の子どもと遊んだり、四百年前の赤ん坊を寝かしつけたりしている。世の中そんなに変るものではない。「豊かな老い」を生きるためには、新聞などよく読んで時勢の動きにも遅れないように、などと言う「老人問題」の専門家に、こういうことを知らせてやりたいものだ。老人がたましいの次元とつながって生きるとき、時勢の動きなどのこまごましたことはあまり大したことではないのだ。

大おばあさんとトーリーが疲れて、うっとりと満足した気分で休んでいると、他の部屋から子守歌が聞こえてきた。誰かむかしのおばあさんがゆりかごをゆすっているのだ。眠りに落ちていくのは四百年前の赤ちゃんだった。

大おばあさんはその子守歌を聞きながら目に涙をいっぱい浮かべていた。

「どうして泣くの、おばあちゃん？　きれいな歌なのに。」

「きれいな歌だわね。ただ、あんまり昔の歌なのよ。どうしてかなしいんだかわからないけど、かなしくなるときがあるの。」

たましいの次元とつながるとき、そこにはわけのわからない、深いかなしみがある。そのかなしみを知る人として、この老人は七歳の子と楽しい生活を共にすることができるのである。

## 家の主

『グリーン・ノウの子どもたち』では、古い家に住む「先住者」たちが活躍した。それとは異なり、家にはその家の「主《ぬし》」あるいは守護神と言えるようなふしぎな存在が住んでいる、と信じられていたことがある。

日本ではそのような「主」は、動物の形をとって実際に住んでいると考えられることが昔はよくあった。私が子どもの頃、家には特大のヘビの青大将が二匹いて、それがときどき姿を現わすときがあった。子どもとしては、反射的に石でも投げたいところだが、祖母が「あれは、この家の主やから、大切にせな」などと言うのを聞くと、何ともいえぬ畏敬の念をもって、ヘビが動いていくのを眺めたものである。

日本の昔話には、このような家に住みついている守り神の話があって興味深い。そのなかに「貧乏神」(8)というのがあり、私は大好きである。貧乏神が住みついているので、その家はまったくの貧乏になってしまうのだが、大晦日の日に大逆転が起こる。なかなか示唆するところの大きい昔話である。

ここでは、西洋の児童文学の名作からひとつ取りあげてみよう。ブリッグズ作『妖精ディックのたたかい』(9)である。この本の訳者、山内玲子の「あとがき」によると、作者のブリッグズは妖精など超自然の生き物の世界に強い関心をもち、詳細な研究をし、民話や妖精などに関する名著をつぎつぎに出版している。英国民俗学会の会長にもなった研究者であるが、そのような知識をもとにして、児童文学の名作を書いている。『妖精ディックのたたかい』はそのなかのひとつである。

これはイギリスの中南部にあるウィドフォードという小さい村を舞台として、十七世紀の頃を想定した物語である。当時は、妖精や魔女や幽霊のような多くの超自然的な生き物の存在が皆に信じられていた。この村の、ウィドフォード屋敷と呼ばれる一軒の大きな家に家つき妖精のホバディ・ディックが住みついていた。彼はこの屋敷に何百年と住んでいた。ところで、そこに二百年ほど住んでいたカルヴァー家の人たちが引越していき、空家になった。ディックは自分もここを出ていくと、家はたちまち荒れ果てるだろうと思い、そこにとどまることにした。

しばらくして、この屋敷にウィディスン一家が越してくる。ウィディスン夫妻、ウィディスンの亡くなった先妻の母親ディンブルビー夫人、先妻の子のジョエル、現在の夫妻の子どもたち、それに召使いなどである。彼らは都会のロンドンからやってきた。妖精ディックは「ジョエルがいちばん好きだった。家族のなかでジョエルだけが、はじめからほんとうにいなかの暮らしが気に入っているようだった」。それともうひとり、いなかの生活が気に入っているのが、ディンブルビー夫人だった。子どもたちははじめは駄目だったがだんだんといなかの生活になれてきた。一

ジョエルとアン（コーディリア・ジョーンズ画『妖精ディックのたたかい』岩波書店）

番最低なのがウィディスン夫人だった。彼女は都会好きで、高慢だった。当然のことながら、ディックは彼女が嫌いであった。

ところで、物語の方は、ここにウィディスン夫人の小間使いとして、気だてのよい、アンがやってくるが、夫人は彼女にきつく接するので、ディックは陰ながらアンをかばっている。夫人は継子のジョエルがいなかの生活になじんでいくのを嫌って、ジョエルを無理矢理、ロンドンの仕事に追いやってしまう。そのうちに、このジョエルとアンが身分の差をこえて純情な恋愛関係になる。というわけで、この二人の純愛をめぐって話は展開していく。

## 妖精たちの世界

この物語の面白いところは、ジョエルとアンの恋、それをめぐるウィディスン夫妻や子どもたち、あるいは召使いなどの人間世界のできごとが語られていくのだが、その要所要所で、妖精ディックの人知れぬ介入があり、それが話を発展させていく点にある。

小間使いのアンの寝室にそっと食べ物をとどけたり、アンのするべき仕事を陰で助けたりしている。一方、ウィディスン夫人に対しては、すねを蹴っとばしたり、つねったり、ひどい目にあわせている。実はこのようなこまごまとしたことよりも、人間たちにとって、「偶然に」大切なことや、大変なことが生じたとき、ひそかに妖精ディックのたくらみによっている、という場合が多いのである。ディックのほかにもこのウィドフォード屋敷には、西の屋根裏部屋にかすかに姿を現わす亡霊がいたし、ウィディスン夫妻が越してきたときには、彼らの寝台には「何時間も金袋の中味を数え」ている幽霊がついてきた。ウィドフォード屋敷から出ると、村のあちこちに、妖精や魔女などが住んでいる。妖精のなかには「たちの悪い」のもいる。これらの超自然の生き物たちの生活が、思いのほかに人間たちの生活とかかわってくる。このことを知らぬ人間は、どうしてこんなに「偶然に」こんなことが起こったのかと驚き、ある者は感謝し、ある者は怒りでふるえる。

村に長く住んでいる人たちは、このことを知っている。ウィディスンがやとった農場頭の男は「ディックのために自分の食べ物を少しとっておくこともわきまえていた」。ウィディスンの子どもたちのなかで、気立てのいいマーサは、村の男の子たちにいたずらされそうなときにディックに助けられる。彼女は「家のことをいろいろしてくれる、ぼろを着たおじちゃん」がやってくれたらしいと知っているし、村の少女でマーサの友人のマリオンはそれを聞いて、「そんならあんた、ほんとにウィドフォードの人になったんだわ」と言う。

こんな話を読んでいると、私は今でも妖精たちは生きていて活躍しているのではないか、と思いたくなってくる。たとえば、中年の女性が「不定愁訴」と呼ばれる症状をもって相談に来られる。医学的には原因が見つからないのだが、体のあちらが痛くなったり、こちらが痛くなったりして何もできない。現代の医学では原因が見つからないと、すぐ「心因」などと言われ、まるで「心がけ」が悪いように言われたりするが、これはその家に住む妖精にいたずらされているからだ、などと思ってみた方が事態がよくわかるのではないだろうか。

ディックはなかなか感心な妖精で、やや「正義の味方」的であるが、妖精のなかには、たちの悪いのもいるし、いたずら好きもいるだろう。そして、やはり妖精の世界は、その世界なりに、人間とは異なるルールや原則によって動いていることだろう。とすると、「不定愁訴」の夫人に対して、「もっとしっかりしなさい」とか「やる気を出して」などと言うよりは、どんな妖精がどんな意図で体のあちこちをつねったりするのか、それを追い払うにはどうしたらいいかなどと考える方が、はるかに得策のように思えてくるが、どんなものだろう。

あるいは、ふしぎな偶然によって大成功したり、大失敗したりすることがある。そのときに自分は大したものだと威張ったり、身の不幸を嘆いたりするよりは、そのことにはたらいている超自然的な意図や意志について考えてみる方が、その後の役に立つのではなかろうか。

ウィドフォード屋敷なんかと違って、最近に建てられた新しい家では、妖精も家の主も住むところがなさそうだが、どうもそのはたらきは今も続いているようなので、彼らが今は、いったいどこに住んでいるのか考えてみるのも一興であろう。

## 4 ファンタジーの世界

児童文学における「ふしぎな世界」の極めつきは、本格ファンタジーの世界ではなかろうか。その世界は、少なくとも、この地球上に存在しないことが最初から前提として語られる。たとえば、さきにその第四巻の『帰還』について述べたル＝グウィンの『ゲド戦記』のシリーズが描くのは、この地球上のどこか特定の場所のことでないのは、はじめのあたりを少し読みすすんでいくだけで、すぐにわかる。そんな「絵そらごと」、「子どもだまし」とも言えることに、われわれはどうして惹きつけられるのか。おそらく、『ゲド戦記』は、わが国の大人も子どももずいぶん多くの人が読んで感動したに違いない。これは、ファンタジーが最初から、外界との直接的かかわりを否定してかかるために、かえってそれが人間の内界に深くかかわる方向へむかう、とも言えるからであろう。

大人になると、どうしてもお金もうけや、地位の獲得、などなど外界のことに忙しくなって内界のことを忘れがちになる。その結果、いろいろな多くのものを手に入れながら、極めて貧しい生活、乾いた生活をすることになってしまう。その点、子どもの心は柔軟なので内界の方にも十分に注目することができる。したがって、ファンタジーの世界を受けいれることが十分に可能である。

## ファンタジーと現実

児童文学には、先にあげた『ゲド戦記』をはじめファンタジーの名作が多い。どれも取りあげてみたいが、ここでは、名作で、しかもそれほど長くなくて読みやすいということから、トールキン作『ホビットの冒険』[10]を取りあげることにしよう。とは言っても、この物語はさらに大きい発展を遂げて、『指輪物語』[11]という大作になるのだ。『ホビットの冒険』が大好きになった人は、ぜひとも『指輪物語』に挑戦していただきたい。ともかく、ファンタジーの名作には、このほかにも大作が多い。やはり「ひとつの世界」を創出することになるので、長く語らざるをえないのであろう。

ところで、『指輪物語』の作者トールキンは、作品の世界が彼の住んでいるイギリスの「昔のあるとき」にほんとうにあったことと思わせるようにいろいろと工夫をこらしている。イギリスの昔には、人間だけでなく、この物語にでてくるような、エルフ、ドワーフ、ゴブリン、それにホビットなどの小人族が住んでいたのだと彼は言いたいのだ。また、すごい巨人のトロルなどというのもいる。彼は「エルフ文字」で書かれた古文書、それもあちこち焼け焦げたのを、『指輪物語』の挿絵に使おうと準備したりする。もちろん、この「古文書」はトールキンがつくったものなのだが、彼の「エルフ文字」はでたらめのものではなく、それなりの文法などをもち、トールキンは、それを「解読」した説明文さえ、まことしやかに付けている。

このことは、トールキンのユーモアをよく示している。しかし、一方ではファンタジーだからと言って、「勝手な思いつきだ」と無視できるようなものでないことを、はっきりと主張したいという姿勢を示している。本格的なファンタジーは、勝手な「つくり話」ではない。

ファンタジーの世界にも、それなりのルールがある。安易に不可能が可能になる世界ではない。『ホビットの冒険』には魔法使いが登場する。だからと言って、彼の魔法によって何もかもうまくいくわけではない。魔法使いは魔法使いなりに苦労をしている。『ゲド戦記』は、「魔法使い」の物語である。彼らは魔法によって、好きなときに風を吹かせたり、雨を降らせたりすることができる。それでは魔法使いは、まったく自分の思うままに世界を動かしているのだろうか。『ゲド戦記』のなかで、魔法使いの長老が次のような戒めを言う。「ロークの雨がオスキルの旱魃をひきおこすことになるかもしれぬ。そして、東海域におだやかな天気をもたらせば、それと気づかず、西海域に嵐と破壊を呼ぶことにもなりかねないのだ」。

私はこの言葉が好きである。功を焦って魔法を使うとろくなことはない。実際に、ゲドは魔法を使うことがだんだんと少なくなっていく。魔法を使わない魔法使いというのは、ひとつの理想像かも知れない。

『ホビットの冒険』は、ホビット小人の一人、ビルボ・バギンズが、ドワーフ小人たちの冒険に思いがけずつき合うことになり、ドワーフ小人たちが竜のために失った自分たちの宝物を取り返すための旅に出て、かずかずの冒険をする物語である。それを読みながら、われわれが手に汗握るような体験をするのは、それがやはり、人間が生きることの「現実」と深くかかわっているからではなかろうか。毎日の「現実」よりもはるかに深く、われわれの心を動かす力を、それは持っている。「内的現実」などという言葉を使いたくなるのも、そのためである。ホビットもドワーフもゴブリンも、われわれのたましいの世界の住人なのである。

## 地底のなぞなぞ

そもそもホビットとは、「ドワーフ小人よりも小さくて(ドワーフ小人は、白雪姫に出てくる七人の小人たちの仲間です。ドワーフにはひげがはえていますが、ホビットにはありません)、リリパット小人よりは大きいのです(リリパット小人は、ガリバーの話に出てくる小人国の小人です)。ホビット小人には、魔法の力がありません。といっても、わたしたちのようなまぬけな大きい人間どもがのこのこやってくれば、象のようなその音を一キロもさきからききつけて、こっそり、時をうつさず、すがたをかくすぐらいなことは、あさめしまえです」という類いの小人族の一種である。

彼らは山の中に快適な住居をつくり住んでいる。主人公のビルボ・バギンズもその一人だが、あるとき魔法使いのガンダルフが現われるや生活が一変する。すでに紹介したように、彼は十三人のドワーフ小人と魔法使いとともに、ドワーフの失った宝物を取りもどすための大冒険の旅に出ることになる。成功したときには、獲得した宝物の十四分の一を報酬としてもらうという契約によって。

何しろこれは長い旅だ。ここにも地図がある！　それに道中の危険も多い。それらの詳細については、読者が原作を読まれるときの楽しみにとっておくとして、そのなかのひとつで、私にとってもっとも印象的だった場面、ホビットのビルボが、地底のふしぎ極まりない生き物ゴクリと会うときのことに少し触れることにしよう。

ビルボはドワーフたちとともに、恐ろしいゴブリンの穴に知らずに入りこんだので、ゴブリンに襲われ逃げまどっているうちに、穴のトンネルのなかで、小さな指輪をひろう。これは彼の運命を分ける大切なできごととなるが、それは後のこととして、ビルボは迷い歩くうちに地底の池に行き着く。

その池には「二つの丸くて青い大目玉をのぞけば全身くらやみのようにまっ黒」の変な生き物ゴクリが住んでいた。彼はビルボを食ってやろうと思うが、ビルボが剣を持っているのを見るとあきらめ、なぞなぞをしかけてくる。

なぞなぞ、なんだ、
木よりも高いが、根を見た者なし、
ぐんとそびえて、のびっこないもの。

という類いである。ところが、このなぞなぞは、ビルボが負けるとゴクリがビルボを食ってしまう、ゴクリが負けるとビルボに地底をぬけ出る道を教える、という文字どおり命がけなので、大変なのである。

さっきのなぞは、ビルボは「山」と答えて事なきを得る。こんなときに、うっかり「高層ビル」などと答えると、地震でビルが倒壊したりして大変な目にあうかも知れない。ビルボもなぞを出すが、ゴクリも答をすぐに当てる。つぎのゴクリのなぞは、

声がないくせに、しいしい泣くし、
はねがないくせに、ばたばた飛ぶし、
歯がないくせに、きりきりかむし、
口がないくせに、ぶつぶついうもの、は?

ビルボはこれは少し考えたが、「風」と当てる。お互いになぞとき問答に強く、なかなか決着がつかない。ビルボはポケットのなかの指輪にさわり、「このポケットにあるものは、何だ?」と一人言を言うと、ゴクリはそれをなぞだと思い、考えこむ。結局ゴクリはそれがとけず負けてしまう。

なぞなぞの話は、昔話によく出てくる。そして、多くの場合それには命がかかっている。ゴクリのかけるなぞの答が、「山」、「風」であることに示されるように、それは自然にかかわるものであることが多い。つまり、それは「大自然のふしぎ」にかかわっている。大自然を人間がどのように受けとめるかによって、その生死が左右される。したがって、なぞをもっと簡潔にすると、「山とはなんぞ」、「風とはなんぞ」ということになる。これは人生の大問題である。

ビルボとゴクリ（寺島竜一画
『ホビットの冒険』岩波書店）

この地底のなぞなぞ問答と類似のことが、われわれの心の底で、あるいは、たましいの世界で行われているいると思うのも一興ではなかろうか。地上で、つまり表層の意識では、この山を買うと材木がどれくらいとれるか、マツタケは出るのだろうか、などと計算している心の下の方で、ゴクリが「山とはなんぞ」というなぞをしかけている。そして、地上のビジネスで金もうけをしても、そちらに忙しすぎて、ゴクリのなぞに答えられないと、ガブリと、あるいは、ゴクリとひと呑みにされたりすることもあるだろう。

ゴクリのなぞなぞはユーモラスで、それに不気味で、忘れることのできないものである。トールキンのファンタジーの深さを如実に示すものである。

## ふしぎな種族

ドワーフとビルボの一行は、長い旅の間にいろいろな種族に出会う。それぞれの特性がうまく描かれていて興味深い。なかでももっとも魅力的なのは、魔法使いのガンダルフであろう。子どものときに『ホビットの冒険』を好きになった人は、どれほど年月がたってもガンダルフの名前を忘れないことだろう。ゴクリも忘れ難い存在だが。

魔法使いは将来に対する相当な展望をもっている。ビルボをこの冒険の旅に誘いこんだのもガンダルフである。ビルボは冒険をする気など毛頭なかったのだ。ふとやってきたガンダルフがビルボの家の入口の戸に、「忍ビノ者、仕事ヲ求ム。刺激大キク、報シュウ高キヲ望ム」という印を勝手につけておいたので、まに受けたドワーフが十三人もやってきたのが、ことのはじまりである。行きがかり上、ビルボも、旅に同行することになる。もちろん、こんなことをやってのけたので、ガンダルフは旅に同行し、危険なときはその魔法で助けてくれる。

三人の巨人のトロルに食われそうになったときも、ガンダルフの知恵が一同を救ってくれた。その後も、ゴブリンに襲われたときとか、大変な危機が訪れると、ガンダルフが活躍してくれる。

トロルは恐ろしかったが、その後で会ったエルフたちはよかった。「エルフというのは、妖精小人のなかでいちばん楽しいひとたちで、ビルボはもともとエルフが好きでしたが」、ドワーフたちはエルフをよく思っていなくて、ドワーフの長のトーリンをはじめ一行は、エルフを馬鹿と思い、つき合うのは嫌だと思っていた。しかし、実際には、エルフたちは彼らを歓待してくれる。

ところで、ふしぎなことですが、まことによいことにであったり、まことにすてきな日々をすごしたというようなことは、話してもすぐにおわってしまいます。ほんとは気味が悪くてどきどきする、こわくてぞっとするようなことが、かえってお話としてはすばらしいのです。

というわけで、エルフたちの館での話は簡単にすまされ、また、次の恐ろしい冒険が語られる。

これはまったくそのとおりで、人間の想像力というのは「よいこと」よりも「悪いこと」に対する方が活性化される傾向をもっているのかも知れない。仏教の極楽と地獄の記述を読むと、極楽の方は単調なのに、地獄の方は種類も多いし、俄然豊かな記述になっている。

旅の途中で一行が会った、ふしぎな人としては、ビヨルンがいる。ビヨルンは正確に「人」かどうかわからないが、「力の強い黒髪の大男」である。しかし、「あのひとは、自分のからだの皮をとりかえるんじゃ。ばけるんじゃな。大きな黒クマになる時がある」とガンダルフは言う。ビヨルンは強くて素晴らしい人間だが、「よほどのことがないかぎり自分の家に、お客をよばないようにしていました」。そこへ一行が押しかけて大変なごちそうにまでなるのだが、それにはガンダルフの知恵がまた必要だった。その内容は省略するが、ビヨルンが「物語」が好きで、彼の喜ぶような物語をうまく一行が語りきかせることができたのが、歓待されるもとになったことは言っておきたい。ビヨルンは「わが家にたよりくる者どもがみな、かくもよい物語をきかせてくれるのであったら、かくべつのなさけをうけようものを」と言う。このあたりのせりふは、トールキン自身の気持を表わしているのかも知れない。

ビヨルンと別れた後、ガンダルフは他に重要な仕事があるので、と言って一行から離れていく。魔法使いがいつも傍にいてくれるとは限らない。魔法使いは世界全体のためにはたらいているし、全体の「均衡」のためには、いたりいなくなったりすることも必要なのであろう。ともかく、一行は心細い思いをしながらも危険を克服し、竜が宝を守っている山に到達する。この間に彼らの会ったいろいろな種族との接触によって、苦労を重ねながらも、彼らは成長し、ついに宝物に手のとどくところまで来た、と言うことができる。

## ゆきて帰りし物語

ビルボとドワーフたちは竜の洞窟――と言っても、もともとはドワーフたちの住家だったのだが――に到達し、いろいろなことがあった末に宝を手にして、ビルボもやっと家に帰れると思ったのに、なかなか事は簡単に運ばない。エルフの軍隊が来る。それに、ゴブリンたちもやってくる。その上、ドワーフたちは、一度黄金の宝物の山を見てしまうと、目がくらんで分別を失ってしまう。こんな状態になって、皆がもう少し冷静に考えればいいのに、なかなか話がうまく進まないのである。特に、ドワーフの長のトーリンが、それまでは相当に判断力もあったのに、宝物に目がくらむと、たちまちにして欲深くなって、ビルボが平和に事を収めようとしても、それに反対してしまう。

こんなのを読むと、現在における少数民族の争いのことなどを考えてしまう。誰もがもう少し冷静になってくれれば、と思うのだが、いったん、感情がこじれはじめるとどうしようもなくなってしまう。

小人たちも、激しい戦いをして多くの命を失い、ビルボも気を失ってしまったりするが、何とか解決がつく。ホビットは最後のところで、多くの宝物の分け前を辞退する。「いただかないほうが、わたしは心がかるくなります。いったいそれほどの宝ものをことごとく、道中戦いもなく殺しあいもなく、家へ持ち帰れるものでしょうか？」。彼は戦いや殺しあいに、あいそうをつかしたのだ。宝など大したことではないのだ。ビルボはガンダルフとともに長い旅をして、わが家へともどってきた。

その後何年かたって、ビルボは昔の記録を書きしるし、「ゆきて帰りし物語、あるホビットの休暇の記録」と名づけようと思った。

「ゆきて帰りし物語」というのは、まことに当を得た命名である。ビルボは行き、そして帰ってきたのだ。しかし、彼はそれによって何を得たのだろうか。彼は何の報酬も得なかった。ただ彼は「指輪」をもっていた。しかし、彼はそれをまったくの秘密にしておいた。

ビルボはあまり得たものがない上に、失ったものはあった。彼は死亡したと思われたので、家具が競売に出されてしまい、それを取り返すのにあんがいお金がかかったりしたし、「自慢の銀のさじの大部分」も消え失せていた。さらにビルボはもっと大切なものを失っていた。彼は村のなかで「まともな評判をなくしてしまいました。なるほど、そののちもずっと変わらずに、エルフの友でしたし、ドワーフ族や魔法使いの仲間や、この道を通ってゆく旅人たちからは、ふかい尊敬をうけましたけれども、もはやふるさとでは、ちゃんとしたひとではなかったのです。近所となりのホビットたちから「変なひと」といわれることになりました」。

とすると、ビルボは大変な苦労をしながら、結局のところ損害の方が大きかったのだろうか。彼はいったい何を得たのだろうか。実はビルボは大きいものを得た。それは彼の「ゆきて帰りし」旅の過程そのもの、そこでの体験が彼の得たものであった。それは何人も奪うことができないものだ。

ビルボとガンダルフが故郷に帰ってきたとき、ふとビルボは「ゆきて帰りし」旅を思って詩を口ずさむ。ガンダルフはまじまじとビルボをながめ、「あんたは、どこかえらく変わったなあ！　もうむかしのホビットじゃないわい！」と言った。知る人ぞ知る、である。多くの体験に支えられ、ビルボはその存在の重みを感じさせるホビットとなった。近所となりのホビットたちが、それを理解せず、「変なひと」と思ったりするのは、致し方のないことである。世の中には、それほど、ふたつよいことはないのである。

（1）ルイス・キャロル作、田中俊夫訳『ふしぎの国のアリス』岩波少年文庫、一九五五年。
（2）上野瞭『現代の児童文学』中公新書、一九七二年。
（3）市川浩『〈身〉の構造 身体論を超えて』講談社学術文庫、一九九三年。
（4）アストリッド・リンドグレーン作、大塚勇三訳『やかまし村の子どもたち』岩波世界児童文学集18、一九九三年。
（5）フィリップ・ターナー作、神宮輝夫訳『シェパートン大佐の時計』岩波世界児童文学集27、一九九三年。
（6）ルーシー・ボストン作、亀井俊介訳『グリーン・ノウの子どもたち』評論社、一九七二年。
（7）ルーシー・ボストン作、亀井俊介訳『グリーン・ノウのお客さま』評論社、一九六八年。
（8）「貧乏神」関敬吾編『一寸法師・さるかに合戦・浦島太郎――日本の昔語Ⅲ』岩波文庫、一九五七年。
（9）K・M・ブリッグズ作、山内玲子訳『妖精ディックのたたかい』岩波書店、一九八七年。
（10）J・R・R・トールキン作、瀬田貞二訳『ホビットの冒険』岩波書店、一九六五年。
（11）J・R・R・トールキン作、瀬田貞二・田中明子訳『新版 指輪物語』全七巻、評論社、一九九二年。

# 第5章　時のふしぎ

前章に論じたトールキン『ホビットの冒険』のなかの、ビルボとゴクリのなぞなぞ問答のなかで、ゴクリが次のように言うところがある。

どんなものでも、食べつくす、
鳥も、獣《けもの》も、木も草も。
鉄も、巌《いわお》も、かみくだき、
勇士を殺し、町をほろぼし、
高い山さえ、ちりとなす。

いったいそれは何か、というなぞである。ビルボは返答に窮する。「巨人や人くい鬼などの名を思いうかべ」たが、どれも当てはまらない。ビルボは答えられないとゴクリに食べられるので、必死になって「もっと時間をくれ、時間をくれ」というつもりで「時間だ」と叫ぶと、それが実は正しい答だった。

これは、時間の恐ろしさを端的に示しているなぞである。時の流れには誰も抗することができない。それはまったく情け容赦なく過ぎ去っていく。まさに「勇士を殺し、町をほろぼし」である。栄耀栄華を極めても、時の流れには勝てず、いつかはほろぼされる。時は立ち止ることがない。

時間は誰に対しても、何に対しても一様に流れていくと言えるが、人間の「体験する時」について考えると、それは実にさまざまの色合いを有している。同じ時間でも長く感じたり、短く感じたりするし、それには厚みや深さが感じられるときもある。あるいは、ある人にとって、ある一瞬の時が一生を左右する重大な意味をもつこともある。

児童文学には「時」を主題とした名作が数多くある。それらのなかにはすでに他で論じたものもあるが、特に重要と思われるのは、重復を避けずに取りあげることにして、順番にそれらについて論じることにしよう。

ただ、「時」に関する児童文学の名作と言えば、誰もが思いつくミヒャエル・エンデの『モモ』[1]はすでにわが国で百万部以上も売れ、あまりにもよく知られているし、すでに他に論じたこともあるので[2]、今回は割愛しておく。

## 1 時の流れ

時の流れということを実感させられる作品として、今江祥智『ぼんぼん 全一冊』[3]がある。ここに「全一冊」と称しているのは、今江が順次に発表した自伝的作品(と言ってももちろん「創作」であるが)の『ぼんぼん』、『兄貴』、『おれたちのおふくろ』、『牧歌』の四部作をまとめて一冊にしているからで、文字どおり時の重さを感じさせる書物である。これは今江祥智の幼児期から青年期までの体験に、彼の母親の生涯も合わせて語られるので、明治の終り頃から昭和の中頃までが描かれ、この四部作を完成するのに、今江は約二十年の歳月を要している。その間に、時はずっと流れてきているのだ。

## 星座も変る

『ぼんぼん』の第一章は実に印象的である。これはこの四部作の冒頭を飾るのに、まことにふさわしい出だしである。主人公の洋は兄の洋次郎と、その頃「最新式」と宣伝されたプラネタリウムを見に行く。洋は小学四年生、洋次郎は中学一年生である。洋はある程度は星のことを知っている。「北斗七星さえ見つけたら北極星はすぐに見つけられるし、北極星さえ見つけたら方向がわかる、こらゼッタイや」というわけである。

ところが、プラネタリウムの解説者は思いがけないことを言い出した。北斗七星のひしゃくの形がいつか崩れるという。そして、そのようすをお目にかけましょう、と言って、十万年後には、ひしゃくの形がすっかり変形するところを見せてくれる。その上、北極星まで変るというのである。「いまの北極星は、地球が自転している軸の方向にたまたま見えるから天の北極にあり、北を指すのですが、一万三千年前は織女星が北極星でした」という。

二人の兄弟はびっくりしてしまう。「その日、兄弟の頭のなかで、〝ゼッタイに変らぬはずのもの〟がひとつ、静かに崩れたのだった」。

これは実に象徴的な話だ。「ゼッタイに変らぬはずのもの」も変る。天に輝いている星座が変る。不動の一点と思っていた北極星も変る。時の流れの凄さを洋と洋次郎という二人の少年は、昭和十六年五月二十九日、に実感したのだ。そして、そのことはただちに彼らの人生のなかの出来事として生じてくる。

その日に父親が足をすべらせて倒れ、石垣で頭を打った。はじめは大したことないと思ったのだが、三週間後に亡くなった。これは小学生の洋にとって大変な衝撃であった。「北斗七星がゆっくりと崩れ始め」たのだ。

その年の十二月に第二次世界大戦がはじまった。はじめのうちこそ調子がよかったが、すぐに戦いは不利になり、物がなくなっていった。洋の住む町大阪は商業の町であり、お金に不自由しない家で洋は幸福な生活をしていたのに、父親は死ぬ、そしてものはなくなるという状態になり、最後は空襲によって家まで焼けてしまう。親類の家に泊らせてもらい、洋次郎と洋の兄弟は二階の物干し台に出て夜空を見上げた。曇り空で星は見えなかったが、「あの雲のむこうに北斗七星は光ってはんのゝやろか」と洋は言い、兄弟は同じことを思い出していた。

何年か前、電気科学館で聞いた解説で、十万年後には北斗七星もそのかたちが崩れる……というやつだった。この数年のうちに、父の突然の死に始まって、兄弟にとって絶対に動かず変らぬはずのことが、いくつも変ってしまった。そしていま、家まで失《の》うなってしもて——。

星座は星があつまってひとつのまとまりをつくっている。それは不変のように見えるが、時の流れと共に思いがけぬ変化をする。もっともそれには十万年もの時を要するが。一人の人間も、その存在を支える星座《コンステレーション》をもっている。父や母や家族ばかりでなく、あんがい氏神様の神社とか、庭にある一本の木とか、いろいろな人やものが、一人の人のまわりに存在してうまく支えてくれている。しかし、それは変化する。時の流れとともに、『ぼんぼん』の洋は、星座の十万年の変化に相当するほどの変化を、数年のうちに経験したのだ。

## 昔と今

『ぼんぼん』四部作を読んでいると、感慨深く立ち止まらざるをえないところがある。と言うのは、私もほとんど同時代を生きてきているので、記述されている事柄のひとつひとつに自分自身の時の流れを感じさせられるからである。それに、『おれたちのおふくろ』に語られる洋の母の生涯は、また私自身の母と同時代のことで、私の母から聞いたいろいろなエピソードなども思い出されてきて、ますます感慨は深まる。

『おれたちのおふくろ』には、各章の終りごとに、その年の主だった出来事が記載されているので、時の流れによってどのような変化が生じたかを実感することができる。

洋の生まれた昭和七年の記載をそのまま、ここに紹介してみる。

昭和七年(一九三二)

＊三月一日——満洲国、建国宣言を発表。＊警視庁に特別高等警察部設置を公布。＊西方力士天龍ら三十二人、相撲協会を脱退。＊俳優チャップリン来日。＊千田是也ら東京演劇集団を結成、第一回公演ブレヒト『三文オペラ』。＊諏訪根自子(十二歳)バイオリン独奏会。＊第十回オリンピック開催(ロスアンゼルス)。＊「影を慕いて」「涙の渡り鳥」流行。＊『人生案内』(ソ)、『自由を我等に』(仏)、『三文オペラ』(独)等封切。＊ジュール・ロマン『善意の人々』、オストロフスキー『鋼鉄はいかに鍛えられたか』刊。＊レコード一枚一円二十銭。家賃(東京一戸建)十二円。牛乳一本七銭。花嫁ふとん(四枚組)百円。

これを読んで懐かしい想いをする人もあろうし、知らないことばかりという若い人もあろう。これ以後、すでに述べたように戦争、敗戦と続き、生活は一変した。昭和二十年のまったくのどん底から、少しずつ這い上ってきて、昭和四十年となれば、人々の生き方にも相当な落ちつきが出てきた。洋のおふくろさんは昭和四十二年に亡くなった。その年の記載を同じように引用してみる。

昭和四十二年(一九六七)

＊第三十一回総選挙—自民二七七、社会一四〇、民社三〇、公明二五、共産五、無所属九。＊佐藤首相(の

ちにノーベル平和賞受賞）アメリカの北ベトナム爆撃を支持とワシントンと共同声明。＊イタイイタイ病、阿賀野川水銀中毒の原因は工場廃水と判明。公害がひろがる。＊西日本に豪雨。死者行方不明三七一人。＊首相声明に抗議したエスペランチスト、由比忠之進さんが、官邸前で焼身自殺。＊アングラ流行。＊「帰ってきたヨッパライ」「世界は二人のために」「ブルー・シャトー」流行。＊山本周五郎が亡くなる（六三歳）。吉田茂が亡くなる（八九歳）。＊わが国の映画製作数四一一本。観客数三億三千四百万人。＊高見山が外人として初の十両昇進。＊理髪料金四百二十円。砂糖（一キロ）百二十五円。映画館入場料五百円。コーヒー八十円、自転車二万四千円、総理大臣の給料五十五万円、蚊帳（六畳用）五千円、醤油（二リットル）二百八円二十一銭。小学校教員初任給二万一千九百円。ラムネ一本十五円。

こうして比較してみると、時の流れが実感されるであろう。これは「おふくろさん」が洋を生んだときと、彼女の死亡するときの比較だが、これを彼女の生まれたときと比較するならば、その変化はさらに大きい。一人の人間が「生きる」ということ、その軌跡ということ、それが『ぼんぼん』を読んでいると、ひしひしと感じられる。その間、時はずっと流れ続けているのだ。

## 凝縮する「時」

『おれたちのおふくろ』は、高知に住む兄の洋次郎から「おふくろ危篤」の報せを受けて、洋が高知へ旅立とうとするところから書き起こされている。高知行の飛行機が満席で、なかなか行けない。そのとき病室で横たわっていた母親は、洋を待ちながら、過去への追憶のなかに残されたわずかの時を生きていた。

前項で、洋の体験した数年のことは、星座の世界の十万年に匹敵するほどであると述べた。しかし、これとは逆に、長年の体験も一瞬へと凝縮することもある、と言えるのではなかろうか。このことが時の流れの不思議さである。

洋は母危篤と知りながら飛行機に乗れず、待たされる。そして、やっと席がとれ高知に飛び病室に駆けつける。その間の回想として、「おれたちのおふくろ」正子の生涯が語られるのは、時の凝縮ということを感じさせる手法である。明治時代にその頃珍しかった「ロウン・テニス」をした、正子の青春。そして、その後に結婚して、子どもたちを育て、夫の死後、戦中・戦後を乗り切っていく。その一人の女性の物語については、原作にゆずろう。

ひとつだけ取りあげたいのは、正子が死の床にあって、洋の誕生を回想しているところである。洋は相当な難産の末に生まれた。しかし、すぐには泣かなかった。正子は産声を待った。「泣いとくれやす。泣いて、産声をあげて、ちゃんと挨拶しとくれやす……」「ぎゅっ。ぎゅっ。」泣き声というより蛙を押しつぶしたような声が聞こえた。それでもよかった。「いい声。なんていい声。ほんまに、ええ声やわ……」正子は微笑した。

一人の女性がこの世を去ろうとするとき、そのイメージの世界では、一人の子がこの世にやってこようとしている。いや、やってきてくれた。実は今、その子は飛行機のなかで親の死に目に会えるか、とやきもきしているのだ。

洋は正子の死に立ち合えなかった。少しのことで間に合わなかった。洋は母親の遺体を見守っているとき、母の死顔が「旅」をするのを見た。

母親の死顔は母自身の母親にはじまり、肉親のいろいろな人の顔をたどる「旅」をした。

それからふしぎなことに、おふくろさんの顔が若返った。かあさん――と呼んでいたころの顔にもどり、おかあちゃんと呼んでいたころにもどり——さらに、洋の知らないだれか——娘さんの顔になり、女の子の顔になった。洋はまるで百面相でも見るように、息をつめて、この最後の「劇」に見入っていた。

長い生涯のドラマは、この一瞬に凝縮されたのではなかろうか。私は医学的に「死」と判断されたからと言って、人がすぐに「もの」になったとは考え難いと思っている。いのちというのはそれほど簡単に判断できるものではない。医学というのは、人間の「身体」について知る極めて有効な方法であることは認めているが、それによって人間存在全体が把握できるとは言えないだろう、と思っている。正子の死後の旅の体験は、洋にとってはもちろん、正子本人にとっても意味あることだったのではなかろうか。

## 新しい出発

話を『ぼんぼん』の方に戻そう。洋は空襲で焼け出されて和歌山の方に引越をする。そこで終戦を迎え、夢中のうちに二年間が経過した。やっと落ちついてきたところで、ある日、洋は兄と共に京都の町へ遊びに来た。洋次郎の目的は共産党の講演会に行くことにあるし、洋の目的は、かつて例のプラネタリウムのときに会って、淡い恋心を抱いた島恵津子を訪ねてみることだった。
恵津ちゃんの家は一度来たことがあったので、覚えている道をたどった。京都は焼けていなかったので、すべては「昔どおりに、ちゃんとあった」。しかし、
留守だった。
何かに追われるように、洋はそこから立ち去った。恵津ちゃんとこは家がある、何もかも残って、昔のままや。そやけど、ぼくとこは何もかもが失《の》うなってしもて——昔は死んでしもたンや……。

洋は歩き続けているうちに、四条通りに出た。そこには何か巨大なものが立っていた。祇園祭の鉾が復活したのだった。

シャンチキションション

チャンシキチョン

おはやしは明るくにぎやかで、夏の日と暑さによく似合った。洋は近づくにつれて見上げていかねばならない鉾をじっと見すえながら、

(ここでは何も変らへんな。そやけどうちはみな変った、変った、変ってしもた……)

と、心のすみっこで呪文のようにつぶやいていた。

このようにして『ぼんぼん』の物語は終りを迎えるが、これはまた見事な新しい出発を描いている。洋はあまりにも急激な変化——十万年ほどに感じられる——を体験し、「昔は死んでしもたんや」とさえ感じている。しかし、彼の見ているものは、ちょっとやそっとで変ることのない、祇園の祭の光景である。洋は心の奥底で、そこに「不易」なものの存在を感じていたに違いない。そして、それは彼に恵津ちゃんに会う期待ははずれたにしろ、新しい出発をうながす役割を果したものと思われる。

時の流れのなかに、変ることのないいのちの流れのようなことを実感する。このことが洋の出発を支えたのであろう。これによって、彼は、天皇制とかキョーサントーとか、当時は「絶対的」な装いをもって見えたものにしがみつくことなく、自分なりの自信をもって、自分の道を歩むことになった。

『ぼんぼん』の四部作の最後『牧歌』において、洋が「裏切り」をバネに新しい出発をするところも興味深いが、これはすでに他に論じたし(4)、「時間」というテーマからはそれるので、ここでは割愛する。

## 2　時の循環

時間は立ち止ることなく、どんどん流れてゆく。それは川の流れのようだ。川は同じだが、そこを流れる水はどんどんと過ぎ去り、常に新しい水がやってくる。しかし、実のところは、流れた水が帰ってくることがある。海に入り蒸発して雲になり、山間部において雨になり、同じ川に流れこんでくることは、ありうるだろう。水は循環している。

これと同様に、時にも循環があるようにも思える。それはどんどんと過ぎ去り、二度と帰ってくることがないのではなく、川のなかの一滴の水滴のように、同じ質の時間が何年かたった後で、循環してそっと訪れてくる。このようなことを感じさせることがある。時間を一様に直線的に流れると思うようになったのは、西洋近代においてであって、それまでは循環する時間、という感覚は世界中のどこにもあった。時間を循環するものとして捉えることは、われわれの生活を豊かにするのに役立ってくれる。

循環する時間感覚を語る作品として、エリナー・ファージョン『ムギと王さま』(5)を取りあげる。作者のまえがきによると、彼女が子どもの頃に住んでいた家には、「本の小部屋」という部屋があった。その部屋には、いろいろな種類の本が積みあげられていた。そこに入りこんで、ファージョンは本を手当り次第に読んだ。

床にうずくまるとか、本棚によりかかるとかして、からだはきゅうくつながら、心は夢中で読みふけるとき、わたくしの鼻にはほこりがつまり、目はいたくなりました。けれども、事実よりもふしぎに思える世界にさまよいこんだ——あるいはまた、事実のほうが、しばしば空想よりもはるかにふしぎな国へ探険の旅に出かけた——わたくしは、そこからぬけでてはじめて、きゅうくつな姿勢や、むっとする空気に気がつくのでした。

この「本の小部屋」のなかで、ファージョンは何度もふしぎな時間体験をしたのに違いない。時間が長くなったり、短くなったり、交錯したり、循環したり。そして、その体験のなかからファージョンは多くの名作を生み出したのだ。この「本の小部屋」(The Little Bookroom)は、『ムギと王さま』の原題である。ファージョンがいかに小部屋の体験を、自分の創作の源泉として認識していたかを、この事実は示している。

## ムギと王さま

『ムギと王さま』は短篇集であり、その冒頭にあるのが「ムギと王さま」という作品である。それについて考えてみよう。

ある村に校長先生の息子がいた。父親の望みで子どもはやたらと読書したが、あるときから畑に坐ってニカニカ笑うだけで、めったに口をきかなくなってしまった。ただ何かの拍子でしゃべり出すと、とめどなく話すのだった。村人たちは彼を「お人よしのウィリー」と呼んだ。父親の校長先生はその名を嫌っていたが、村人たちはむしろ、その子をいとしがってそんな名をつけたのだ。

ある日、「わたし」が四分の三ほど刈りとられた麦畑に寝ころんでいると、ウィリーが急に話しかけてきた。

ぼくが、エジプトにいて、まだ小さかったころ、ぼくは、おとうさんのムギ

「お人よしのウィリー」(エドワード・アーディゾーニ画『ムギと王さま』岩波書店)

をまいた。（中略）まい年、畑がムギで金色になると、ぼくは思った。ぼくのおとうさんは、エジプトじゅうで一ばんのお金持ちだと。

そこへエジプトの王様がきて話しかけた。ぼくのお父さんは「エジプトで一ばんの金持ちです」というと、王様は怒り出す。それでも、ぼくが言い返すと、「王は、ムギよりも金色に輝いておる！」と叫び、とうとう家来に命令して、そのムギ畑を焼いてしまった。親子は悲嘆にくれたが、ぼくは手のなかに半分のムギの穂をもっていたことに気づいた。ぼくはそれをまき、つぎの年、十本のムギの穂が育った。その夏に王が死んだ。王の死体を葬るとき、ぼくは例のムギの穂を、王のために集められたムギの束にさしこんだ。それは王とともに埋められた。

お人よしのウィリーの話はまだ続いた。何千年もたって、去年、イギリス人が王の墓を見つけて掘り出すと「ほかの宝ものと一しょに、ぼくのムギもあったんだ。金色の道具類は、日の光にあたると、もろもろとくずれた。だが、ぼくのムギは、ちがった」。生きていたのだ。そして、そのムギの一粒をウィリーはこの畑に植え、それが今、刈り残ったなかにあると言う。

そして、すぐ、ウィリーは、一つの穂を指さしました。それは、ほかのどの穂よりも高く、どの穂よりも輝いていました。

これを見て、ウィリーはにっこりして言う。「エジプトの王さまとムギと、どっちが金色だ?」

こんな話を聞いて、うそもいい加減にしろと思う人は、エジプトの王さまの方がムギよりも黄金色に輝いている、と思う人である。そのような人にとって、時間はただ直線的に流れ、その人の死後は何も残らない。

サン・フェアリー・アン

『ムギと王さま』に収められている「サン・フェアリー・アン」も、時の循環を感じさせる傑作である。主人公はキャシー・グッドマンという「問題児」の女の子である。この子は四年前に疎開してきてバイニング夫人にあずけられていらい、ずっとしかめっ面をしていた。「人とまじりあうことができないのです。やってみようともしないのです」。

「問題児」とは、子どもが大人に対して提出する問題を、大人が解かないでいる子である、というのが私の定義であるが、この場合もまさにそのとおりであった。キャシーには非常に大切にしている「サン・フェアリー・アン」という名の人形があった。「サン・フェアリー・アンは、キャシーの全世界でした」。彼女はこれを母親からもらったのだが、彼女は両親を失って、このバイニング夫人のいる村に疎開してきたのだ。はじめて来た日、いたずらっ子のジョニーにサン・フェアリー・アンの服をひっぱられ、怒ってジョニーを突きとばしているところを村の人に見られ、どうも「むずかしい子」だと思われた。その上、夕方になって、ジョニーがサン・フェアリー・アンを彼女から取りあげ、村の池のまん中に投げこんだので、キャシーがなぐりかかっているところへ村人がきて、ますます変な子と思われるようになった。キャシーはそれ以来、誰に対しても、ふくれっ面をするようになった。

ところで、七月のある日、医者のレイン先生のフランス人の奥さんと、小学校の女教師バーンズ先生は、皆があまり何やかやを池に投げこむので、底ざらえをすることを決心する。二人の女性は陽気に底ざらえをし、村人も見物する。いろんなものが出てきたが、キャシーの期待に反して、サン・フェアリー・アンは出て来なかった。

レイン先生の奥さんはちょうど、人形の上に立って池をかきまわしていたのだ。

悲しんだキャシーは夜中の十二時に、そっと池に行き底をさらう。その音を聞きつけたレイン先生の奥さんも手助けをして、とうとう人形が見つかった。そのときのことだ。

キャシーは、うれしくてまっかになり、金きり声でさけびました。

「サン・フェアリー・アン!」

けれども、おくさんは、まっさおになって、

「セレスティーン!」といいました。

どうしてこんなことになったのか、二人ともわからなかったが話し合っているうちに、その人形の長い歴史が明らかになった。その人形はすでに八十歳くらいになり、もともとはフランス生まれで、セレスティーンというお嬢さんが自分と同じ名をつけて大切にしていたものだった。その人は大人になると自分の娘——その子もセレスティーンという——に人形のセレスティーンをゆずり、代々そのようにして人形はだいじにされてきた。ところが、何代目かのセレスティーンであるレイン先生の奥さんが少女のころ、第一次世界大戦ちゅうに、逃げる際に落としてしまった。

フランスにきていたイギリス軍の一人がそれを拾い、娘へのみやげに持ち帰り、サン・フェアリー・アンと名づけた(名前の由来も面白いが省略する)。その娘も結婚し、人形を引きついだ娘がキャシーだったというわけである。

この人形は何代かにわたるセレスティーンの時を循環して生きていた。そして、最後のところで、イギリスの時とフランスの時とを結び合わせることもした。問題児キャシーの投げかけた「問題」は人形を媒介として、フ

ランスの女性によって解かれた。ここで、レイン先生の奥さんとキャシーが深いたましいのまじわりを感じ、それ以後は一緒に暮らすことになったのも当然と言えるだろう。

この作品のなかで、私の心に残ったのは、「サン・フェアリー・アンは、キャシーの全世界でした」という一文である。人々は、キャシーが人形を持っている、と考える。したがって、そんな人形はいつでも何かと取りかえられる、と思っている。しかし、そうではない。人形は全世界で、つまり、人形がキャシーを包みこんでいるのだ。人形はキャシーのたましいの顕現であり、それ故に、それはキャシーにとって一番大切なものであるとともに、レイン夫人にとっても一番大切なものでありうる。この難しいことを実感し受けいれることによって、人は深く他人と世界を共有できるようになるのだ。

## 桃次郎

次は一転して日本の作品を見ることにしよう。阪田寛夫『桃次郎』[6]も短篇集であるが、そのなかに時間の循環を感じさせる名作が収められている。そのなかから、「桃次郎」と「パラパラおちる雨よ」の二作を取りあげる。「野原の声」も時間の交錯を感じさせる傑作であるが、すでに他で論じたので[7]、ここでは割愛する。

日本人で桃太郎のことを知らない人はないだろう。「気はやさしくて力持ち」で鬼退治に行く。特に、戦争前に子どもだった人は、桃太郎が強い軍人の理想像のようにして押しつけられ、桃太郎の歌をうたったり踊ったり、劇をしたり、とやらされたものである。

阪田さんにも、おそらくそのような「子どもの時」がかえってきたのだろう。

ももから生まれた桃太郎

気はやさしくて力もち

と歌っているうちに、現代の阪田さんの「時」も重なって動きはじめた。そうすると、阪田さんは「桃太郎がいるのなら、弟の桃次郎もいるに違いない」と確信した。しかし、ほんとうは桃次郎がどんな人なのかまったくわからない。何もわからないのに「桃次郎がいる」と確信するところが、作家のすごいところである。そこで、「夏休みのうちに桃次郎の話を書きます」などと阪田さんは約束してしまう。自分の知っていることを書くのは普通のことだが、自分の知らないことを確信をもって書くから創作というのかも知れない。

阪田さんは何の手がかりもないので、ふと思いついて岡山まで行き、駅のきびだんごの売店で、やさしそうなおねえさんに「桃次郎のことを教わりにきたのですが」と声をかける。おねえさんは長いかみの毛をかき上げながら、倉敷へ行くようにと言う。

倉敷ではふしぎな女の子に出会う。ゆかたを着た女の子がまつぼっくりをもっていて、それを天気予報に使うと言う。「あたるかね」と言うと、女の子はいきなりその実を阪田さんの目の上にぶちあて、「あたったでしょう。ね、ね、」と喜ぶ。ここから阪田さんの体験する時間は、循環や交錯の性格を帯びてくるのだ。

詳しくは原作を見てお楽しみいただきたいが、阪田さんが昔、小学校でぼんおどりのとき踊った桃太郎の時間がかえってきて、しかもそれは阪田さんの現在の桃次郎への関心と交錯して、知らぬ間に「桃次郎」の歌に変ってしまう。ゆかたを着た多くの人が三列縦隊になって、「よいやさ　きたさ」と踊りながらやってくる。それが桃太郎の歌と思っていたら、何と途中から変って桃次郎の歌になっていく。

兄きに　似てない　桃次郎

よわむし　寒がり

ひねくれや
よいやさ　きたさ

大きくなったが　桃次郎
鬼にうなされ
しっこたれ
よいやさ　きたさ

という調子なのである。それに、きびだんご売りのおねえさんまで現われて、阪田さんは混乱し、石段から落ちて頭を打ち、病院のベッドの上で意識を回復する。

阪田さんは、さっきの歌を小学校で踊ったことを思い出す。そしてその校長先生が、「第一に力ある人　第二に力ある人　第三に力ある人」と強調するほどの人だったことも思い出す。「そんな小学校を出たくせに、わたしはいまでも臆病だ」と阪田さんは反省し、「なんとか勇気ある男になれはしないかとねがっている」と結んでいる。

阪田寛夫さんが勇気ある人であることは、桃次郎の存在を確信をもって公表したことによく示されている。私も臆病者なので、尊敬する阪田さんの真似をしようと思い、わざわざ岡山へ行き、売店のおねえさんに、「桃次郎のことを教わりにきたのですが」と言ってみた。昔話にもよくあるように、やはり人真似をするのはよくなくて、その結果、大変な大失敗をしてしまった。このことは『ウソツキクラブ短信』(8)に報告されているが、真偽のほどが不明なので、ここでは触れない。

## パラパラおちる雨

もうひとつ短篇「パラパラおちる雨よ」を紹介する。あるところに一人の老人がいる。「この老人は、七十歳を二つ三つ過ぎた頃から、あまり物を言わなくなった。話をしようと思っても、言葉がうまく出てこないから、相手の人がいらいらしてしまう」。相手というのは老人の奥さんだが、この人はまだまだ元気一杯である。老人が「おばあちゃん、あれはどこかなあ」などと言うと、「この家には、アレなんてものは、ありませんよッ」と、ぴしゃりと言い返すほどである。

ある日、老人は禁止を無視して一人で二階へ上がり、孫の勉強机の引出しをあける。

両そでにひきだしのついた木製の古い書き物机は、男の子がもらう前は、老人の長女のものだった。だがそのまたずっと昔は、老人の亡くなった父親が、社長をしていた自分の会社の事務室で使っていた。父親が亡くなって、老人が二代目の社長をついだ時、新しい社長室にスチール製の大きな机を入れて、木製の古机は記念に家に引き取ったのだった。

ここにも、人形のサン・フェアリー・アンのように、時の循環をアレンジする重要な「もの」が登場する。人間はこのようなものを持っているかどうかによって、その生活がずいぶんと異なるものになるだろう。

老人は引出しのなかにハモニカを見つけて吹いてみた。孫が真似して吹いてみると、かすかな、蚊が飛んでいるほどの音がした。「それでも孫は、まるい目をみはって息をのんでいる。その目と、目が合って、老人は久しぶりに「はー」と声を立てて笑った。孫も笑って、もう一度蚊の音を鳴らした」。

こうして二人がひみつの笑いを交換しあった時、老人も、かすかなかすかな蚊の音ほどに、今いい思い出が近よってくるのが分った。
時の循環がはじまったのだ。老人は昔を思い出し、つっかえながら曲を吹いた。
　パラ　パラ　おちる
雨よ　雨よ
パラ　パラ　パラと
なぜ　おちる
この曲を階下で聞いた、気の強いおばあさんは、目をうるませていた。
その晩、子どもたちとおじいちゃんを寝かしつけた後で、おばあちゃんは娘とその夫とに、初めて、自分が女学生の頃、おじいちゃんは中学生で、日曜学校でハモニカバンドをやっていたなどという思い出話をした。おばあちゃんの心も「パラパラおちる雨よ」で、うるおいができたのだろうか。
老人の眠っている隣りのベッドにおばあちゃんは横になり、眼尻の涙を指先でふいて、歌の続きを考えてみた。
　かわいた土を
やわらかにして
きれいな花を
咲かすため
老人のほうは夢の中で、松の木に登っていた。その下の道を、まだ若い自分の父親が、会社へ出かけて行く。そしてその父親に手を振っている少年は、「孫の男の子そっくり」だった。
ここにも見事な時の循環がある。このような体験をした、おじいちゃんとおばあちゃんは、安らかに死を迎えることができるのではないだろうか。

## 3 時の到来

先に紹介した「パラパラおちる雨よ」のなかで、老人がハモニカを鳴らし、孫も真似をしてかすかな音をたてたとき、二人の目と目が合い、老人は久しぶりに笑う。「こうして二人がひみつの笑いを交換しあった時、老人も、かすかなかすかな蚊の音ほどに、今いい思い出が近よってくるのが分った」。(傍点引用者)

この一瞬の笑いの交換の「時」というのは実に重要である。ここから、老人と孫だけではなく家族中の心が開かれてくるし、「きれいな花を咲かすため」の雨が、この家に降ってくることになる。このような大切な「時」が、誰の人生にもある。時にはそれが人生の方向を決定することにもなる。そのような「時」はこちらが求めて得られるのではなく、どこからかやってくる、という感じがすることもある。ずっと待っていて、時が熟してくると、どこからかその「時」が到来する。しかし、せっかくのその到来を気づかずにいたり、受けとめる力のないときは、それは無意味に終ってしまう。

### 通過儀礼

人間はその生涯のなかで、非常に重要な「時」の経験をする。子どもが大人になる時、娘が妻になる時、こちらの世界からあちらの世界に入る時、などなど、いろいろとある。これはその人によって個人差があり、いつどのように体験するかは、簡単に言うことができない。そして、これほど重要でないにしても、小学校の入学とか、就職とか、いろいろな「節目」があるのも事実である。それらの節目をどのように自覚的に通過していったかによって、その人の人生も変化してくる。

近代社会になるまでは、ほとんどすべての社会において、「通過儀礼《イニシエーション・ライト》」というのが大切な役割をもっていた。子どもが大人になるというとき、それぞれがばらばらになるのではなく、一括して、たとえば十五歳の男子は、ある日にその社会のもつ「通過儀礼」を経験することによって大人になる。つまり、成人式をすませる。ただ、成人式と言っても現在行われているような甘いものではなく、文字どおり命をかけるほどの厳しさがある。その一端は、次に紹介するローズマリ・サトクリフ作『太陽の戦士』[9]のなかに見ることができるであろう。

非近代社会のイニシエーションを研究した宗教学者のエリアーデは、「イニシェーションという語のいちばんひろい意味は、一個の儀礼と口頭教育群をあらわすが、その目的は、加入させる人間の宗教的・社会的地位を決定的に変更することである。哲学的に言うなら、イニシェーションは実存条件の根本的変革というにひとしい」と述べている[10]。つまり、それを経過することによって、その人は今までとは別人になる体験が必要である。そして、これは象徴的には「死と再生」として体験されることが多い。大人になるとは、それまでの子どもが死んで、大人として生まれ変ることである。

近代社会になると、このようなイニシエーションの儀式は無くなってしまった。このことは、現代社会で「大人になる」ということが困難であることの要因のひとつとなっている。いつまでたっても子どものままの人がいる。では、イニシエーションの儀式はなぜ無くなったのか、現代人はどうすればいいのかということになるが、それはすでに『大人になることのむずかしさ』[11]という本に詳しく論じたので、ここでは繰り返さない。ただ一点だけ強調したいことは、制度としてのイニシエーションは無くなったが、個人としてのイニシエーションは大切であり、個々人が個別的にそれを体験している、ということである。そして、そのような個人的なイニシエーション、つまり、個人にとって決定的な「時」の到来ということは、児童文学の多くの作品に描かれている、と言っていいだろう。そのような観点から見ることのできる作品を次に取りあげることにしよう。

## 大人になる

ローズマリ・サトクリフ作『太陽の戦士』は、そのものズバリ、太古の時代のイニシエーションの物語である。これは青銅器時代、「キリスト降誕前九百年ごろ、こんにちのイングランドの丘陵地帯に部族の人たちといっしょに住んでいたドレムという少年」が、いかにして大人に、つまり、一人前の戦士になるかについて語っている。これを読んで、一人の少年が「大人になる」ことが、どれほど大変で、命がけのことであるかを実感してほしい。現代人は大人になることを、あまりに安易に考えすぎている。今も大変なことであるのは、青銅器時代とあまり変りはないのだが。

ドレムは九歳の少年である。彼はそのうち一人前の戦士になることを夢見ている。しかし、それには相当な試練を克服しなくてはならない。ドレムの母は機《はた》で織物をしている。

母親の手にしている杼《ひ》には赤い毛糸がついている。それは燃えるような戦士の緋色で、勇気をあらわす色だった。女はこの色を身につけることはできないし、ドレムの部族につかわれている混血の人たちにもゆるされてはいなかった。これは支配者の男たちの色なのだ。いつかわかものの家の試験がすみ、一対一でオオカミを殺すことができたら、そして一人前の男になって部族の戦士になり、祖父の楯がつかえるようになったら、母親は緋色の糸をドレムのために機にかけてくれるのだ。

一人前の戦士になるためには、「わかものの家の試験がすみ、一対一でオオカミを殺すことができ」ねばならない。オオカミとの対決はもちろん命がけである。ドレムはその日のことを夢見ている。しかし、ドレムの右腕は普通でなかった。「それは左腕より細かった。そしてどことなくもろい感じがして、うっかりすると枯れ枝のようにぽきんと折れそうに見えた」。そこで、勇者として名高いドレムの祖父は、ドレムを戦士にすることを、まったくあきらめていた。

ドレムはあきらめなかった。家出をして片腕の戦士タロアに槍の使い方を習った。このような努力の甲斐があって、ドレムは「わかものの家」に入ることになる。「十二歳の春から十五歳の春を迎えるまで、部族の少年たちはここで生活し、族長のひざもとで成長するのだ」。

オオカミと戦うドレム(チャールズ・キーピング画『太陽の戦士』岩波世界児童文学集)

ここで少年たちは槍、楯と刀の使い方、それに弓も習い、猟犬や馬のあつかい方も習得する。そして、先輩の狩人とともに行動して、「いっしょに寒さや飢えをがまんし、ひるまずに苦しみに耐えることを学んだ」。このような修練も、結局は大切な「その時」に備えてのことなのである。つまり、一対一でオオカミを倒し、立派な一人前の戦士になるためである。

この間に、ドレムはいろいろと苦労する。「やあい、片手のドレム！」と同輩のルガは叫ぶ。「片手のドレムは槍と楯をいっしょにゃもてない。それじゃ戦士でも半人前じゃないか――半人前じゃ一人前の男の仲間入りはできないぞ」。どの世界にもいじわるやいじめをする人間はいる。他の少年たちもルガに同調し、ドレムのまわりにむらがり、ドレムを押しながら、「やあい、やあい、片手のドレム」とはやしたてた。

ドレムは勝つ見込みなどまったくないのに「一本腕だってなぐれることをみせてやる!」とルガに一発喰らわせた。ルガも他の少年もドレムにかかってきた。ところが、族長の息子ボトリックスが思いがけず、ドレムに加勢してくれた。

ドレムはじぶんが戦っているのは、部族のなかに、じぶんの場所を得るためだということを知っていた。この戦いにはドレムの一生がかかっている——生きるにふさわしい人生になるかどうかの分れ目なのだ。ドレムは反抗の声をあげながら、あらあらしく、むやみやたらにこぶしをふりまわした。

少年たちの大乱闘の最中に族長があらわれ、指導者によって、けんかは制止された。族長は「いったい、どうしてこんなにすごくやりあったのだ?」とたずねた。一瞬の沈黙の後に、ドレムは「おれたち、戦士になる練習をしてたんです」と言った。これを聞くと族長は大笑いをし、すべては収まった。そして、ドレムとボトリックスは深い友情で結ばれることになった。

少年が大人になる「時」を迎えるまでに、いろいろな「時」の積み重ねを必要とする。そのなかには、ここに記したような手荒い「練習」も必要なのだ。

「手荒な練習」はその後も形を変えて続けられる。しかし、そのなかでは、ドレムとルガの間に一瞬ながら心が通い合うようなときもある。少年の友情は多彩ないろどりをそえながらつくりあげられていく。

ドレムは一番大切な「時」を逸する。ドレムの相手のオオカミは特別に強く、彼はもう少しで殺されるところだったが、ボトリックスによって救われる。ドレムはこのことによって戦士になるのを失敗したが、この特別に強いオオカミをその後に倒し、めでたく戦士として迎えられる。このあたりの劇的な展開については省略しておこう。作品としての劇的盛上りのために、このような筋書きは必要だったろうし、今日的視点から見ればよく了解できるが、おそらく青銅器の時代だったら、ドレムが失敗した時点で、ドレムは殺されたかも知れない。それほど、その「時」というものは重く、やり直しはきかなかったのではないかと思われる。それはそれとして、この作品は「大人になる時」の到来の意味を深く感じさせるものである。

## 女性の「時」

非近代社会においては、イニシエーションの儀礼が極めて重要である。しかし、男子のためのイニシエーション儀礼はあっても、女子のための儀礼は存在しないところもある。これはなぜだろうか。それは、男子の場合はわざわざ手のこんだ儀礼を行わないと「大人になる」ことが自覚できないが、女子の場合は初潮を迎えることによって、自然の時に基づいて、「大人になる」からである。女性の場合は、それぞれが個人的に「その時」を迎える。男子の場合はそのような体験がないので、わざわざ儀礼を行い、一括して「大人になる」わけである。

だからと言って、女性の場合は簡単などということはない。その内界に生起していることに目を向けると、すでに紹介した男性のイニシエーションにおける命を賭けたドラマと等価のことが生じているのがわかる。必ず来るのだが、いつ来るのかわからない、自分の意志と関係なく到来する「時」を待つこと、そしてそれを受けいれることは、相当な体験である。この時期に精神を病む少女たちが生じるのも当然のことである。

女子のイニシエーションとしての内界のドラマは、アリスン・アトリー『時の旅人』(12)に見事に描き出されている。主人公の少女ペネロピーは病弱な子で、そのためにロンドンから母方の大伯母ティッシーの住むサッカーズ農場に転地療養に来る。大伯母の古い家ですごすうちに、三百年も以前にタイムトラベルをしてしまう。そこには大伯母の何代も前のティッシーがいて、ペネロピーはそのティッシーの遠縁のペネロピーとして、古い時代の人々に問題なく受けいれられる。ここでは、ティッシーとかペネロピーとかの名が何代にもわたって襲名されているので、三百年の年数をとびこえて、その世界に入りこむ側も受けいれる側も、あんがい抵抗が少ないのである。「循環する時」について述べた際に、たとえば、セレスティーンという名が何代も襲名されている事実がそれに一役買っていることを指摘した。一般に時間が直線的に受けとめられる西洋において、それを補償するかのように、このような風習があるのは興味深いことである。

三百年前に入ったペネロピーは、サッカーズの若い領主アントニーと弟フランシス、それに仕える人たちに会う。アントニーたちはエリザベス一世によって幽閉されているカトリックのスコットランド女王メアリーを助けようと努力している。ペネロピーはアントニーやフランシスに心惹かれ、それに加担していくのだが、恐ろしいことに、彼女はイングランドの歴史のなかで、メアリーもアントニーもエリザベスによって処刑されたことを知っている。彼女は結末の悲劇を知りつつ、それに参加しなくてはならない。

これを読みながら、これはふしぎな物語だなと思った。読んでいるうちにこちらもペネロピーに同一化してきて、メアリーを助ける仕事に加担したくなっていくのに、メアリーの処刑という結末は動かしようのないことに気づくのだ。そのうち、ふと、これは女性の内界における、どうしても避け難い「時の到来」について語っているのだと気づいて心を打たれた。

われわれ現代人は自分の意志と努力によって、自分の人生をつくりあげていくと思っている。それが時に強くなりすぎると、何でもかんでも可能なように錯覚したりする。しかし、ひとりの少女はどうしても女にならねばならないし、その「時」をわれわれはとめることはできない。大人になることは「少女の死」を意味する。男であれ女であれ、成長に伴って何らかの死の体験は避けることができない。何とかしてそれに抗してみても、「時の到来」は情け容赦をしない。

残念ながら、ペネロピーの体験したドラマについては語る余裕はないが、これは少女の内界のドラマを描いたものとしては傑出した作品である。限りなく美しく魅力ある女性、メアリー、彼女のためにあらん限りの力をつくす好青年アントニー、彼らはエリザベスによって処刑される。ペネロピーはそのことを前もって知っていながら、彼らに同調せざるをえない。「大人になる」ことに対して、少女が抱いている強い抵抗感がここに如実に示されている。

物語のなかで、ペネロピーは地下室に閉じこめられて危うく死にそうになる。象徴的な死の体験は常に現実の死に近接している。この年齢の少女が自殺するとき、その急ぎすぎた「時の旅」について思わざるをえない。現実の死から救うためには、少女をこの世につなぎとめておく力が必要である。ペネロピーを愛する大伯父や伯母などが、彼女がこちらに帰ってくることを助けてくれたのである。

## 魔女のイニシエーション

近代社会になって、社会制度としてのイニシエーション儀礼は消滅した。このために、各人はそれぞれがそれにふさわしい時に、ふさわしい形でイニシエーションを体験しなくてはならない。それは思いがけない形で現われてくるし、本人も意識しないうちにやってしまうこともある。青年が起こすいろいろな「事件」を、イニシエーションの失敗、あるいは無意識的なイニシエーションとして見ると、よく理解できることがある。

人生には細かく見ていくと、いろいろな節目がある。そして、その節目を「通過」するためには、大小さまざまの通過儀礼がある、と考えていいだろう。成人式というのは誰にもわかる大切な節目であるが、それ以前に、十歳前後のところに大切なひとつの節目がある、と私は考えている。この頃に「私」という存在が、他と独立したものとして存在するというはっきりとした認識をもつ。このことは、その子にとって孤独感や不安を伴って認識されることが多い。それまでは、何となく家族や仲間などと一体となって行動していたのに、「私」というのが唯一の、他と異なったものとして存在していると自覚する。

この年齢のイニシエーションを描いたものとして、カニグズバーグ『魔女ジェニファとわたし』[13]をあげることができる。この題名のなかに「わたし」というのが入っているのが特徴的である。これはすでに紹介した、カニグズバーグの『ぼくと〈ジョージ〉』における「ぼく」に相当するもので、これらはほとんど同年代の男の子、女の子の「わたし」のことを取りあげた作品である。『ぼくと〈ジョージ〉』の場合は、ジョージというもう一人の私の存在によって「ぼく」の存在がクローズ・アップされる。この作品では「魔女ジェニファ」というふしぎな存在が、「わたし」の存在の確かめに必要となるのである。

「私」エリザベスは、登校の途中に木の枝に腰かけて足をぶらつかせているふしぎな少女に会う。その少女は自分のことを「魔女ジェニファ」と名乗った。ジェニファはエリザベスの同級生である。同じ学校に通うのだが、ジェニファは「あたしはね、ただ先生にまほうをかけて、先生をまどわすために学校にいってるの」と言う。

それからエリザベスとジェニファとのふしぎなつき合いがはじまる。つき合いというよりは、エリザベスがジェニファのもとに魔女になるために「入門」したのである。魔女見習いになったエリザベスは、毎日何とも言えぬふしぎな体験をする。ジェニファは魔女だと思わざるをえないことがつぎつぎと起こる。それに従って、魔女見習いの訓練も日毎に厳しくなって、ジェニファは十三条にわたるタブーをエリザベスに課したりする。「タブー(1) ねむるとき、けっして枕を使わないこと」をはじめとして、「タブー(10) ベッドのまわりを三度まわるまでは、けっしてベッドにはいらないこと」、「タブー(13) けっして夕食まえに泣かないこと」などというのを暗記させられる。

エリザベスにすると時に納得のいかないこともあるのだが、ジェニファにうまく言いくるめられて「魔女修行」を続けていく。しかし、決定的な「時」がそのうちに到来した。「とびぐすり」を作るための実験のときにそれは起こった。魔女の持ちものとして大切だというヒキガエルをジェニファがもってきたのだが、エリザベスはヒキガエルが好きになって、ヒラリエズラと名づけ(名前の由来については省略)、かわいがった。ところが「とびぐすり」を作るとき、ジェニファはヒラリエズラを煮えたつ鍋のなかに投げこもうとする。

エリザベスとジェニファ(E. L. カニグズバーグ画『魔女ジェニファとわたし』岩波世界児童文学集)

エリザベスの少女らしい感情が魔女の残酷さをしのぎ、「やめて!」と叫んで、ジェニファの手をゆすり、ヒラリエズラを地面に落とし、その命を助けた。これがエリザベスの魔女修行の終りだった。

その後、エリザベスは熱を出して寝こんでしまった。人間が節目を乗りこえるとき、身体の不調をきたすことは多い。体もつくり変えられるために、発熱したり、休養したりすることが必要なのであろう。

しばらくしてジェニファがエリザベスを訪ねてきた。二人はにこっと微笑をかわした後で、笑って笑って笑いころげた。二人とも魔女の呪縛がとけ、この世に立派な少女として、「わたしが誰かを知っている」常識を身につけた女の子として帰ってきた。魔女見習いの苦しい期間は必要だったが、魔女のイニシエーションの失敗の時が、普通の（と言っても普通でもないが）女の子としてのイニシエーションの成就のときであった。この作品の最後は次のように結ばれている。

> もう、ふたりとも魔女のふりなんかしません。いまでは、ありのままのわたしたちで、たのしいのです。
> ――ほんとうのジェニファと、ほんとうのわたしで――仲よしなのです、わたしたち。

「ありのままのわたし」を発見する時の到来にそなえ、彼女たちは魔女見習いの修行を積んだのである。

## イニシエーションとしての死

非近代社会で最大のイニシエーション儀式と考えられていたのは葬式である。こちらの世界からあちらの世界へと渡る通過儀礼は、最高のものでなくてはならない。しかし、近代になると、このような「死」に対する考えは力をなくし、「死」はむしろ終りとして意識される傾向が強くなった。しかし、それほど単純に、死を終りと考えて、それに向かって生きるなどということに意味を見出せるだろうか。生きる意味を考えようとする者は、死の意味についても考えねばならない。

梨木香歩『西の魔女が死んだ』[14]の主人公、女子中学生の「まい」は、死について考える。「人は死んだらどうなるの」と父親にたずねてみた。そのことを思い出しながら、まいはおばあちゃんに話をした。

> パパは、死んだら、もう最後なんだって言った。もう何も分からなくなって自分というものもなくなるんだ

って言った。もう何にもなくなるんだって言った。でも、わたしが死んでも、やっぱり朝になったら太陽が出て、みんなは普通の生活を続けるのってきいたら、そうだよって言った。

まいはこのようにおばあちゃんに報告しながら、最後のところは涙声になっていた。おばあちゃんはまいを自分のふとんに入れてくれ、まいの背中をなでながら、「それでは、まいはずっとつらかったね」と言ってくれた。

このようなつらい思いをしている子どもは、大人の考えるよりはるかに多くいる。子どもたちがいつも死のことを考えている、というのではない。しかし、すでに述べたように、人生の節目には「死と再生」の体験が必要であり、その時に「死」について考える子は多いのだ。こんなときに、さびしくなって母親の寝床にはいりにいって、「大きいくせに」と叱りとばされ、よけいに傷を深くした子もいる。

まいは不登校生である。しかし、これもある程度うなずける。学校はいろいろなことを教えてくれる。「死ぬ」という動詞がナ行五段活用であるとか、仏教がいつ伝来したとか、蛙の解剖の実習とか、実にいろいろある。しかし、まいが一番知りたい「人間は死んだら、どうなるのか」という質問に誰も答えてくれないどころか、そんなことに心を奪われている者を排除しようとする傾向さえもっている。

しかし、おばあちゃんはそうではなかった。ちゃんと、自分の信じているところを教えてくれた。

おばあちゃんは、人には魂っていうものがあると思っています。人は身体と魂が合わさってできています。魂がどこからやってきたのか、おばあちゃんにもよく分かりません。(中略) 死ぬ、ということはずっと身体に縛られていた魂が、身体から離れて自由になることだと、おばあちゃんは思っています。

まいはこれを聞いてすぐに納得したわけではない。しかし、これでまいが相当に安らいだ気持になったのは事実である。まいはこのようなおばあちゃんをもって幸せであった。このおばあちゃんはどうして「魔女」なのであろう。それはおばあちゃんが変な魔法を使うというのではなく、現代人が忘れ去った、多くの古い深い知恵を身につけている、ということである。

ところで、おばあちゃんの話を聞いてもまだ半信半疑でいる——と言っても登校するようになった——まいに、おばあちゃんは自分自身の体験を通じて、死んだらどうなるかということについて、約束どおりメッセージを送ってきたのだ。どんなふうにして、どんなことを、と知りたい方は、ぜひとも原作をお読み下さい。

## 4 秘密の時

「時」にかかわる児童文学について述べて来た最後に、これは本書全体の最後ともなるが、それを飾るのにふさわしい作品、フィリパ・ピアス作『トムは真夜中の庭で』(15)を取りあげることにしよう。フィリパ・ピアスは実に多くの名作を生み出した人であるが、これはそのなかでも傑出している作品である。

### 十三時

主人公のトムは弟がはしかになったので、知り合いのアランおじさんの家に行かされることになった。子どもが「ふしぎな」体験をし、それを自分のものにするための物語が紡ぎ出される条件として、児童文学によく現われるのは次のような状況である。子どもが何かの都合で両親のもとを離れ(時には失い)、子どもを暖かく守ってくれる人(多くの場合、老人)のところに旅する、という状況である。これまで触れてきた作品でも、『星に叫ぶ岩ナルガン』、『グリーン・ノウの子どもたち』、『時の旅人』、『西の魔女が死んだ』、それに今回はくわしく取りあげなかったが、『思い出のマーニー』などもそうである。これは日常世界から離れ、かつ深い非日常体験をするのにふさわしい守りがある状況と言うことができる。トムの場合はこれと少し違っていた。両親のもとを離れたのだが、一緒に住むアランおじさん夫妻をトムはそれほど好きでなかった。ところが、トムもまったく知らないところで、彼は老人と深くかかわっていたのである。

この点は後で触れるとして、トムはアラン夫妻のところに行って以来、なかなか寝つかれなかった。ある晩目が冴えて困っているトムの耳に階下の大時計の打つ音が聞こえてきた。ところが、それは「十三」の音を鳴らしたのだ。

「十三時だって？　トムの心はビクッとした。あの時計は、ほんとうに十三うったんだろうか？」ふしぎに思ったが十三うったことは確実だ。

このできごとは、トムになにか変化をもたらした。トムは勘でそれがわかった。そう思うと、トムはおちつかなかった。夜のしずけさが、そのなかになにかはらんでいるように思われるのだ。邸宅ぜんたいが息をころしているように思われ、くらやみがトムにこう問いつめているように思われるのだ。——おいでよ、トム。大時計が十三時をうったよ。きみは、いったいどうするつもりなんだ？

トムは迷ったあげく、これは「あまりの時間」があることなのだと考え、階下へ降りて行った。そして、裏口をあけ、そこに月の光に照らされた美しい庭を見た！

トムは「あまりの時間」と考えたが、むしろこれは「あいだの時間」と言う方がいいかも知れない。今日と明日のあいだの時間なのだ。しかし、そんなものあるものかと言う人がある。

隠れキリシタンの文書を読んでいて面白いことに気づいた。ラテン語では魂のことを「アニマ」と言う。それ

月に照らされた庭(スーザン・アインツィヒ画『トムは真夜中の庭で』岩波書店)

を日本のキリシタンは聞きまちがって「在り間」と書いた。「存在するものの間」、それが魂なのだ。魂は、ものが普通に存在するような意味では存在していない。しかし、それは「在り間」に存在する。今日と明日との間、心と体の間。

　トムは「在り間」の時間に入りこむことができた。これがトムにとっての「秘密の時間」であることは、もちろんである。トム自身のものであって、他の何者も侵害できない。このような、「秘密の時間」をもちえた人は幸福である。

　幸福である、などと言ったが、トムは実際は最初のうちは混乱するばかりだった。裏口から出て素晴らしい「庭」を見たトムは、庭などないというアランおじさんをうそつきだと思ったり、後で自分で確かめに行って「庭」のないのを知っていぶかしく思ったりした。トムを何よりも混乱させたのは「時間」の問題であった。「庭」で会ったハティという女の子は、会うたびに幼くなったり、何年も年をとっていたりする。嵐で倒れた木が、次には元にもどったりしている。「庭園では、時間はまったくあてにならない、めちゃくちゃな順序でいったりきたりする」のだ。

　時間について考えあぐね、わけのわからなくなったトムは、とうとう「時間ってどんなものなの」と思わず聞いてしまう。真面目なアランおじさんは「時間」について必死になって、子どもにわかるように説明しようとするが、トムが変なことばかり言う——とアランおじさんは思った——ので腹を立ててしまう。それでも思い直して、おじさんは説明をあれこれ考えるが、二人の話はまったく嚙み合わない。それも当然で、おじさんは直線的に進行する物理的な時間のことを言っているが、トムは「たましいの時間」について、循環したり交錯したりする様相を語ろうとするのだから無理のない話である。

## 秘密の庭

アランおじさんと話し合いながら、トムが「庭」について話さなかったのは賢明であった。最も大切な内奥の秘密は、うっかり他人に言うべきではない。トムは弟のピーターには自分の秘密の体験について手紙で知らせたが、その手紙には「親展」と書いたのみならず、「ヨンダラ、モヤセ」とも書いた。これくらいの注意が必要だ。秘密の庭というと、児童文学の世界では、バーネットの『秘密の花園』(16)を思い出す。この場合も、一人の不幸な少女のたましいの支えとして、簡単には他人の入りこめない「秘密の花園」があった。これが書かれたのが、一九〇九年であることを考えると、五十年の間に児童文学の世界もずいぶんと深さを増したと思う。『トムは真夜中の庭で』は一九五八年に書かれたが、イギリスの児童文学者タウンゼンドが「第二次大戦後のイギリスの児童文学作品のなかから、傑作だと思われるものをただ一作だけ挙げろと言われるなら」、『トムは真夜中の庭で』を推す、と言っているのも、なるほどと感じさせられる。

アイデンティティという言葉がある。厳密に定義するのは難しいようだが、端的に言うと「私は他ならぬ私」である、ということを自分で納得がいくということだ。「私は私である」、「私とは何か」などというとき、私は会社の社長だとか、私は父親だとか、私は年収いくらだとか、いろいろと言えるだろう。しかし、それらは状況が変れば突然消え失せるものである。はかないと言えばはかない。それに社長と言おうが教授と言おうが、そんな人は世界中に沢山いるのだ。

トムにとって、この秘密の庭園を知っているということは、トムが他ならぬトムであることを支える重要な要素とならないだろうか。そして、その強みは誰であろうともそれを奪い去ることはできないし、トムさえ心のなかに抱きしめている限り、いかなる状況においても消え去ることはない。トムのアイデンティティは実に強固な支えを獲得した、と言うことができる。最初に庭を見た翌朝、「目をさましたとき、トムはひどくしあわせな気もちになったが、なぜだかわからなかった。やがて、庭園のことに思いあたった」。このあたりではトムはまだ庭のもつ重要な意味をはっきりとは知っていない。しかし、その予感として、「ひどくしあわせな気もち」を感じたのである。

「庭」にはいろいろな人が住んでいた。そのなかで、ハティという女の子がトムの気持を一番惹きつけた。ハティは言う。

わたしはここでとらわれの身。姿をやつした王女です。ここには、わたしのおばだといいふらしている人がいますが、あれはおばではありません。わたしにひどくつらくあたります。あの男の子たちとわたしはいとこだといわされていますが、いとこではありません。さあ、これでわたしの秘密はぜんぶ話してあげました。これからは、わたしを王女さまとよびなさい。

ハティはもちろん王女ではない。トムもどうやらそれはほんとうでないと思う。しかし、ハティの様子にはどことなく王女らしいところがあった。これも、この庭をトムのたましいの王国と考えれば、ハティはその国の王女と考えてもおかしくないのではなかろうか。トムは真夜中の庭のハティとつき合うことによって、自立的な男の子として成長していく。あれほど家に帰りたがっていたトムは、もう少しここにいたいと言って、アランおじさん夫妻を驚かせる。トムは自分の家族以外にそれをこえる魅力ある存在があると実感できたのである。

## 老人のなかの子ども

終り近くなって、謎がとけてきた。ハティは、このアパートの大家さんで、十三時をうった古時計の持主であるバーソロミューというおばあさんの幼いときの姿なのであった。バーソロミューさんもこのアパートに住んでおり、そこで、自分の過去の追憶を夢うつつで見ているとき、その夢のなかに、トムが「入っていった」のである。バーソロミューさんがハティと呼ばれていた子ども時代は、このアパートのあるところは大邸宅で、トムが見たとおりの立派な「庭」があったのだ。

バーソロミューさんは親類もなく、周囲の人からも敬遠されがちで、孤独のなかで過去の「庭」の世界に生きていた。そこに、両親から離れ、あまり好きでもない知り合いにあずけられ孤独を感じているトムという少年がやってきた。そして、この二人は「たましいの庭」で会うことになった。そして、二人は共に実に楽しい経験をし、孤独を癒された。

これを読むと、夢見ることの素晴らしさを痛感させられる。バーソロミューさんは、トムに特に何かをしてやろうとしたのではなかった。同じアパートのなかで、何もせずにうつらうつらとしていたのである。にもかかわらず、あるいは、それ故に、彼女はトムにとってもっとも大切なことをしてくれることになった。

老人の生き甲斐などというと、あれもせよこれもせよ、ということになりがちである。また、老人の方も何か誰かのお役に立ちたいと思う。しかし小さい子どものしつけのために説教したり、時間についての知識を教えたりするよりは、ただ何もせずにうつらうつらとしている方が、はるかに深い意味のあることをしていることだってあるのだ。

　これが可能であるためには、バーソロミューさんにおけるハティのように、老人のなかの子どもが生きていなくてはならない。ピアス自身も、巻末に付けられた「『真夜中の庭で』のこと」という文章で、「おばあさんは、じぶんのなかに子どもをもっていた」からだと強調している。これにつけ加えてピアスは「私たちはみんな、じぶんのなかに子どもをもっているのだ」と言っている。そして、われわれは、子どものなかにも「大人や老人がいる」ことも忘れてはならない。時間は単純に直線的に進んではいない。このようなことを実感することによって、大人も子どもも、豊かな生活をすることができる、と思われる。


「物語とふしぎ」と題する本も、これで終りとなった。最後に当って、ノーベル文学賞受賞者I・B・シンガーの『お話を運んだ馬』[17]からの引用によって本書をしめくくりたい。シンガーは自分の本を「おとなになっていくことの不思議について、また生きることと愛することの謎に立ち会う不思議について、思いをめぐらせる読者、幼老を問わぬすべての人にささげるものです」と書いている。この献辞はそっくりそのまま本書にもいただきたいほどのものだが、この書物に収録されている「お話の名手ナフタリと愛馬スウスの物語」のなかで、ある老人の言った次の言葉を結語にさせていただく。

「きょう、わしたちは生きている、しかしあしたになったら、きょうという日は物語に変わる。世界ぜんたいが、人間の生活のすべてが、ひとつの長い物語なのさ。」

（1）　ミヒャエル・エンデ作、大島かおり訳『モモ』岩波書店、一九七六年。
（2）　河合隼雄「『モモ』の時間と「私」の時間」『人間の深層にひそむもの』大和書房、一九七九年。〔第I期著作集第六巻所収〕

(3) 今江祥智『ぼんぼん 全一冊』理論社、一九九五年。
(4) 河合隼雄『青春の夢と遊び』岩波書店、一九九四年。〔本著作集第九巻所収〕
(5) エリナー・ファージョン作、石井桃子訳『ムギと王さま』岩波書店、一九七一年。
(6) 阪田寛夫『桃次郎』楡出版、一九九一年。
(7) 河合隼雄『子どもの宇宙』岩波新書、一九八七年。〔第Ⅰ期著作集第六巻所収〕
(8) 河合隼雄・大牟田雄三『ウソツキクラブ短信』講談社、一九九五年。
(9) ローズマリ・サトクリフ作、猪熊葉子訳『太陽の戦士』岩波世界児童文学集26、一九九四年。
(10) エリアーデ著、堀一郎訳『生と再生――イニシェーションの宗教的意義』東京大学出版会、一九七一年。
(11) 河合隼雄『大人になることのむずかしさ』岩波書店、一九八三年。〔第Ⅰ期著作集第一四巻所収〕
(12) アリスン・アトリー作、小野章訳『時の旅人』評論社、一九八一年。
(13) E・L・カニグズバーグ作、松永ふみ子訳『魔女ジェニファとわたし』岩波世界児童文学集19、一九九四年。
(14) 梨木香歩『西の魔女が死んだ』小学館、一九九六年。
(15) フィリパ・ピアス作、高杉一郎訳『トムは真夜中の庭で』岩波書店、一九六七年。
(16) F・H・バーネット作、吉田勝江訳『秘密の花園』上・下、岩波少年文庫、一九五八年。
(17) I・B・シンガー作、工藤幸雄訳『お話を運んだ馬』岩波少年文庫、一九八一年。

# II

# 児童文学の中の「いのち」

## 子どもと「いのち」

今日は、「いのち」ということをテーマにしております。あと梅原猛さん、松井孝典さんが、いのちについて話をしますが、私は児童文学の中のいのちということで話をさせてもらおうと思っています。

児童文学の名作は、いのちに関することを書いているのが非常にたくさんあって、すべてがそうだと言いたいくらいです。たとえば、みなさんよくご存じのミヒャエル・エンデの『モモ』(大島かおり訳、岩波書店、一九七六年)は時間がテーマになっていますが、時間ということも、そのままいのちのことを書いているといってもおかしくはないと思います。いのちある時間と、いのちのない時間という言い方もできると思います。そんなふうに読むと、『モモ』もいのちのことを書いています。

人間の生の世界と死の世界、そのあいだにある世界が、いったいどうなっているのか。人間が死ぬというのはどういうことかということは形をかえて児童文学に出てきます。

そういうふうに考えていくと、例が非常にたくさんありすぎて困るので、今回は、子どもが生まれてくるということに焦点を当てて話をしようと思いました。そのために持ってきたのは、バーリー・ドハティというイギリスの児童文学者が書いた『ディア ノーバディ』(中川千尋訳、新潮社、一九九四年)という本です。この本を中心に話をしたいと思っています。私は非常にすばらしい本だと思います。

ドハティさんは、この本でカーネギー賞を取っていますが、その前に、『シェフィールドを発つ日』(中川千尋訳、福武書店、一九九〇年)という本でカーネギー賞を取っていて、カーネギー賞を二回も取った方です。もうひとつ、『アンモナイトの谷』(中川千尋訳、新潮社、一九九七年)という本もあります。これも似たテーマを扱っていまして、私は非常に名作だと思いますが、今回は『アンモナイトの谷』まで話ができるかどうかわかりません。

これは、子どもが生まれるということが、大きなテーマになっています。考えてみたら本当にいのちというのは不思議なものではないでしょうか。人間のいのちがずっと続く。それは、母親から子どもが生まれてくるから続く、本当に不思議なことです。何といっても母親から生まれてくるわけで、自分は男のなかの男だから、父親から生まれたという人はないと思います(笑)。

神話の世界には、父親から生まれた子どもというのはおります。これは非常に面白いです。天照大神なんていうのは父親から生まれていますし、ギリシャ神話だと、アテナという女神は父親から生まれています。それは神話の世界で、人間の世界では、子どもは母親から生まれてくるとすると、やはり母親というのがすごく大事なことになります。

子どもが生まれてくるというのは、実にすごいことで、これは児童文学ではありませんが、中日新聞の記者の林寛子さんという方が、『子ども産みます』(学陽書房、一九九三年)という本を書いておられます。これは、妊娠とか出産とか育児ということが、一人の女性にとって、どういう意味を持っているか、ということがテーマです。林さんは働いているわけですから、そういうことを書いていていて面白いです。

そのなかに、妊娠に関する自分の実感が書いてあります。「自分のなかにあるが、自分のものではない。何か天から下りてきたいのちを、たまたま自分が預からせてもらっているような感覚、そのありがたさ、豊かさ。私はたびたび妊婦にとっての真実ということを考えさせられた。コウノトリが赤ちゃんを運んできたんだよという説明のほうが、私の卵子と夫の精子が結びついて、などという科学的事実より、よほどしっくりときた」と書いておられます。

考えたら本当に不思議なことで、自分のなかに生命が宿ってくる。しかも、それは自分の子ではあるけれども、自分のものではない、どこからか授かってきたという感じがする。林さんは、事実と真実というのを使い分けていまして、科学的事実は、私の卵子と夫の精子が結びついてと言えるかもしれないけれども、自分が妊娠しているという真実を言うためには、コウノトリか何かが運んできてくれた、授かった、日本語に「子どもを授かる」というのがありますが、そういうような実感があると書いています。

シャーロット・ゾロトウの文、アニタ・ローベルの絵で、みらいななが訳した『おかあさん』(童話屋、一九九三年)という絵本が出ています。これは、小さい子どもが自分のお母さんの写真を見ているのですが、自分のお母さんが赤ちゃんのときから成長したところを見ているのです。自分のお母さんも赤ちゃんだったというのは、子どもにとっては不思議な気がするのですが、それがだんだん大きくなって、結婚式があって、最後に、お母さんが赤ちゃんを抱いているところが出てくるのです。

「あのね、おかあさんは、わたしに会う日を楽しみに、ずっと待っていたんですって」。次のページに、お母さんに抱かれている赤ちゃんの写真がありまして、「そしてね、それからわたしが来たの、赤ちゃんになって」というところで終わります。この絵本も非常にすばらしい。まさに、いのちが継承されるというか、赤ちゃんからお母さんになって、またそこへ、わたしが赤ちゃんで来たんですよというような感じが、すごくうまく書かれています。

こんなふうに、子どもが生まれるということは非常にすばらしいし、授かったというふうな言い方もできるのですが、子どもを妊娠したということが、まるきり逆に、こんな不幸なことはないというふうに感じられる人もあります。本当は子どもは欲しくなかったとか、あるいは子どもを生むつもりはなかったのに、ふと気がついたら妊娠しているということもあるわけです。実は『ディア ノーバディ』は、そちらのほうを書いているのです。

ストーリィを言いますと、クリスという男の高校生と、ヘレンという女の高校生が中心になります。書き方は、クリスが、「ぼくは……」と一人称で書いているのです。その中に、ヘレンが書いた手紙があるのです。手紙と事実が重なって物語が進んでいく構成をとっています。『アンモナイトの谷』も似たような構成で書かれていまして、作者は、この手法が好きなのではないかと思いました。

まずクリスの文章から始まります。「もしかしたら、だれもが願っているのかもしれない。地平線のむこうに突きぬけて、大気圏の外かどこか、まだだれも足をふみ入れたことのない空間で、自分自身と出会いたいと。これは旅の記録だ。でも、この旅がどこで終わるのか、ぼくには、まだわからない」。つまり、これはクリスにとってひとつの旅の経験で、その旅は自分自身と出会いたいということだ、という始まりです。

作品を書くときの書き出しは、なかなか大変ですが、そうしたことを考えて考えて、この書き出しを持ってきたのだと思います。高校三年生で、これから大人になっていく子が、自分とは何かという問いを問いかけているわけです。この本のひとつのテーマは、自分とは何かということだと私は思います。

この話の始まりは、クリスが高校を卒業して、これから大学へ行くので、家を出ていこうとしているときに、お父さんが、こんなものが届いたよと持ってきたのが、ヘレンから送ってきた、たくさんの手紙の包みなのです。

クリスとヘレンは恋人だったのですが、それより一年ほど前に、ヘレンの部屋で気分が高まってくるうちに、自分たちは、そんなことを思っていなかったのだけれども、あるいは、そういうことについて話し合いもしていなかったのだけれども、性的な関係ができてしまう。若いときというのは、思いがけない、そういうことが起こるわけです。

「ぼくたちの不意を襲ったのだ。計算したことではない。それだけはたしかだ。ぼくたちはふたりとも、そんなことになるとはおもっていなかった」。でも、そういうことになってしまった。そして、ヘレンが一回の性的な関係で妊娠してしまいます。それからいろいろな話が展開されますが、ヘレンは手紙を書くのです。

ヘレンは妊娠していることを知ったときに、自分のお腹のなかにいる存在に、ノーバディという名前を付けるのです。ノーバディというのは何もいないということです。自分は子どもなんか欲しくないわけですから、こんなものはいらないという気持ちを込めて、「ディア　ノーバディ」というのは、「親愛なる何もなしさん」という感じです。それに向かって、ヘレンは手紙を書くのです。その手紙の束をドサッと、彼がこれから大学に行こうというときに送ってきたわけです。物語はその手紙から過去にむかいながら進んでいきます。

最初の手紙を読んでみましょう。「ディア　ノーバディ。バスルームの蛇口がひとつ、こわれていて、きちんとしまらない。バルブを取りかえればいいだけのことだとママはいっていた」。寝ようと思うと、ポツン、ポツンと音がして、それが気になると寝られないのと同じように、ヘレンの心は、妊娠しているかもしれない、妊娠しているかもしれない、というのがずっと続いているわけです。それで非常に恐れて、そのことを書いているわけです。

「わたしをほうっておいて。あなたなんかいらない。出てって。おねがい、どうか、出ていって」というので、この手紙は終わります。この手紙が、『ディア ノーバディ』の手紙の始まりです。

ここでちょっと説明しておきますと、クリスはお父さんと弟と三人で、お母さんはいません。お母さんに好きな男性ができて、クリスが十歳のときに出ていっているのです。お父さんというのは、なかなか気持ちのいい人で、子どもたちのために一生懸命に心を使って、なるべく楽しく生きようとしています。男三人の家庭は、なかなかいい感じの家なのです。この本を通じていろいろな男性が出てくるのですけれども、ぜんぶやさしいのです。「気はやさしくて力なし」という、そういう男です。桃太郎を半分だけやっているのです。

それは、男のほうが少しずつ母性的なのです。それはなぜかというと、相手になる女性が母性性がないので、どうしても男のほうは、そうならざるを得ないのです。日本の家庭でも多いのではないかという気がしないでもないですが。そういうことの書き方が非常にうまいのです。このお父さんは心細やかに子どもの世話をやっていて、三人で楽しく生きているのですけれども、何ともいえない寂しさがあります。

クリスは夜中に、「お母さんと、なにがあったの?」と、お父さんに聞きます。自分でもそう言おうと思っていなかったけれども、パッと言ってしまったのです。お父さんは、ウーンと言って、とうとう言ってくれるのです。「お母さんはな、ある男と知りあったんだ。俺より若くて、すこしばかり頭の毛が多くって、洒落たセーターなんか着て、本をどっさり読んでるやつだ。だから俺よりいい男だとおもったらしくて、出ていった」とお父さんは言います。ある晩、お父さんが仕事から帰ってくると、お母さんが、私はこの人と出ていきますと言って、出ていくわけです。

お父さんは息子に言います。「おかしなもので、別れるといわれて、はじめて、どれだけ愛していたのか気がついた」と言い、出ていってから、憎んであたりまえだろうと言います。お母さんが出ていってから、クリスと弟がお母さんを恋しがって泣いて、自分はどんなにつらかったかという話をします。かといって、お母さんは自分よりすばらしいやつを見つけてきたのだから、これはどうしようもない。

そういうときに、どうしようもないとわかるところが、このような男の人の特徴なのです。わかってしまうから、奥さんを張り飛ばすとか、男を殺そうとするとか、もうちょっとがんばればいいのですが、それができないのです。このへんが現代の男のつらいところです。本当はわかっていないのですが、わかる、わかると言って、フニャフニャとまいっていく。そういう男だから、女の人は出ていくのです。女の人にはその気持ちがわかると思いますが。

お母さんの住所はどこかとたずねると、お父さんはいままでそういうことは言わなかったのですが、言ってもいいけれども、何でだと言うので、いっぺん、お母さんに会いたいと思ったとクリスが言うのです。

これが面白いのです。どこが面白いかというと、「ヘレンとのことがなかったとしたら、母についてたずねたりはしなかっただろう」というのです。お母さんは出ていってしまった、しかたがない、憎らしいお母さんということで、何とか気持ちを落ちつけようとしていたのですけれども、恋愛がはじまって、妊娠ということが出てくると、わたしのお母さんは何を考えていたんだろう、自分をどう育ててくれたんだろうということが気になってしかたがない。

## 「母」からの自立

この本のテーマである自分との出会いということからすると、自分自身と出会いたいと思う人は、いろいろ他の人に会う必要があります。自分自身と出会いたいというので、鏡ばかり見ていてもだめなのです。自分自身と出会うことの、ものすごく大事な根本は、母と出会うということです。お母さんと一緒に住んでいるけれども、出会っていない人もたくさんいます。クリスは、ここで母と会いたいと思います。

そして、お母さんに手紙を出すのです。いつか会ってほしいと書いて、ずっと待っているのですが返事がこない。二週間過ぎると、もう返事を待つのをやめた。返事がこないと思っていたら、母親から返事がきます。その手紙には、いま自分は山の写真を撮っている写真家になっていて、山に行っていたので返事ができなかったと書いてあったのです。一緒に住んでいる男性とも自分は幸福にやっている。最後に、会いにきたかったら、きてよろしいと書いてあるのです。

クリスはすごく嬉しいものですから、ヘレンにその手紙を見せるのです。これが面白いのですが、クリスはお母さんから手紙がきたので嬉しくてしかたがないわけです。お母さんが手紙をくれて、しかも会いにきなさいと言っているのだから。自分がこんなに嬉しいことは、ヘレンも嬉しいだろうと思うところが浅はかなわけです。ヘレンも喜ぶかと思ったら、ヘレンはちょっと見ただけで放ってしまうのです。ヘレンと分かちあおうと楽しみにしていたというところが甘いので、女の人はすぐわかると思いますが、せっかく自分が愛しているのに、古い女に手紙なんか出して、何を喜んでいるのかという感じです。ヘレンはその手紙を見ると、すぐ批判をするのです。女の気持ちとすればこれは当然のことです。

せっかく息子から手紙がきているのに、高校生で何をしているかとか、ネコは元気にしているかとか、お父さんはどうしているかとか書けばいいのに、そんなことは何も書かないで、自分は写真家で成功して、いまの男と楽しくやっていると、まるで自分の幸福を見せつけるようなことを書いて、しかもクリスのことを、「クリストファ様」なんて書いて、他人行儀じゃないかと批判するのです。そう言われればそうで、クリスは見せなければよかったと思うのですが、こういう失敗は男がよくやることです。

もうひとつ面白いことがあります。これも男女の考え方、高校生の考え方を非常にうまく書いています。クリスとヘレンが仲がいいことは、いつも歩いているからわかります。そうすると、ヘレンの友だちのルスリンが、あんたたち仲がいいんでしょうと言っているうちに、ヘレンはクリスと性的な関係を持ったということを言ってしまうのです。そうすると、ルスリンはクリスに会ったときに、「もう、いけないことやっちゃだめですよ！」とひやかします。

クリスはびっくりして、ヘレンに問い詰めるのです。まさかルスリンに言っていないだろうなと言ったら、もちろん話したわよと言うのです。それは裏切りじゃないか、二人だけのぜったいの秘密を、なんで言ったんだと言うと、親友だものあたりまえじゃないのとヘレンが言うわけです。このへんは非常に面白いです。女性同士の親友で、何でもかんでもしゃべっている。

そういう人とクリスとが恋愛しているのですが、高校三年生ですから、本当に恋愛する力というのを二人とも持っていなくて、まだフワフワと練習する時期なのですが、非常に恐ろしいことは、練習中に本番が急に起こるという大変なことを、この人たちはやってしまうわけです。そういうことが、いまは非常に多いです。練習中に本番が起こりすぎるのです。本当に男と女が愛し合って、実際に結婚にまで持っていくというのは、なかなかのことです。本当を言うと、結婚まで持っていくのはまだ簡単で、結婚してから死ぬまでのほうが、どんなにつらいかということは、みなさんよくご存じなのですが……(笑)。

ヘレンはフワフワとやっているから友だちに話す。ルスリンはルスリンで、ヘーッと思うわけです。クリスが怒ったら、ヘレンはこう言います。「わたしはあなたの物じゃないのよ。あんなことがあっても。あたしのこと、おもいどおりにできるとおもわないで」。これも、すごいうまいですね。若いときにあるのは、恋愛して、とくに性的な関係ができてしまうと、男の人は下手すると、相手を自分のものみたいに思ってしまうところがあります。そんなことはない、どんな関係があろうと、わたしはわたし、あなたはあなたなんだからと、女性のほうがしっかりしているのです。ここに出てくる女性は、みんなしっかりしています。

クリスがヘレンの家へ行くと、ヘレンのお母さんが何となく二人の関係を妨害するのです。そこは非常に巧みに書かれています。二人が話しているときに、うまいこと割り込んできたり、電話の取次ぎをいやがったり、何のかんのと、お母さんは妨害的に働きます。それでも、二人は関係があって、ヘレンは妊娠していることが、だんだんわかってくるのです。

ヘレンはたまらなくなり、こんなことをノーバディにあてた手紙に書いています。「あなたはわたしのからだのなかで育つエイリアン。異型細胞。いなくなれ」。前に述べた「子どもが授かる」という感じとはまるきり逆で、たしかに自分とは違うのだけれども、これは、侵入してきたエイリアンだ、出ていけと思っているわけです。それにノーバディと名付けて、あなたなんかは存在していないとがんばるのだけれども、実は妊娠しているわけです。このことをクリスに言って、クリスもすごくびっくりします。

ヘレンは、お母さんに言おうか言うまいかと、すごく迷います。とうとうたまらなくなって、外に出ていきかけたのに戻ってきて、後ろを向いているお母さんにヘレンは抱きつくのです。「後ろから抱きつき、ママの肩に顔をうずめた。驚いたママは笑いだし、わたしの手をふりほどこうとした。やさしく抱いてゆすってほしかった」。それを見ていた弟は、気持ち悪いと言って冷やかすのです。

このへんが大事なところで、子どもは母から自立していくわけですから、母との関係というのは非常に難しい。お母さんと一体でなかったら育ちませんけれども、ずっと一体であったら子どもは自立できないのです。どこかで離れていかなければいけない。

欧米の文化というのは、母から切れて自立していくことを、非常に高く評価した文化です。われわれも、いまその影響をすごく受けていますけれども、むかしの日本はそうではなくて、お母さんというのは大事で大事で、死ぬまでお母さんを大事にする。戦争に行った兵隊が死ぬ寸前に、「お母さん」と言う人が非常に多いと言われましたが、最後まで母親と結びついている。

そういうことをやっているから自立できないので、お母さんから早く切れなければならないと言うのだけれども、このお母さんは切れすぎているのです。その切れすぎ方が、うまく書かれています。母の勘というものがあれば、平素はお母さんなんか嫌いなんて言っていても、娘が抱きついて来たときに、これは抱かなければだめだと思って抱いて、どうしたのと言うと、実は妊娠している、となるのですが、そういうふうにいかないのです。

せっかく娘が母の方へ行ったときに、お母さんがパッと振りほどいてしまう。弟は、イチャイチャして、いやらしいと言う。ここに書いてありますが、「お母さんに何度も話しかけようとするが、いつも外される」。このお母さんは、「お母さんッ」という感じがいやなんです。だから、そういうふうになりかけたら、上手にパンと外すのです。だから、ヘレンは大切なことを言うことができない。そのくせ、このような母親は、何か事が起こってから、どうしてそれを早く言わなかったのと言うのです。

クリスのほうは、お母さんは出ていってしまって、いない。お母さんというものとひっつきにくいヘレンと、お母さんを失ったクリスが、早く肉体関係ができるということは、セオリー通りと言っていいと思います。母との結びつきの浅い人は、肉体関係ができるのが非常に多いです。要は抱きしめてほしいのです。抱きしめてほしいけれども、お母さんが抱いてくれないとすると、いちばんよく抱いてくれるのは異性です。異性というものに抱かれて、母を求めているのだけれども、結局、セクシャルな関係ができてしまうという難しい状況に追い込まれていくのです。この困難を予感して、逆に異性を拒否する人もある。

ヘレンが妊娠していることがわかったときに、クリスは自分のお母さんに会いたくなります。クリスはヘレンを連れて、お母さんに会いに行きます。会いに行ったときの光景が非常にうまく書かれています。カッコいいお母さんで、よく来たねということで、愉快な話をしたり、いろいろあるのですが、ほとんど料理をつくっていないのです。

クリスにしたら、久しぶりにお母さんのところへ行くのですし、高校生ですから、腹ペコで行っているのですが、ちょっとスープが出るだけで、あとはほとんど食べるものがないのです。こういうところの描写がすごくうまいのですが、それと関連することが実は後で出てきます。

ヘレンは最後は、クリスと一緒に人生を生きたら自分が壊れてしまうと思って、別れることを決心するのです。別れるけれども、子どもは生んで育てるという決心をしたときに、クリスのお母さんから手紙がきて、自分は何もできないけれども、クリスの代わりに、少しでも養育費の足しになればと思ってというので、お金を送ってくるのです。これからしばらくは、いくらかずつ赤ちゃんの養育費を送りますという手紙がきて、ヘレンはすごく感激するところがあります。

現代人と「からだ」

こういうのを見ていると、本当にすばらしいお母さんという気もするのですが、これが現代人の特徴をよく表しているとも思います。そうか、気の毒だな、わたしも何かしよう。それじゃあ毎月お金を送ろうということを思いつくのですけれども、久しぶりに来る子どもが、腹いっぱい食べたいだろうなということはわからないのです。これは、頭で考えすぎているのです。頭のなかで、あの子のためになることと考えるのではなくて、腹で感じたらすぐわかるはずです。高校生が来るのに料理をつくっていないというのは、ふつうの母ではできないと思います。

いかに現代人というのは、体から離れていっているかということなのです。体よりも精神が大事だとか、体のことよりも知的に考えることのほうが大事だと思うから、お金は使うけれども、心を使わないのです。心を使っていたら、クリスがどんな気持ちで来ているか、何を食べたがっているか、ぜんぶわかるはずなのです。

ノーバディというのを、ボディ、体と考えますと、体なしというわけです。この題が、『ディア ノーバディ』というのは、われわれに語りかけていると思うと、「読者のみなさん、体のない読者のみなさん、これをお読みください」というふうに名前を付けているかと思うと本当に面白いです。われわれは自分の身体というものを、どれくらい生きているか。

もっと深く言い出すと、おそらく松井さんの話ともつながるくらいだと思います。つまり、自分が生きているということは何とつながっているのか。私のボディというのは地球までつながっていっているわけです。そういう感覚を失って、頭だけで、いいことをしようと思うと、足をすくわれることになると考えると、この本は単にお母さんのことを書いているのではなくて、人間にとっての母性とは何かということと、いのちと母性の問題というふうに考えていくと、すごく深く読める感じがします。

クリスはお母さんを訪ねて行くのだけれど、ピンとこないというか、お母さんッと言って、この子が妊娠したんだよと言うわけにはいかない。みんな少しずつ自立しているように思っているから、難しいのです。無理して自立の真似をするよりも、人間はいかに他に依存して生きているかを自覚する方がよほどいいと思います。

ヘレンは前に乗馬クラブへ行っていたことがあるので、乗馬クラブへ行ってウマに乗って、わざとウマを暴走させて、めちゃくちゃ走って、うまくいけば子どもが堕りてしまうことを期待します。死ぬほど恐ろしい目にあうのですけれども、そういうことは起こりません。

これもヘレンの気持ちを、すごく上手に書いていると思います。ウマに乗っているのですが、自分のなかの野性というか、そういうものがむちゃくちゃにあって、すごい暴力によって、これを変えていこうとする。いまの若い人たちが、急に暴力的になるというのは、こういう点から見てもよくわかります。頭で考えてもだめだ、頭で考えても答えがない。答えは暴力です。ウマの力、馬力でやってしまえと思うのだけれども、それは成功しません。

いのちというのは本当に不思議でして、子どもができて、大切に大切にと思っている人でも流産するし、ぼくの知っている人でもいろいろあります。相談に来た人で、ひょっとしたら子どもを堕ろせるかもわからないと思って、二階から転げ落ちた人もいます。もっとひどい人は、自分の恋人にお腹を蹴ってもらった人がいます。それでも、いのちというのは強いのです。そんなことではビクともしないというところもあるのです。かと思うと、大事にしていても流産することもあって、いのちの不思議さを感じます。ヘレンがそうまでしたのは、よくわかります。しかし、いのちはそんなことでは消えないのです。

ヘレンは妊娠していることが完全にわかってきて、お母さんに言おうとするのですが、お母さんに話しかけようとすると、むこうへ行ってしまう。こういうお母さんというのは、よくわかります。何か感じるのです。娘が自分に寄りかかってくると、スッと外してしまう。それを何べんもやられたのだけれど、もうしかたがないというので、とうとう言います。

そのときに、お母さんの言うセリフがすごいです。「いったい何回したの、え?」と言います。あんたはクリスがどれだけ好きなのとか、どんなふうになったのではなしに、あなたは何回やったのかという、事実だけが知りたい。その事実を知ることによって何かをしたいという、事実の周りにある真実というものを、ぜんぶ取り払ってしまう。現代人のこのような事実信仰とでもいうべき態度によって、「いのちの真実」が消されてしまうのです。

このお母さんは、けしからんじゃないかと、みんな言いたくなるかもしれませんが、そうではないのです。なぜかというと、このお母さんのお母さん、おばあさんとお母さんは、すごく仲が悪いのです。それをヘレンは不思議に思い出します。なぜ、おばあさんとお母さんは仲が悪いのだろう。それと同じように、お母さんと私も仲が悪くなるのだろうか。それと同じように、私と次に生まれてくる子どもは仲が悪くなるのではないかという恐れが出てきます。

ヘレンにはおじいさんとおばあさんがいるのですが、ここでも、おじいさんはものすごくやさしいのです。だから、ヘレンは大好きなのです。おじいさんの家へ行くと、いろいろ言ってくれて、料理までつくってくれるけれども、おばあさんは部屋にこもって、何か好きなことをやっているだけで、なかなかものを言ってくれない。そういうおばあさんです。おばあさんは、そもそもヘレンの家へ来たことがないのです。だから、よほど関係が悪いのです。

ヘレンはお母さんとはなかなかうまくいかないけれどおじいさん、おばあさんの家へ行くと、おじいさんはやさしいから、打ちあけたいと思う。それでもなかなか妊娠していると言えないのです。おばあさんはたいした人で、ほとんどものを言わないのですけれども、行って座っていると、「あんたの赤んぼう、予定日はいつ?」と言うのです。おばあさんは、パッと見ているのです。そういう恐ろしいおばあさんです。

ヘレンは、「おばあちゃんのいうとおりよ、おじいちゃん」と言います。そこでおばあさんが、「母親が母親なら、娘も娘ってことだ」と言うのです。それでヘレンは、うちのお母さんは私と同じように大変なことがあったか、あるいは、自分はお母さんが結婚する前に生まれた子どもではないかというので、家へ帰って、結婚証明書とか出生証明書とかを調べ回ります。

『アンモナイトの谷』の方は、もっと深刻な話です。その女の子も家との関係がうまくいっていなかったのです。ジプシーのことを好きになって会いに行っているうちに、とうとう妊娠してしまう。その女の子は、自分で勝手にトリ小屋に行って子どもを生んで、殺そうと思って赤ちゃんを持って出ますが、赤ちゃんの顔を見て、殺せなくなるのです。そして、どこかの家の郵便受けに入れる。そこから、その子は成長していくという話になっています。

人にはずっと歴史があるというか、この人は何であるという前に、その人のお母さん、さらにその人のお母さんという歴史を背負って、みんな生きているわけですから、よいとか悪いとか簡単に言えないのです。

『アンモナイトの谷』は、捨てられた子どもが養子になって大きくなって、自分は養子だということは何もこだわっていなかったのですが、あるとき急に自分のお母さんが知りたくなったり、自分のことがわかりたくなって、戸籍を調べたりするのです。これはよく起こることで、思春期になったときに、自分のルーツが知りたいというか、自分がどこから生まれてきたのか、どうなっているのかを、すごく知りたくなることがあります。

ヘレンもそうです。いろいろ調べてもわからないので、とうとうお母さんに直接言うわけです。お母さんは私を結婚する前に生んだんじゃないのと言うと、お母さんは、そんなことはないよ。私はちゃんと結婚して、あなたを生んだのだから心配いらないと言います。おばあさんがどうして、母が母なら娘も娘だと言ったのと聞くと、とうとうお母さんが話してくれます。

お母さんは、おばあさんの私生児なのです。おばあさんは、どこかのダンサーを好きになって、ダンサーとの間にできたのがお母さんなのです。その当時ですからイギリスでも、私生児なんていうとむちゃくちゃに嫌われました。だから、お母さんは非常につらい思いをして生きているのです。お母さんは、こんなことまで教えてくれます。おじいさんは実は何の血のつながりもない人なのだ。おばあさんはダンサーとの関係で子どもができて、一人で困って働いているときに、おじいさんと結婚したのです。そういう人だから、おじいさんがやさしいのもよくわかります。そういう母と娘を思って結婚して、自分の人生をそのために投げうって、孫が来ても非常にやさしくしている。やさしく、やさしく男は生きていて、おばあさんのほうは黙りこくっていて、孫に対して、いきなり妊娠しているのかと言って、おじいさんとおばあさんは逆みたいに思いませんか。

## 母性の恐ろしさ

これは母性というものの、ある意味の怖さだと思います。母というものは、歴史が始まって以来というか、ずっと長いのです。サルの研究をしている私の兄の河合雅雄に言わせますと、母の歴史は何万年か何十万年かわからないけれども、父親の歴史はつい最近だ、父親が出てきて何か言い出したのは一万年ぐらいだと言うのです。

だから、父はぜったい負けるというのが兄の説なのです。

それは逆にいうと、母性というのは、あんまりすごいから、母性がバッと自分にかぶさってきたら、自分の個性がなくなってしまうような感じがしてしまうほどです。オカアチャンというのになったら、ほかのことはできないのです。オカアチャンという名前がついたら、どんなに腹が立ってもニコニコしていなければいけないような気がしてくる。私はこう思うとか、あんた何やってんのとかではなくて、オカアチャンというものはすべてを抱きしめねばならない。

そう思うと、現代に生きようとしている女の人は、母性というものがうとましい。下手にそれを身につけたら、私の人生はどうなるのだろうという気があります。それは、クリスのお母さんの姿に非常にうまく書かれています。クリスのお母さんは登山をして写真を撮ったり、いろいろやって幸福に生きているけれども、お母さんをやめているわけです。お母さんをやめることによって、これをやっているわけです。

自己発見の道といっても、女の人は、自分というものを生きようと思う時、お母さんにうっかりなってしまったら、自分がなくなってしまうという恐れをいだく。そうなると、母性のほうは拒否したくなる。ところが人間ですから、どこかに母性がなかったら生きていけないというのはわかっていますから、どうしても相手の男性が母性的にならざるを得ないという格好になってくるのです。

そうしてうまくいっている家もありますけれども、なかなかうまくいきません。父性と母性と両方あればいいのですから、テニスの前衛と後衛みたいなもので、どっちがどっちをやるかはわからなくていいのです。女の人が父性をやって、男の人が母性をやっているのも、うまくいけばいいのですが、なかなかうまくいきにくい。

その根本には、母性というものの怖さがある。命を生み出してくる代わりに、それに同一化しすぎると、自分の個性を失うような気がします。この本はそこが非常にうまく書いてあります。クリスのお母さんが、どうしてクリスのお父さんから離れていったかを、クリスが問い詰めるのです。クリスにしたら、お母さんが出ていってしまったのですから、お母さんは何であんなことをしたのかと言うのです。

クリスのお母さんも、母性の少ない家に生まれているのです。クリスのお母さんは、クリスのお父さん、前の夫に出会ったときに、父親のような温かさを感じた。だから結婚した。私は彼を愛しているし、彼も私を愛してくれたけれども、それは親子の愛情であって、夫婦の愛情はなかったのだ。それに気がついたから、自分は出ていったのだと言います。子どものことを思うと、たまらないと思ったのだけれども、それでは自分が死んでしまう。自分を生かすためには、自分はここで思いきって出ていかなければならないと思って、出ていったのだという説明をします。そして、いまは自分を生きている。これは、いつも非常に難しい問題です。子どものお母さんになっていたら自分を失う。それでは、子どもを捨てて自分を生きるのかという難しい問題になります。

日本人の場合は、だいたい子どものために自分を捨てる人のほうが多いのではないでしょうか。本来ならば、もっとやりたいこともいっぱいあったのだけれども、子どものためにいろいろ尽くしましたというのが多いと思うのです。

むかしの日本の物語で、子どもを取るか自分を取るかというので、自分のほうを取った主人公もちゃんといるのです。これは非常に面白いと思いました。それは『とりかへばや物語』のなかにあって、私はそのことについて既に他に論じています。女の主人公が、ふとしたことから子どもを生んでしまうのですが、そのときに、子どもの母親として生きるか、自分の人生を生きるかというので、子どもを捨てて自分の人生を生きるほうを取ります。むかしの日本だって、そういう考え方はちゃんとあるのです。

いちばんいいのは、自分も生きる、母性も生きるという、両方生きることではないでしょうか。どちらをとるかというときの例としてクリスの母親の場合があげられていると思うのですけれども、自分を生きるという場合の、クリスのお母さんの自分というのが、私に言わせると非常に狭いのです。この場合の自分というのは、西欧の近代にできてきた自我を生きる、ということになってしまう。私は何をしました、私はどんなことをやり抜きましたという、自分です。

あのお父さんと一緒にいたら、お父さんにベタベタして、子どもを育てるぐらいがおちだけれども、私は家を出てきたので、いまは山の写真家になっているし、夫は夫で好きなことをやって生きていると言えますが、それが本当に自分なのかというと、私はすごく疑問に思います。それは非常に狭い自分です。

自分が何をしたというのではなく、ただ「いる」というだけでもすごいと思うし、あるいは、だれかの犠牲のために生きるのも、すごいことだと思います。この人の犠牲のために私は生きていると言うけれども、実際は自分も生きていることになるのです、広い意味において。私の考えでは、自分というのはそんなに狭いものではなくて、私のなかの自分というのは、私だけではなくて、私の母も父も妻も子どもも友人も、ぜんぶ入っているぐらいで、ぜんぶのなかで自分も生きると、このお母さんが考えたら、どういう生き方をしたかはわからないと思うし、どちらがいいかもわかりません。

みんないろいろな生き方があって、それなりの生き方をしていることを、作者は非常にうまく書いているのです。それぞれの人が一生懸命に、真っ直ぐに生きています。クリスのお母さんは、ここでは自分を失うから出ていく。夫のほうも、わかった、おまえは自分を生きなさい。自分は別れるのは残念だけれども、しかたがないと思って、やっているわけです。

離婚して出ていった女性は、自分を生きていると言っているけれども、本来であれば自分の一部であるはずの自分の夫とか、自分の一部であるはずの自分の子どもたちを、そのために非常に不幸な状態に置いているわけです。それが、本当に自分を生きていることだろうか。そこが何となく気になるので、さっき言いましたように、せめてお金を送ろうということになりますが、お金ですむことではないと私は思います。いのちを生きるということは、もっとすごいことです。

だからといって、結婚したら死ぬまで離婚してはいけないとは、私はけっして思いません。いろいろな場合があるのですが、どこまでわかっているのか。私は自分を生きるために離婚しましたというのは、ものすごく単純な考え方で、もっともっと自分というのを掘り下げねばならないということを、この作者はわかって書いていると思います。

クリスは自分自身と出会いたいということで、いろいろな人と出会っていくわけです。そのなかにヘレンもいたし、ヘレンのなかに新しい子どもがやどります。そんなわけですから、ヘレンのお母さんが悪いなんて言っていられない。ヘレンのお母さんは、自分が私生児で生まれてきていますから、セックスということに対しては、すごく敏感なのです。

ヘレンに対して、「いったい何回したの」という言い方をするし、妊娠したときでも、どうなったのと言うのではなくて、そんな不道徳なことはいけませんとか、非常に道徳的なのです。ヘレンは、やりきれないと思っているけれども、お母さんの人生から考えたら、それがわかるのです。自分のお母さんが不道徳なことをしたために、私のいのちというものが、ものすごく大変な状況で生まれてきて、それを生きねばならなかったのですから、ヘレンのお母さんが道徳に固執するのもわかるし、自分の娘に対して何となく冷たくなるのもわかる気がします。

こういうお母さんは、自分の子どもが娘になって性的に成熟していくことが、いやでたまらないのです。自分のいやな部分が大きくなっていくような気がするから、突き放す。そのためにそういう子どもは性的な関係を早く結ぶことになります。パラドックスです。お母さんが厳しくしているほど、子どもは、こんなお母さんに抱かれるぐらいだったらと思って、ほかの男性のところに行ってしまうわけです。そのことが起こったわけです。

クリスは結婚してもいいと思っているのですが、二人とも高校生です。二人は違う大学、しかも遠い所にある大学を受験しているのです。どっちがやめるのかとか考えたら大変なのです。ヘレンは、ここで結婚なんかすると、自分の人生はうまくいかないというので、別れることを決意します。クリスは絶望するのですが、ヘレンは決めてしまって、赤ちゃんを生みます。女の子です。

最後は、赤ちゃんが生まれたというので、おばあさんが、この家を訪問してくるのです。おばあさんとお母さんとヘレンと赤ちゃん、女性が四代つづくなかで、ちょっと気まずいのです。おめでとうばかりも言えないし、子どもが生まれたのは嬉しいしというなかで、赤ちゃんをおばあさんに渡したら、おばあさんも、可愛らしいから喜ぶのです。

最後に書いてあるのは、この子が生まれてきたおかげで、この赤ちゃんのいのちが、それにつながる女性の系譜をつないでくれた。いままで仲の悪かったおばあさんとお母さんも、おばあさんが訪ねてきてくれたことで、ちょっとは関係が変わってきます。ヘレンも結局はクリスではなくて、お母さんに頼って子どもを生んで、お母さんが育ててくれることになるのです。ヘレンは自分の子どもに対して、自分のお母さんがしたようには、おそらくしないだろう。ここで女性の系譜がしっかりとつながるのだと思わせるところで、この物語は終わりになります。

## 生きることへの肯定と否定

もうひとつ触れておきたいのは、ヘレンが、ノーバディ、エイリアン、死ねと言って、中絶を決意して、これから中絶されるというときに、パッと病院を飛び出してきて、生む決心をするところです。そこも非常に感動的なのです。いのちというものは、相当な否定というか、こんなもの死ねというぐらいのところがあって、次に生きようというテーマなのです。

このことは、児童文学ではないのですが、最近、私がそのことを感じましたのは、周産期センターというところについての話です。そこは、いままでの言葉でいうと未熟児、つまり、六カ月ぐらいで子どもが生まれてしまうとか、ものすごい難産とか、そういう難しい赤ちゃんばかり収容しています。

その周産期センターに、われわれの仲間の臨床心理士が仕事に行くのですが、その人は行っても、はじめはいる場所がないと言っていました。周産期センターというのは、二十何週ぐらいで生まれた赤ちゃんもいるらしいのです。皮膚なんかほとんどないような子が、医療用の管をいっぱい付けていて、ちょっと外れてしまったら死んでしまうのです。何かが外れてビーッと音が鳴ったら、看護婦さんが走っていく。注射でも、こうした赤ちゃんに注射するのは難しいのです。それでその人が周産期センターへ行ったら、お医者さんも看護婦さんもバタバタッと走っていて、みんな表情がないそうです。ニコリともしないというか、ものすごく緊張して走り回っているそうです。そこへ彼女が行っても、邪魔者が一人来たようなもので、彼女は何もできないわけです。自分は無力で、こんな所にいてもしかたないと思っていたら、まったく無力でボーッとしている人がいるのです。それは、親なのです。お母さんも、自分の子どもを抱くこともできないし、何もできないのです。

そのうちに、親は行ってもしかたがないとか、先生にお任せしますとか言って、来なくなったりする。もっとひどい場合は、一生懸命になって子どもを生かして、お母さんに渡したとたんに、お母さんがどこかの施設にあずけてしまう。そうすると、お医者さんと看護婦さんは、腹が立ってしかたがなくなってくるのです。あなたの子どもでしょうとか、われわれはこんなにやっているのに、もうちょっと見舞いに来たらどうですかと言うと、お母さんは、すみません、申し訳ありませんと言うけれども、怖いからよけい来られなくなるのです。

臨床心理士もボーッとしているから、ぼんやりした者同士で、お母さんが話しかけてくるのです。私は臨床心理士ですが、話をしましょうかと言うと、ほとんどのお母さんが堰を切ったように話すそうです。あんな子は、いないほうがよかったとか、本当は死んでほしいとか言うそうです。お医者さんはがんばっているわけですから、お医者さんには言えないのですが、この人は、どうも話を聞いてくれるらしいと思うので、出てくるのです。

ものすごい罪悪感を持っている人が多いそうです。私がばかなことをしたので早く生まれたとか。ふつう、お医者さんとか看護婦さんは、それを打ち消したり慰めたりすることが多いのです。そんなことはない、これはあなたの責任ではない。こうして生まれてきたのだから、がんばって育てようと言うのです。

臨床心理士は、そういうときに慰めは言わないのです。言わずに、聞いているだけなのです。みんな私が悪いのですと言ったら、あなたが悪いとも言わないし、さりとて、だれが悪いとも言わないで聞いているのです。受け止めて待っていたら、ほとんどのお母さんが、そこから反転してくるそうです。もういやだと言っていた人が、見ていたら赤ちゃんもがんばっていますねとか、私と赤ちゃんと二人で大人になっていくのですと言って、だんだんお母さんの態度が変わってきます。まったく否定的なこと、ノーと言ったあとで、イエスというのが出てくるのです。そうすると周産期センターの看護婦さんやお医者さんの表情まで変わっていったそうです。何か知らないけれども、みんな心がなごんできて、同じようなことをしているのに、いままでよりもうまくいくようになったという話を聞いたのです。

ふつうは否定を言わせないのです。しかし、臨床心理士は、母親があんな子、死んだほうがいいと言ったら、何を言っているのですかなどと言わずに、それをぜんぶ引き受けて待っていると、母親の心の奥から、反対の気持ちが生まれてくるのです。

そう考えると、『ディア ノーバディ』というのは、すごく面白い題だと思います。ノーバディというのは何もないということです。自分の子どもに無という名前を付けていると思うと、日本人にとっては面白い。日本人は、無からこそ、すごい有が生まれることを知っているからです。本当に無だとわかったとたんに、そこからすごいいのちが生まれてくる。何かあるところから生まれるくるいのちではなくて、何もないところから生まれてきたいのちだから、すごいということも、この本の題には示されているように私は思いました。この作者は、どこまでそう思われたか知りませんが。

# 児童文学のなかの家族

## 古きよき時代の家族像

今日は「家族」ということでお話をすることになりました。山田太一さんと谷川俊太郎さんが来てくださったので非常にうれしく思っております。家族ということはいま非常に大切なことで、考えれば考えるほどわからないところもたくさんあるのですが、それだけに、山田さんや谷川さんがどんなことを言われるかというのも楽しみにしております。

私は、児童文学を主にして、児童文学のなかに出てきた家族ということについて話をしたいと思っております。家族というのは人間の特徴です。私の兄はサルの研究をしておりますが、結局は人間に関心があるわけで、その兄がよく言うのは、人間の特徴は家族があるということだと言います。考えてみたら、家族がある動物はありません。動物は群れがあります。

ただ、非常に面白いのは、サルなどでも母と子の結びつきはあります。だから、サルもだれが自分のお母さんかというのは知っているサルは多くて、お母さんが死ぬと子どものほうも絶食して死んでしまったりとか、そういうことが起こります。あるいは子どもが亡くなると、お母さんはその亡くなった子をミイラになるまでずっと抱いて一緒に行動するとか、母と子の結びつきはあります。しかしサルで自分のお父さんを知っているサルはいないと思います。ただし誰がボスかは知っています。そういう群れのボスはいますが、父親はいない。だから、父親というのは人間の発明なのです。

言い換えると、これは私の兄がよく言いますが、母の歴史は何十万年と長いけれども、父親の歴史なんてほんの最近始まったばかりだと。こういうところでも父親と母親との差は非常に歴然としていると思います。それでも人間は、父親、母親、子ども、それからおじいさん、おばあさんがいたり、いろいろな家族の形態がありますが、家族として住んでいる。

そこでまず、古きよき時代の家族のことを話そうと思います。古きよき時代の家族の典型が、ローラ・インガルス・ワイルダーの書いた『大草原の小さな家』です。これはテレビでもよくやっていますね。しかし考えてみたら、これはずいぶん古い作品です。百年以上前の作品です。しかし、みんなが非常に好きな作品と言っていいのではないでしょうか。いまでもテレビでみんなが見ているというのは、古きよき時代の家族というのがきれいに出てくるからではないかと思います。

きょうこの全体の話をするのではありませんが、印象に残ったところだけを言います。これはずっとシリーズで続くのですが、家族はお父さん、お母さんと子ども三人。女の子が二人と赤ちゃんもいて、ウィスコンシン州に住んでいました。それが幌馬車に乗ってずうっと遠いところへ行って、大草原に家をつくるわけです。馬車に乗って旅行する。そうすると、川を渡らねばならない。これは大変です。川を渡るときに、子どもたちは、怖いですから、外を見ないようにと幌馬車の寝床のなかに入っている。お母さんがその後ろにいて赤ちゃんを抱えている。馬車の馬二匹が浅瀬のところを選びながら、入っていくわけです。そのときに犬がいるのですが、犬は自分で泳ぐから、幌馬車のなかに入れずに、自分で泳がせたらいいということになる。そのうち川は深くなって、馬を泳がせなければならない。そのときにお父さんが、お母さんこっちへ来いといって、お母さんを御者にさせて、自分は飛び込んで、泳ぎながら馬を導いて川を渡っていく。子どもたちは怖くて仕方ないけれど、伏せていたら、なんとか向こうへ着くのです。

それで喜んでいたら、犬がいない。結局は犬は川のなかで死んだのだと思って、惜しいことをしたと思って泣きそうになるのですが、子どもたちも、ここで泣いたりしたらお父さん、お母さんにすまないと思って頑張るところがあるのです。結局は犬はだいぶたってから必死になって渡って帰ってきて、一同大喜びをします。

こういうのを見ていると、ほんとうに家族全員が頑張って川を渡っているのが、非常によくわかりますね。僕らはそれがわかるから、テレビを見ても感激するわけです。馬とお父さんが泳いでいて、車輪が土についたところで、ヤッターというところがありますね。よし、これで行けるというわけで、あと一気に馬車は進む。

ところが、私はこれを読んでいて思ったのは、現代の家族もこれと同じことをやっているのではないか、ということです。やっているが、こういうふうに見えないのです。どういうところかというと、たとえば父親が職業を失って、なんとか次の職業を探そうとしているときがありますね。子どもたちにはあまりわからないけれども、父親が左遷されてしまうということが起こりますね。あるいは子どもが病気になって死にかかることもあるし、いろいろなことがあります。ほんとうは家族一同で頑張らねばならないのですが、一同でどう頑張ったらいいかわからない。『大草原の小さな家』の場合、非常によくわかるわけです。お父さんは飛び込むとか、お母さんは御者になるとか、子どもは静かにしているとか、全部できるのですが、いまの時代は、ほんとうは家族一体となって行動しているはずなのだけれども、それが目に見える形でわからないという難しさがあります。

それがもっと端的に出てくるのは、お父さんがオオカミにあうところがあるのです。お父さんが馬に乗っていると、オオカミの群れが来る。ところが、オオカミというのは腹いっぱい食べているとぜんぜん何も関心がない。腹がへっているときは見たらバーッと飛びかかって食いつくのですが。そのとき幸いにもオオカミの群れはたくさん食べたあとだったのです。それでお父さんは馬に乗って怖くて仕方ないけれども、急に走ったりしたら追いかけられるし、すまして乗っている。そのまわりにオオカミがいるわけです。お父さんもわかっているから、大丈夫とは思うものの、必死の思いでオオカミから離れて家へ帰ってくるわけです。子どもたちがお父さんの帰りが遅いと思ったら、真っ青な顔して家へ入ってくる。

そこからが面白いのです。お父さんが「オオカミがいたんだ」と言って帰ってくるのですが、怖いからものが言えない。子どもたちで取り囲んでいるのですが、子どもたちは「どうしたの?」とか、「どれだけオオカミがいたの?」とか聞かないのです。これはなぜかわかりますか。子どもは父親にそんな質問をしてはいけないのです。こういう本を読んでいて思うのは、父親というのはすごい威厳があるのです。お父さんがしゃべりだしたら、子どもは絶対全部聞かねばならないし、お父さんがしゃべらなかったら質問してはいけないのです。だから、子どもたちはオオカミのことを聞きたくて仕方ないのですが、黙ってお父さんが話すまで待っています。

こういう家は日本でまあ、ないでしょうね。お父さんがしゃべりだしてもほとんどだれも聞いてないと思いますし(笑)、言いたくないことを質問する人はたくさんいると思います。だから、アメリカというとみんな家庭は民主主義的にやっていると思いますが、いまアメリカもだいぶ家庭は変わっています。ものすごく変わっているけれども、少し前は父親はこれだけの威厳をもっていたのです。『大草原の小さな家』のほかの話をいろいろ見ていても、お父さんはすごい存在だというのがよくわかります。

そこでみんなが待っていたら、とうとうお父さんが落ちついて、オオカミのすごい群れが一緒に来たと話します。オオカミというものはえさを食べている限りはかかってこないので、必死になって、すまして一緒に来たという話をして、子どもたちはすごい感激するのです。しかもその晩にオオカミがウォーッと実際に小屋へやってくる。そうすると、あんな恐ろしいやつにお父さんが囲まれていたということがみんなわかって、お父さんは偉いなあとか、頑張ったとか思うわけです。

## 家族のなかで伝え合う努力

ところが、私はこれを読んで思ったのですが、いまの父親で、オオカミに囲まれている人はたくさんいるのではないでしょうか。会社へ行ったらオオカミだらけでしょう。僕ら大学に行ってもいろいろオオカミがいます。キツネもいるし、タヌキもいる、ゾウもいたりします(笑)。いろいろいます。ほんとうは大変なのです。いちおうは教授会とか言われていますが、ずうっと目をこらしてみるといろいろなヤツがいます。どこから嚙みついてくるかわからないし、足で踏みにくるヤツもいるし、引っ張る人もいます。

ところが、それは子どもにはわからない。帰ってきて、子どもたちが固唾をのんで、お父さんはきょうの教授会で命がけで頑張ったでしょう、お父さんが話をするまで待ちましょうなどと、そんなことはないですね(笑)。「ただいま」と言ったら、ただ、帰ったのか、というようなものです。同じことが行われているのに、ぜんぜん実感がないというのは、すごく恐ろしいことだと思いませんか。私は思うのですが、やはり父親というのは、オオカミのなかにいるということをほんとうは伝える努力をすべきでしょうね。何もなかったような顔をして帰るのではなくて、社会に出ていったらオオカミがどれだけいるかとか、食いにくるやつと食いにこないやつがいるとか、そういうことを家庭で話をするべきだと思うのですが、そういう会話が少なすぎると思います。

そんなこと言っていると、やはり父親は子どもに自分の職場のことを話さなければならないということを急に気がついた方がいました。その人の話は傑作で、省エネということをすごく言いだしたときがありましたね。省エネ、省エネといったので、エレベーターを使わないで、社員は五階からぐらいだったら足で降りてこいと。お客さんがエレベーターに乗るのはかまわないが、社員はたしか四階だったか五階までは足で降りろ、乗ってはいけないということになった。しかしそれを決めると必ず乗るやつがいる。どこの会社にもいます。三階から乗ったりするやつがいる。どうもそういうのがいるらしいということになって、課長クラスが順番に物陰に隠れて見ているのです。そして降りてきたら、「おい、どこから乗った？」とか、そういうことをやる係をやらされて、その人は大会社の課長さんですが、柱の陰に隠れて見ているうちに、おれは何をやっているのか、自分の家族はお父さんはナントカ会社の課長で威張っていると思っているかもしれないが、物陰に隠れて降りてくるやつを見ている、こういうバカなことをして月給をもらって帰っているのだ、これこそ家族に話をしなければならないと思って、そのお父さんは帰って、晩ごはんを食べたときに勇気をもって話します。

「おまえたちはお父さんが何しているかわかっているか。きょうは柱の陰に隠れて番してたんや」と言ったんです。そうしたら、奥さんと娘さんがギャーッと笑って、「何や、アホなことしてるのやねえ。やっぱり日本の企業ってすごいねえ、そんなバカなことしているのを課長で雇っているのかしら」とか言って、ぜんぜん逆効果で、「お父さん楽でいいなあ」とか言われて、やっぱりむやみに話すものではありませんと言っていましたが、なかなか自分でやっていることを家族に話をするのも難しいですね(笑)。

それと、急に発心して話をしてもだめです。ずうっと続いてないといけない。いろいろなことを言っている関係のなかでその話が出てきたら、子どもたちはお父さんがほんとうは何を言いたがっているかわかると思いますが、いままでものを言わなかった人が急に言うと、ぜんぜん心が通じない。

これに対して、古きよき時代のアメリカでは、お父さんは何をしているか、お母さんは何をしているか、子どもは何をしているか、みんな心を合わせなかったら家は立っていけないというのがすごくわかる。

日本でもちょっと前まではそういう家族は多かったと思います。農業などをしていると、お父さんのやっていること、お母さんのやっていること、みんな子どもはわかります。そして実際にお父さんがどんなすごいかということが子どもはよくわかる。子どもだったらなかなかうまくいかないことをお父さんだったらパッパッとやりますからね。田植えでもサッサッサッとやったらちゃんと根付くけれども、あれ下手なのがやったら全部流れます。さらに、僕らも子どものときやったことがあるのでよく知っています。いまは機械でやるので誰でもできます。さらに、夕方に空をみて「これはあした雨やなあ」とお父さんが言ったら、必ずあした雨が降るのですから、家族というものがみんなで生きてて、そのなかで親というものはどんなすばらしいかということを実感して生きていける。つい最近までそうでした。

## 子どもから見た父親・母親

きょうは、ここに子どもの書いた詩を持ってきました。実はこれは理論社から出ておりまして、『おかあさん』という詩です。『おとうさん』というのもあります。二つ持ってくるはずだったのですが、いくら探しても『おとうさん』がなくなっていまして、非常に象徴的な気がして、それ以上探さなかったのですが、『おとうさん』もすばらしいので皆さんに勧めます、読んでいたらほほえましいものが多いです。この詩は、いまから三十年か四十年前でしょうか、『キリン』という雑誌が関西にありました。それに子どもの詩をたくさん載せていたのです。『キリン』刊行十五周年を記念して、母親というテーマでアンソロジーが組まれ、『おかあさん』というタイトルで『キリン』の発行所だった理論社から刊行されています。小宮山量平さんが解説を書いています。だから、ここに出てくる詩のお母さんは昔のお母さんで、いまのお母さんとは違うと思います。

たとえば「戦争」という題ですが、これは小学校五年生の推野和代さんという人のです。

おかあちゃんは七時におきる
いよいよ戦とうかいしだ
おかあちゃんのあいずに
ひきずられて
おとうちゃんは
いやいやおきる
便所
せんめん所
その間　約十分
テレビの時間表とにらめっこ
いよいよ
バスのていりゅう所へ出発
順番が

私たちにまわってきた
リレーのたっちのように
おとうちゃんと同じコース
その間
おかあちゃんのようすを見ていると
まるで　ウサギが
はねまわっているようだ

という詩で、おかあちゃんが全部やって、戦争のように、しかもお父さんと子どもを送り出している姿、こういうおかあちゃんがすごい頑張っている詩が多いです。

次に「やせた」というのがあります。これは福山憲司君という六年生の子の詩です。

ずいぶんやせたなあ
目がへっこんでいる
しわもよったよ
わかい時のしゃしん
いまのしゃしん
ずいぶんちがうね
はもぬけている
めがねをかけなよ　おかあさん

いればもいれなよ　おかあさん

つまりお母さんは子どものために働いて働いて、めがねもせず歯も入れずに頑張っているお母さん、こういうお母さん像です。そういうみんなのために頑張っているお母さんの姿がよく詠まれています。

こんな詩もあります。「わたしも」という題で、すがいゆり子さんという三年生の子ですが、

「かあちゃん」「かあちゃん」

なんべんいうても

ええ　なまえや

わたしも

かあちゃんになるんやで

ねー

わたし

かあちゃんみたいにふとらんね

と書いてある。面白いですね。「なんだか呼びたいお母さん」という童謡がありましたが、かあちゃんと言っているだけですばらしい。自分もなるんだ。しかし太るのだけはちょっとごめんというところです。

次に「こえ」というのがあります。赤木一夫君、一年生の子です。

おかあちゃんが

きをつけてねといった

ぼくは
はいいってきますといった
おかあちゃんのこえが
ついてきた

がっこうまでついてきた

これはかあちゃんが言った言葉が学校までついてきたというのを、この子はむしろよい意味でとらえていますね、おかあちゃんが守ってくれていると。このごろだったら、かあちゃんの声がついてくるので、うるさいと払いたいように思っている人はありませんか。面白いのですが、かあちゃんというものとの関係が、なんか守ってくれている、ついてきてくれていると感じるときと、そんなについてこんでもいいのにとか、うるさいなあと思うのとあるわけですが、ここに出てくるお母さんはものすごく働いて、やせても頑張っているという、そういうお母さんなのです。これはいま非常に少なくなったのではないでしょうか。いまの子に「お母さん」という詩をつくらせたら、どんなのをつくるか聞いてみたいと思うのですが、これとはずいぶん違ってくると思います。

お父さんのほうの詩は持ってきませんでしたが、なかなかお父さんも頑張っていますし、子どもたちに好かれています。やっぱりおとうちゃんよくやっているという感じのがだいぶありました。それは日本の古きよき時代のお父さん、お母さんです。

## 現代の家族を見えなくさせるもの

それで、グッと現代になってきますと、お父さん、お母さんのイメージもずいぶん変わりますし、家庭のイメージもすごく変わります。その現代的なのを感じさせる本としてここに持ってきたのは、ムシェロヴィチというポーランドの人が書いた『クレスカ15歳　冬の終りに』という岩波書店から出ている本です(田村和子訳、一九九〇年)。これも非常にすばらしい作品で、あまり知られてないのですが、十五歳の少年というか青年というか、ちょうどその頃の男性と女性の異性関係が非常にうまく書かれています。ところが、その十五歳ぐらいの男女二人の脇役みたいになって一人の六歳の女の子が出てくるのですが、その女の子が非常によく書けていて、面白い作品です。

私が言いたいのは、十五歳の子どもの恋愛の話ではなくて、その六歳の子なんです。六歳のこの女の子は、自分の名前がちゃんとあるのですが、勝手に違う名前を自分につけて、しかも、よその家へ行って呼鈴を押して、出てきて、何ですかと言ったら、お昼を食べにきたのと言うのです。ええっと言うと、お昼を食べにきたのとあまり厳然として言うから、何か食べさせたくなって、連れて入ると、にこにこして、ウワー、おいしいとか言って食べるのです。あんた、お父さん、お母さんは?、死んだのとか言って、いつ死んだの? と聞くと、気管支炎で死にましたなんて言うのです。そして食べたら、あんまりおいしかったからお礼に詩の朗読をしますなんて言って、難しい詩の朗読をするのです。そんな詩どうしたの? と言ったら、うん、お父さんに習ったと言うのです。死んだのとちがうの? と言ったら、いや、やっぱり生きてるとか、非常にユーモアがあって、その子があっちの家へ行ったり、こっちの家へ行ったりするのです。しかも、ポーランドの「連帯」が出てきた頃で、ポーランドも物がないときで、配給なんかしているときでしたから、みんな食事に困っているのです。困っているのですが、これはまたポーランドの人たちのいいところですね、貧しい人ほどこういう子に対して親切です。自分のところはあまり食べ物がないのに、なんとかこの子に食べさすと、むちゃくちゃ喜んで、帰っていくというのですが、何のことはない、この子はすごい金持ちの家の子なのです。

どんな金持ちかというと、たしかお父さんは政府のほうの関係のえらい役人、お母さんは学校の先生です。二人ともそういうところで働いているから、すごいお金が入ってきて、お金は入ってくるけれども、お父さんもお母さんも忙しい。だから、この子は親がお金を出して、頼んでいる近所のおばさんのところでごはんを食べることになっているのです。近所のおばさんはちゃんとつくってくれますが、この子はそれをぜんぜん食べる気がしないのです。こんなの食べられないと言って、外へ出ていって、腹がへったと言ってよそで食ってくるわけです。だから、おばさんがいろいろつくってても、私腹いっぱいだから食べられないとか言って他人の家へ行く。

これは現代のひとつの典型で、お父さんも働いている、お母さんも働いている、どちらも忙しい。そうすると、この子にはだれか近所の人のところでごはんを食べるということが起こらざるをえない。そのときに、おばさんにしたらお金をたくさんもらっているわけですから、なかなかないハムとか、いろいろ買ってきてつくっているのに、食べないから、おばさんも怒ってしまうのです。そして、なぜあなたはこんなごちそうつくっているのに食べないのか、どうしてあなたは私を困らせたり、お父さん、お母さんを困らせたりするのか。そのあとのセリフが、お父さんもお母さんもあなたのために一生懸命なのがわからないのかと言うわけです。「あなたが必要とするものを、全部手に入れるためにどんなに苦労しているのかわからないのか」、これは私のところへ相談に来る子どもさんの両親が非常によく言われることです。この子のためにどんな努力をしたか、この子の欲しいものは全部与えたとか。それに対して、その子どもたちは僕に何と言うと思いますか。「うちのお父さん、お母さんは何もしてくれません」と言うのです。まったく逆なのです。子どもはお父さんもお母さんも何もしてくれないと言っているし、お父さん、お母さんはこの子のために全部したと言っている。

何が違うかというと、子どもの欲しいものと親が渡すものとが食い違っているということです。要するにお父さん、お母さんは高いものを買って、部屋もあるよ、お菓子もあるよ、食べ物もあるよ、服もあるよ、と全部している。子どもは「かあちゃん」と言ったときに「うん」と言う人がいないということです。要するにこの詩にあるように、「きをつけてね」という声がバーッと学校までついてくるようなおかあちゃん、それがいない。それは子どものほうにしたらものすごい不満ですから、子どもから言うと何もしてもらわないということになる。けれども、親から言うと何でもしている、というのはよくわかります。親もほんとうに一生懸命しているのです。

この作品のお父さん、お母さんもほんとうに一生懸命なのです。一生懸命やっているのですが、この六歳の子どもはとうとうたまりかねて家出をするのです。お母さんが帰ってきたら子どもがいない、必死になっていたら、夫が帰ってきて、あの子家出したらしい、どうしよう、と二人で言うんです。そうすると、二人でけんかになる。けんかになったときに夫が奥さんにどう言ったかというと、おまえは子どもを他人まかせにして、何という家庭なんだ、ここは、と言うのです。うちは家庭でなくて家具展示場だと言うのです。たしかに展示してもいいくらい家具はものすごい立派なのがあるけれども、家庭ではないと言うのです。そんなこと言うのだったらあなたはどうしているのかと聞いたら、自分は忙しい、忙しいと働いている。急に奥さんにワーッとけんかを売ったけれども、別に奥さんが悪いのではなくて、二人ともそうやっているわけです。

そしてこの二人はいろいろ捜し回っているうちに、自分の子どもがあちこちものを食べに行っているというのを知って、ものすごいびっくりするわけです。しかも、自分のところのすごいごちそうを食べずに行っているわけですから。そこからが面白いのですが、このお母さんはついにその家に行って、おたくはどんな料理をつくっておられるのですかと聞く。ここにロスウというロシアふうのスープがあるのですが、おたくのロスウはどういうレシピでつくっておられるのかと聞いたら、うちのとあまり変わらない。とうとう奥さんが、そのロスウのなかにアヘンを入れておられるのではないかと言いだす。実はこの本の題はそういう題です。原題は『ロスウの中の阿片』というのです。それでは日本人にはぜんぜんわかりませんから、こういう題をつけたのですが、これはこのお母さんの考え方をすごくよくあらわしています。つまりうちのでなくてこちらを食べている、こちらはおいしいにちがいない、こちらがおいしいということは、うちのレシピと違うことをやっているにちがいない。そして何聞いてもわからんから、最後のあたりはアヘンを入れているとしか考えられない。おたくはアヘンを入れているのですかと言うと、近所の人が、はい、心のアヘンを入れていますと答える。つまり心が入っている。心が入っている料理か、心が入っていない料理かというのは、子どもはわかるのです。これがすごく面白いと思います。

こういうのを読んでいて、すぐにここの家はダメだというのは簡単で、こんなこと言っても、いまの日本だって父親も母親も働かねばならないところはたくさんあるし、また実際に車も欲しい、家も欲しいといったら男の給料だけではどうにもならないですね。だから、どんどんそういう傾向になっていくということと、もうひとつ大事なことは、このお母さんの、ロスウにアヘンが入っているかといったようなものの考え方、この考え方の根本は、よく考えてちゃんとやっていたらうまくいくはずだ、ここで、ちゃんととというのはどういうことかというと、計量できる、つまり塩は何グラム、砂糖はどのぐらい、二十分火にかけますとか、そういうふうにちゃんとやればすごくよい料理ができるはずだ、そういう考え方でわれわれのいまの社会は動いているということです。そう思いませんか。欲しいものは、それはいくらですか、いくらだったら、自分はカネをためて買える。あるいはちょっと悪いものだったらこのぐらいで買えるとか、みんな数字になる、数字化できるということです。われわれはすごく数字にしばられているのです。

## 食べることと癒す力

私は、ロスウのなかにアヘンが入っているのではないかという会話をみてふと思い出した人があるのです。それは皆さんもご存じの方が多いかもしれませんが、青森に佐藤初女さんという女の方がおられます。『ガイアシンフォニー・地球交響曲』という映画を私のわりあい親しい龍村仁さんという方がつくっていて、その映画のなかに出てきます。もし機会があったらぜひ見てください。

佐藤さんという人は青森の山のなかに住んで、そこで山菜を採ったりなんかして料理をつくっておられるのですが、それがものすごくおいしいのです。そのおいしいというのは、先ほど言っていますように、高い材料を使っているとか、そんなのとぜんぜん違うのです。佐藤さんが山へ行って山菜を採ってくるのですが、いつ採るかがものすごく大事なのです。それからどのぐらい採ってくるか、それが非常に上手で、佐藤さんのつくる料理がどんなにおいしいかという証拠があります。

これは龍村さんに聞いたのですが、佐藤さんはそんな人ですから、みんながそこを訪ねていく。訪ねていってそこで泊まって、みんなうだうだしゃべって、佐藤さんのつくる握り飯食ったり、お漬物食ったりするのですが、そこへ行くのが楽しいからいろいろな人が行くわけです。佐藤さんのことをよく知っている人が、ある青年が、もうこの世に生きていても仕方ないから自殺するというので、おまえ死ぬんやったらいっぺん佐藤さんのところへ行ってこい、佐藤さんのところへ二、三日行って、佐藤さんの話でも聞いて、死にたかったら仕方ないけど、訪ねていけというのです。そうすると、その青年は佐藤さんのところを訪ねていくのですが、自分は死のうと思っているわけだから、何も言うこともないし、佐藤さんの話も別にたいしたこと言うわけでもないしと思う。佐藤さんもこの人は死にたがっているとわかるのですが、どう言っていいかわからないし、行っても何も起こらない。それで私はもう帰りますと言って、その青年が帰るときに、「せっかく来たけど、帰るのだったら帰りにこれでも食べて」と言われて握り飯をもらうんです。その青年は帰りに握り飯をパクッと食うのです。そうしたらあんまりおいしかったから生きる気が起こってくるのです。その人は不覚にも握り飯を食ったばっかりに、死ぬ気がなくなったと言うのです。これはほんとにいい話です。それはわかる気がします。こんなものがあるんやったらやっぱり生きようと、握り飯ひとつで思ったというのです。

龍村さんはその話を知っているものですから、佐藤さんのところへ行って、佐藤さんはすごい握り飯つくるんやな、握り飯のつくり方を教えてくれと聞く。どういうふうに握るかとか、お漬物はどのぐらい入れるかと言ったら、佐藤さんが「そんなものはありません。それはそのときそのときつくっていくのだ」と答えます。漬物も季節によっても違うし、何もかもひとつひとつ違うと言うのです。暖かい季節と寒い季節と雨が多い季節と全部違いますね。そういうのによって全部違うのだ。だから、漬物の上に乗せる石はすごく大事で、重い石とか、軽い石とか、中ぐらいとか、いっぱい石があるそうです。たくさん石が拾ってきてあって、夜中の二時ごろに急にパッと佐藤さんが起きて石を変えたりしている。龍村さんがどうして変えたのですかと言ったら、夜中にハッと目が覚めたら、漬物がもう重くてかなわんと言ってるそうです、それが聞こえてくるので、あ、ちょっと軽くしてあげるよと変えるそうです。

　要するに佐藤さんがつくるような料理をつくろうと思うと、漬物の声が聞こえているくらいでないとダメだ。そういうときに塩はどのぐらいですかとか、三日たてば重さを少し軽くしますとか、そういうのはぜんぜんダメだと言うのです。これは私がさっき言いました定量できる、数字化できるというのとまったく違う世界です。そんなバカなことあるか、と思う人があるかもしれませんが、私はそういうことはあるとはっきり思います。そういうことのできる方はおられて、そういう人はすごい人を癒す力をもっている。

　実は、そういう力は人間はずうっと昔からもっていたのだけれども、現代社会はそれをいちばん無視する。無視するかわりにすごいことができていますね。現代の科学技術によるものです。昔だったら死んだ人がいっぱい手術によって、薬によって助かっていますし、私が子どもの頃だったら、もしハンバーガーを食べようものなら大変なことだったと思います。私の子どもの頃はマヨネーズなんて家でつくったのです。母親がマヨネーズをつくってくれる日はうれしくて、うれしくて、子ども一同何をねらっているかといったら、鍋の底に残ったやつをどうしてなめるかということで、兄弟は虎視眈々として鍋をにらんでいましたが、いまだったらマヨネーズなんて何もめずらしくない。そういうふうに言うといまは非常にありがたいと言えるけれども、ありがたいことは全部数量化されてどんどんできている反面、われわれが昔からもっていたものは下手すると全部なくなっていく、そういうことが起こっています。

　そんなこと思っていたら、作家の高村薫さんがある新聞に書いていたのを見ますと、「子どもたちの食卓」という題なのですが、やっぱり食卓というものはすごく大事なのではないかと書いてある。実際われわれ子どもの頃よく言われましたが、食卓にひじついたらいかんとか、ごはん粒一粒でも残したらもったいないとか、そういうことを言われた。そう言いながらみんなで食事をしていた。そのときに栄養があるかないかとか、そういうことではなくて、何かしらんけど、小さい子がそれ食べて、あ、うまかったとか、これでスッとしたとか、そういうふうな体験をするような、「小さな身体の欲求が、どのように穏やかに気持よく満たされたか、あるいは満たされなかったか」ということは、すごく大事なのではないだろうかと。高村さんはこういうことを書いておられます。自分は作品を書くときに、主人公は子どもの頃いったいどういう食卓で何を食っていたかということを考えてみる。そうすると、その人の性格がすごくわかるような気がすると。これは何も食事に栄養がどうかとか、そういう意味ではないということを書いておられます。たとえば「無農薬野菜や大豆や海草を毎日食べさせているとか、手間暇かけた手料理を毎日つくっているといった親はたいてい教育熱心で、子どもたちはしんどいだろうな」と書いてあります。子どもたちが「三度の食事を食べることで心と身体がそのつど満たされるという、一番単純な充足を十分に知らないのではないか」と書いてあるのですが、僕はすごく賛成です。ほんとうにそうだと思います。そういうことがなくなっていく。

私はそういう点では、アメリカへ行くといつも残念に思います。アメリカはすごい豊かな世界と言えそうな気がしますが、すごい貧しい気がするのは、食べ物の味がないということです。よくこんな味のないものを食っていると思うものを、みんなうまいうまいと食っていますね。これは、私がさっき言ったように、何をするか、何ができるか、どうしたらどうなるか、ということに一生懸命になりすぎたためではないでしょうか。それこそハンバーガーの声が聞こえる人なんか絶対いないと思います(笑)。すべてのハンバーガーはこんなもの食わないほうがいいよと言っていると僕は思うのですが、だれも聞いてないから平気で食っているのではないでしょうか。日本もあんなふうになっていってはたまらんなという気がしています。これは非常に難しい問題です。

僕は昔はよかった、昔はよかったとばかり言っているのではなくて、現代に生きていかねばならないし、最も恐ろしいことは、昔のお母さん像をパッと画一的に女性に押しつけた場合、女の人はこういうおかあちゃんになりなさいと言うと、ほかのものにぜんぜんなれない。そういうことで女性の自由を完全にしばってしまってやっているような社会は、これからは成立しないと思います。実際に女性もどんどん仕事をしたらいいだろうし、女性も男性と同じような仕事をしたらいいでしょうが、そのなかでいったいどう生きるかということを考え直さないといけない。そのときに、どんどん男女同じようにやっていくということだけが先行するということは、こういうことを見ていると、恐ろしいなという気がします。

## 新しい母親像

新しいお母さん像の場合、読んでいて非常に心が温まるという作品があります。これはカニグズバーグという人の書いた『ロールパン・チームの作戦』(松永ふみ子訳、岩波書店、一九七四年)という本です。僕はカニグズバーグという人はすごく好きで、ほとんどの作品を読んでいると思います。いままでカニグズバーグの作品をあちこちで取り上げているのですが、『ロールパン・チームの作戦』のことはあまり詳しく話したことがないので持ってきました。それと「家族」ということを考えるうえでぴったりのことがいろいろ出てきます。

どこが面白いかというと、ここがカニグズバーグという人の非常にいいところなのですが、思いがけないことをパッともってくるのです。ご存じだと思いますが、『クローディアの秘密』(松永ふみ子訳、岩波書店、一九六九年)では、家出した子どもがメトロポリタン美術館に住むのです。同じ家出でも行くところが違うのです。それで非常に話が面白くなってくる。この場合でも、愉快なお母さんがあらわれるのですが、どこが面白いかというと、お母さんがリトル・リーグの野球の監督になるのです。これもめずらしいですね。これはユダヤ人の家です。ユダヤ人だということもすごく大きいと思いますが、しかし書かれていることはユダヤ人であろうと、日本人であろうと、何人であろうと、みんな通用する面白い話です。このお母さんは、リトル・リーグの監督がいないというのでもめているうちに、では私がやりますということになってやりだすのです。息子が野球チームのなかに入っているからですが、息子としてはお母さんがなったというので何ともいやな気もするし、うれしい気もするし、複雑な気持ちで、しかもお母さんはその野球チームのコーチにその子の兄さん、自分の息子を雇うわけです。

これを読んでいても、アメリカのリトル・リーグというのはなかなか大変なのですね。すごい競争で、しかもドラフトというか、各チームは何点かもっていて、弱いところは強化されるように、強いところはそうならないように、持ち点をもっていて、その持ち点で選手を買うというか、それを小学校五年からやっているのです。すごい競争社会という感じがします。しかし、それは子どもには言わないことになっているのですが、この子はお母さんがやっているのをソーッと聞いているから、自分が何点か知っているのです。非常に評価は低いのです。もうちょっとましかと思ったのに点が低いことがわかる。このお母さんは女だけれども男と同じようなことができる、あるいは男以上に男のことができる面白いお母さんというのを描いているわけです。この家は、お母さんが外へ出ていくから、だれが皿を洗うかというのでもめたりするところがあるのですが、そういうところはなかなかうまく書かれています。

たとえばお母さんが会合に出ていくとき、息子に、「おかあさんは会合に行きます。この缶づめをおとうさんと半分こしてください。冷蔵庫にツナ・サラダの残りがあります。神さまと婦人会のお許しがあれば、八時ごろ、あなたがかたづけてくれたチリ一つない台所に帰れるでしょう」、こういう手紙です。何ともいえないユーモアがあるんです。お互いにユーモア合戦でやり合いしているのです。それが子どもも親もなかなかうまい言い方で、これはアメリカ人のいいところだと思います。家族のあいだにユーモアがある。日本は家族のあいだにユーモアのあるところは少ないのではないですか。お母さんと息子がユーモアで結構やり合っています。

そしてお母さんは監督としていろいろなことをやるし、息子は息子なりにだんだん成長していくのですが、面白いのは、『プレイガール』という雑誌に、女の人のヌードが出てくる。これは日本とアメリカの違いだと思いますが、日本はあらゆるところにヌードの写真があったりして子どもは見られますが、アメリカはそのへんは子どもが見られないようになかなかよく守っています。見られないようにするからまた子どもたちも張り切るのですが、そこで悪いやつがヌードの雑誌を買ってきて、子どもたちに五セント出したらパッと見せるのです。パッと閉じて、次五セント、パッと見せて、次と儲けているやつがいるわけです。この主人公はとうとう自分でそれを買ってきて、うまいこと持ち込んでベッドの下に隠しておきます。

そうすると、この子の友達で、野球チームのなかにいるやつで、いけすかんやつがいるのですが、その子との対立が非常にうまいこと書いてあります。実はこの子はお父さん、お母さん、兄さんとかがしゃべっているのをよく立ち聞きしているのです。立ち聞きするというのはすごく大事なことです。子どもが大人になるために絶対必要なことだと思います。もっともどの程度聞くかというのが大変難しい。親のほうもどの程度聞かすかということはすごい難しいです。われわれのところに相談に来る人で、すごいかわいそうな人は、いちばんいやな立ち聞きをした人です。どんな立ち聞きかというと、夫婦でけんかして離婚しようとなったとき、父親が「あいつは要らん」、お母さんも「あの子は要りません」と言うのです。取り合いしてくれたらまだいいけれども、どちらも子どもは要らないということでけんかをしているのを立ち聞きした子どもがいましたが、そんな子はすごい大変です。それからの一生はほんとうに大変です。そういうのは極端ですが、ある程度立ち聞きしなかったら子どもは大人にならない。このへんが非常に難しい。その難しいあたりが上手に書いてあるのです。

どのように書いてあるかというと、そのヌードの雑誌を、この子は必死になってベッドの下に隠しているのですが、変な友達の家はものすごい家がオープンで、親子のあいだでぜんぜん秘密をなしにしようとする。今度の誕生日に何が欲しいと言ったら、その子が僕は『プレイガール』が欲しいと言うと、じゃ、月極めで買いましょうといって、ちゃんと親が許してくれて買っている。だから、公然とその子はそれを見ている。お母さんも見ているし、家じゅう何の秘密もない。そういうふうに子どもは育っているのですが、そういうふうに育っている子がやはり変なことをするのです。変なことして、あいつはやっぱり変だなというので、お母さんとおばさんがその子の話をしているところを、この子が立ち聞きしている。

そのうちにおばさんがそういう話をしたら、お母さんはそこの家はお父さんお母さんがけしからんと言うのです。子どもが自分のプライバシーをもったり、秘密をもったりするということは大人になるきっかけじゃないか。それをもたさずに全部秘密なしに親子が暮らそうとするなんてけしからん。たとえばうちのあの子は寝台の下に雑誌を隠しているけれども……、あれ、知ってる！　てなことで、その子は聞いててびっくりするわけです。

あの子はいま必死になって親に対して守っているひとつの世界をもっている。それを容認していくというか、それを知っているということは大事だとお母さんが言ったら、おばさんが怒るわけです。そんなものを隠したらどんな悪い子になるかわからないと。今度あそこにピストル隠していたらどうなるのとか言いだすのですが、お母さんはそういうふうに話をもっていくところがまちがっている、私はあの子がピストルを隠していたら絶対に話をするだろう。たとえばLSDを隠していたら絶対に話をするだろう。しかし裸の女の子の絵を隠しているぐらいは、男の子の成長として、ちょうどいい加減ぐらいではないか。こういう秘密をお互いにどのように分け合って暮らしていくかがすばらしいのではないかと話すのを聞いて、この子がすごく感激するのです。やっぱりうちのお母ちゃんは偉いと。このお母さんはあまり学問してなくて、言葉もようまちがうし、失敗もするのですが、いちばん大事なことはわかっていて、さっきの『プレイガール』を月極めで買ったりする家は、いわゆるインテリの家です。学問の話が好きだったり、難しい話ばっかりしているけれども、ほんとうの知恵はないのだ。うちのお母ちゃんは知恵があると、この子がすごく感激するところがあります。

## 新しい価値と伝統的な価値

これを読んでいて僕は、ほんとうにすばらしいお母さんだ、そういうところやっぱりたいしたもんだなと思って読んでいながら、ふと気がついたら、どうしてもお父さんの影が薄いのです。お父さんはふにゃふにゃと出てきてふにゃふにゃと消える、そういうことばかりやっているわけです。お母さんがお父さん役、お母さん役をやっているような、つまり父性的なものもお母さんが身につけていくとなると、どうしても男がふにゃふにゃしてくるのかなと思っていたのです。そうしたら最後がすごくいいのです。どのようにいいかというと、これは話としてもすごく面白い話です。読んでほしいと思いますが、野球をやっていて、このチームは野球は弱かったのに、お母さんが監督してからだんだん頑張って、最後の決勝戦で勝ったら優勝というところまでいくのです。

ところが、このチームにそっくりの双子がおって、だれもわからないぐらいなのですが、右利きと左利きなんです。ここで頑張らねばならないという最後の最後のところで、右利きの子のほうがピッチャーやったりして疲れて困っているところを、さっきのヌードの写真を見せることとかうまく絡まって、ワーッと騒ぎが起こってタイムをする。そして次に打者に出てきた子は右利きのはずなのに、左利きの子が出ている。入れ替えているのです。ちゃんと服を着替えて入れ替えて、だれも気がつかないうちにその子がボーンとヒットを打って勝ってしまうのです。それで勝った勝ったとみんな喜んでいるけれども、この主人公の子は、あの二人入れ替えたということがわかるのです。ルール違反をやったと知ってものすごくシュンとするのです。

皆さん、このあたりどう思いますか。自分がこの少年で、自分のチームの双子がうまいこと入れ替わって勝ったら、うまいことやったで終わる人が多いのではないかと思いますが、ここがユダヤ人というか、西洋人といってもいいかもしれませんが、すごく厳しい倫理観をもっているのです。絶対悪いと思うわけです。まず心配するのは、お母さんがやったのではないかと思うわけです。うちのお母さんが、監督がやらせたのではないか。それだったらもうお母さんを尊敬できないと悩むのですが、お母さんは有頂天になっているから、ぜんぜん知らないということがわかってくる。そして話をしていたら、この双子のお姉さんが、おまえのお母さんはレベッカだというのです。レベッカというのはどういうことかというと、旧約聖書で、そっくりの双子がおって、こちらの子どもが祝福を受けるところをお母さんのレベッカが入れ替えて違う子どものほうを出して、その子が祝福を受けてしまうという話があるのです。ところが、聞いているうちに、この子はお母さんはレベッカでなかった、何も知らないで大喜びしていたとわかるのですが、どうしても良心の呵責に耐えられない。喜んでいるお母さんと、兄さんもわかってないので、お母さんと兄さんに言って、試合を放棄して負けるよりしようがないと思うのです。

ところが、そのことをお父さんと話し合いをすると、お父さんがすごく旧約のことをよく知っているから、旧約の話をして、双子を入れ替えることをレベッカがやった、やったけれども、このお母さんは勝手にやったのではない、このお母さんは神の声を聞いて、神様がやっぱり兄弟のこっちが祝福されるべきだと、神の声を聞いたから、神の声に従ってこういうことをしたのであって、勝手にやったのではない、そこが今度の場合と違うところだと、言うのです。それに基づいてこの子は、もちろんつらいけれども、お母さんと兄さんと話し合いをして、それだったら負けにしようというので、わざわざ連盟に言って、試合放棄をして結局チームは負けたということになる話です。

これを読んでいて、僕はすごく思ったのは、お父さんは出てこないなと思ったけれども、すごい父の厳しさというか、不正を許さないという筋が通っているのです。この筋が通っているなかでこういうことが起こっている。そして筋を通す話に旧約聖書のことがかかわってきて、その話をお父さんが息子とゆっくり話し合いをして、神の意思に従っていろいろなことが起こるなら仕方がないけれども、人間がずるいことを考えて――これはお母さん以外にずるいことを考えた人がいるのです、くわしいことは言いませんが――そういうことをするのは絶対いけないという、ものすごいきっぱりした線がこの家庭のなかに通っている。そういう意味では、ここの家は父親不在ではない。すごい父親がいるということに気がついて、やっぱりすごい本だなと思いました。

あまり結論めいたことは言えませんが、これからの家族は、昔のよき時代ばっかりを言っておられないだろう。しかし、さっきの佐藤初女さんの話のように、われわれ現代人が失いつつあるようなものはどこかで保持していかないと、人間が滅びていくのではないかという気さえしています。そういうものを保持しながら、なおかつ男性も女性もともに生きていくという家族であったり、社会であったりするというのは、いったいどうなるのだろう。そのなかで、父性原理、母性原理、そういう二つの原理がどのように挑戦していくのだろうということを、家族のなかで考えねばならないと思っています。

どうもありがとうございました。

# 絵本の中の音と歌

## 絵本の中には音も歌もある

きょうは絵本の可能性ということでそれぞれの人間が話をするんですが、絵本にはいろんな可能性があると思うんです。私は絵本の可能性と聞いたときにすぐ思いついたのは、絵本は絵だけれども、絵の中に音も歌もある、そういう可能性です。そういうことをすぐに思いつきました。私は音楽が好きだということもあると思うんですが、絵本を見ていると音がいっぱい聞こえてくる。そういう可能性をもっている。

これを準備するにあたっていちばん困ったのは、見せたい絵本がたくさんあるんです。どれもこれも見せたい。それでは時間が足りないので、絵本の選択に苦労しました。皆さんのお手元には絵本の名前が出ていますが、全部話せないかもしれません。時間の都合でどうなるかわかりません。

まずこの絵本を見てください。おもしろい顔をしているでしょ。何かわかりますか。貴婦人みたいな顔ですが、これは木の芽です。冬の芽です。この本のタイトルは『ふゆめ　がっしょうだん』(長新太文、冨成忠夫・茂木透写真、福音館書店、一九九〇年)です。いまお見せしたのは絵ではなく、写真です。こういういろんなのがどんどん出てきて、長新太さんの文章ですが、「みんなは　みんなは(……)はが　でて　はなが　さく」。パッパパッパッパッとい

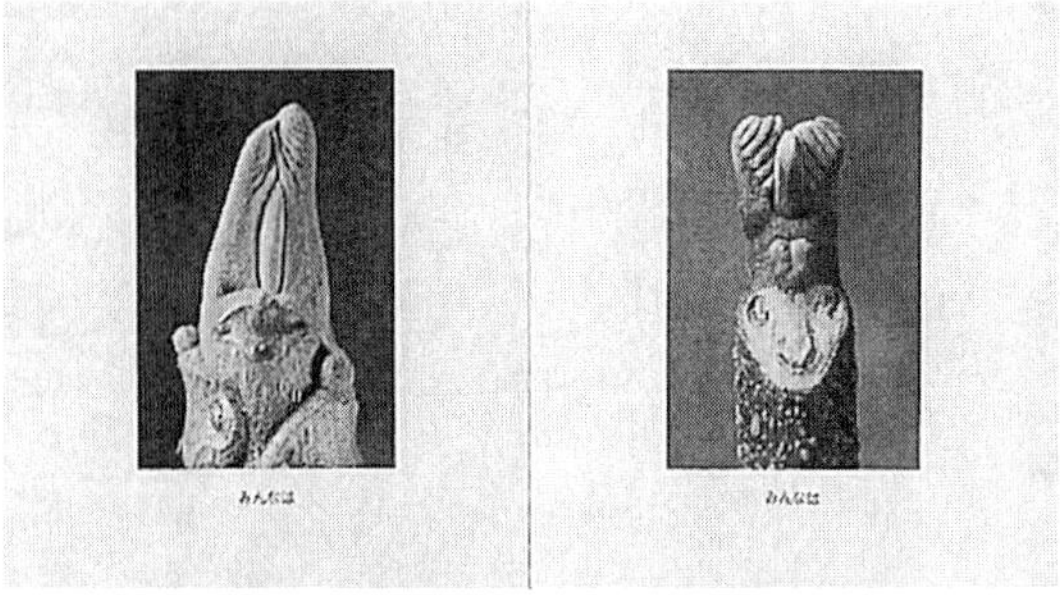

『ふゆめ　がっしょうだん』（福音館書店）より

う音まで聞こえてきますが、そこがこれです。いろんなふゆめが映っていますが、要するに春がやってきて、みんなが林の中で冬芽合唱団が歌を歌っている。それをお馴染みの長さんが上手に文章を書いています。僕はこれが大好きなんですが、ちょっと貴婦人みたいな感じがしませんか。すばらしいと思います。こういう冬芽合唱団がどんどん歌を歌っています。これもぜひ見せたいんですが、「ニコニコ」とかいてありますね。これを見るだけでにこにこしてくる。

この本がすごく好きだったんで、ひとつ何か書いてください、書きますよ、といったら、百字でなんか書いてくださいという。百字で書くのはむずかしいです。知恵を絞って書いた文章が、こんな文章です。「ふゆめに顔があることも、ふゆめが合唱することも私は知らなかった。それに絵本からパッパッパッと歌声が聞こえてくることも知らなかった。この絵本は、このようにまだまだ未知の愉快なことがたくさんあることを教えてくれる」。そのとおりですね。われわれ大人は、なんでも知っていると思いすぎるんです。ああ、これは木の林か、冬だな、というぐらいしか思わないのですが、子どもは、お父さん、ここに顔があるで、ここに貴婦人がおる、合唱が聞こえてくる、となるんですね。そういう可能性に満ちている世界、それが子どもの世界であり、その子どもの世界を上手に絵本にしている。

次の絵本は『だくちる　だくちる――はじめてのうた』（V・ベレストフ原案、阪田寛夫文、長新太絵、福音館書店、一九九三年)というおもしろい題の絵本ですが、絵は長新太さんで、文章はお馴染みの阪田寛夫さんです。これは世界のはじまりです。これを見て音が聞こえないという人は、よほど鈍感な人です。ドーンと聞こえてきますね。ドーンドーンというのを聞いていて、すぐ連想したのは、児童文学ファンタジー大賞の第一回目の大賞を獲得した梨木香歩さんの『裏庭』(理論社、一九九六年)というのがありますね。裏庭、異界といいますか、この世ならぬ世界に入っていったときにドーン、ドーンと音が聞こえてきますね。あれは礼砲の音だといっているし、よく考えると心臓の音にも聞こえてくる。考えてみたら地球がこの世に生まれてきて、地球の鼓動がしているという感じもします。

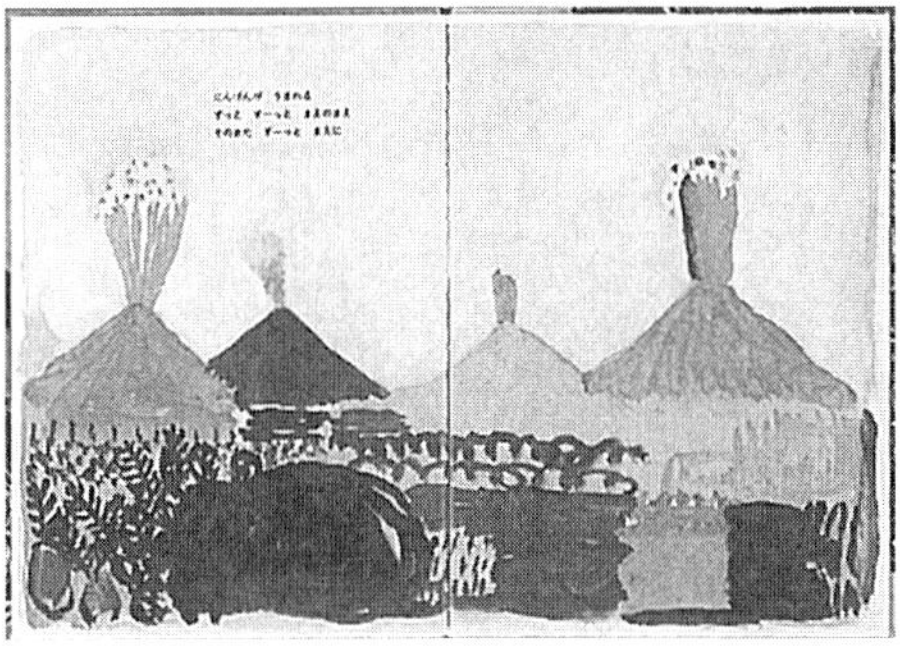

『だくちる　だくちる』(福音館書店)より

その中で一匹のイグアノドンというのが出てくる。はじめのほうに出てきたこういうのがイグアノドンという名前があるのは、やすけどんとかなんとかどんみたいな、そういう感じがしておもしろいんですが、イグアノドンが出てきたんですが、寂しくてたまらない。一人ですからね。こんな文章があります。「どがーん　どがーん　やまのおとだけで　だれのこえも　しない　ずーっと　むかしは　やかましいけど　さびしかった」。これがそれです。ドガーンというものすごい音だけど、やかましいけど、寂しかった。こういうのを見ていますと、「むかしは」と書いてあるけど、いまみんなやかましいけど、寂しいと思いませんか。早く早くとかやかましくいわれるけど、結構寂しい。そういう感じもします。

イグアノドンが寂しがっている絵がありますが、少し飛ばして、寂しがっていたイグアノドンがうれしいんですね。なぜかというと「だくちる」という声が聞こえてきて、小さい友達がやってくる。この色彩がなんともいえん、いいですね。ドガーンときているけど、イグアノドンは明るい気持ちになったんじゃないでしょうか。

出てきたのは、「だくちる　だくちるる」と鳴いているプテロダクチルスです。イグアノドンは非常にうれしい。小さな友達が出てきたので、イグアノドンは、うれしい。「うれしくて　うれしくて　どんどん　うれしくて」と書いてあります。「どんどん　ばんばん　うれしかった」。うれしい音まで聞こえてくるんですからたいしたものです。なんでうれしかったかというと、はじめての歌だったから。イグアノドンが小さな友達に会ったとき、この地球が生まれた中ではじめての歌が聞こえてきた。

私は「音と歌」というタイトルにしましたが、ドーンという音の中に歌が聞こえてくる。音と歌は違います。歌は気持ちがこもっているし、何かを訴えている。ドーンはただ鳴っているだけです。しかし、ドーンという音も聞き手によっては歌に聞こえますね。ダクチルの声も、人によってはやかましいと思ったかもしれない。しかし、寂しいイグアノドンにとっては歌として聞こえてきた。

音は、非常に不思議なのは、人間は音から言葉をつくってくる。いってみると、私がいま出しているのも音です。音だけれども、皆さんは、音が聞こえてくると思うよりは、言葉を聞いている。

## 絵本の言葉を考える

その言葉についてこういう絵本があります。『魔法のことば』(金関寿夫訳、柚木沙弥郎絵、福音館書店、二〇〇〇年)。私は絵も文も好きです。大体絵本というのは、絵と文がほんとにどうなっているのか。文が絵を呼び出していくのか、絵が文を呼び出しているのか、すばらしいんですが、私はとくにこの絵も文も好きです。これは「エスキモーに伝わる詩」という副題がついていますが、いまはエスキモーといわず、イヌイットといっている人が多いですが、アメリカとかカナダの先住民の人たちの神話です。文を書いているのは、金関寿夫さんです。金関さんは、アメリカ先住民の神話をたくさん訳しています。私はおかげでずいぶんと勉強させてもらいました。

この本は絵がすばらしい。絵は柚木沙弥郎さん。たとえばこれは世界のはじまりでしょうね。『だくちる』に出てきた世界のはじまりとここに出てきた世界のはじまり。いろんな世界のはじまりのイメージがある。アメリカ先住民の人は、こういうイメージをもっていたんでしょう。星がすごく大事だったのかもしれませんね。

『魔法のことば』(福音館書店)より

そういうふうな世界の中にどんなふうに生きていたかというと、「ずっと、ずっと大昔　人と動物がともに　この世にすんでいたとさ」。このときは人も動物も一緒に住んでいるんです。この絵はすばらしいでしょう。いかにも人と動物がほんとうに一緒に住んでいるという気がします。それだけではなく、なりたいと思えば人が動物になれたし、動物が人にもなれた。そういう時代です。これが次のページにいくとこういう時代です。人が動物になったり、動物が人になったり、そんなばかなと思う人がいるかもしれませんが、現代でもそんな気がしませんか。人間のはずが、しらぬまに虎になっていたという人。ありますね。奥さんよりも犬のほうがかわいらしいと思ったり、ふと見ると狼男や狸親父がいたりしますから、今も昔もひょっとしたらあまり変わってないのかもしれません。しかし、こんなふうに見事には変われなかったでしょうね。

そのころは動物も人間も同じ言葉をしゃべっていたらしいです。みんなは魔法の言葉でお互いに通じる言葉をいっていたんですけども、急に人間の言葉は、なんかいいますと、偶然いったことがそのままものにつながってくる。だから言葉は急に生命をもちだした。その絵がこれです。人間の言葉に命が出てきた。日本語でも言霊という言い方がありますが、私は思いますが、人間が言葉を思いついたときというか、考えついたときは、ものすごい驚きだったでしょうね。計り知れないほどだと思います。動物もある程度は信号を出していますが、人間は言葉によってどっかにあったこととかここにあるとかだれかに伝えることができるというのは、すごいことですね。それももとをいえば音です。ここでは人間が言葉を出したことが、ほんとにそのままそのことになったというふうに書いてあります。したいことをいうというだけでもできてしまう。なんかほしいと言うだけで出てくるというか、それぐらいの言葉というものの意味を思ったんでしょう。

なぜそんなことができたのか。だれにも説明できなかった。そうですね。なんでそんなことになったのか。いちばん最後が傑作なんです。なぜそんなことになったかというと、答え、「世界はただ、そういうふうになっていたのだ」(笑)。ここにクジャクが描いてあるのは不思議に思いませんか。ここに何を描いたらいいかみんな考えると思うんですが、クジャクを描いているのはいいアイデアと思いますね。なぜかというと、クジャクの羽の全体はまさに世界なんですね。仏教でもクジャクはすごく大事になってきます。考えようによっては、なぜスズメはあんな尻尾をもっていないのか。クジャクだけがきれいなのをもってずるいじゃないかと。スズメもときたまああいうのをもったらどうだ。なぜか。答えはわかりますね。「世界はただ、そういうふうになっていたのだ」。すごいと思いませんか。こういうことで、うん、そうだ、という納得というか、それを魔法のことばを考えついた人たちが、実際神話としてもっていたわけですね。ここは言葉のほうにいきました。

なぜこの絵本を取りあげたかというと、音と歌という中に言葉のことが入っているんですが、その音が言葉のほうにどんどんどんどんいってしまうとどうなるんでしょう。私がいましゃべっているように、あるいは絵本じゃなくて、言葉だけの本を読む。本を読んで意味がわかるというふうになってきます。そして人間は言葉の線をどんどんいったためにここにあるような昔の音の世界、歌の世界、直接にすっと伝わってくるもの、あるいは自分の心の底からウワーッと動いてくるようなものを忘れかかったのではないだろうかという感じがするんです。だからきょうは、音と歌を強調していますが、そこから言葉が出てきたことも、決して忘れてはならない。そういうこともいいたいわけです。

『アフリカの音』(講談社)より

## 絵本の音に耳をすます

次に紹介したいのは、『アフリカの音』(沢田としき作・絵、講談社、一九九六年)です。「かわいた風にのり　どこからか　タイコの音が　きこえてくる」。アフリカの風景ですね。のどかで、先ほど申し上げましたが、この絵の中には音がありません。ありませんが、耳をすました人には音が聞こえてくる。どっからか太鼓の音が聞こえてくる。あるいはもっというと、心をすますと、といったほうがいいかもしれませんね。耳だけすましていたんでは聞こえないかもしれない。こういう景色の中でどこからか太鼓の音が聞こえてくる。一体なんかなあと思っていると、実はだれか太鼓を叩いている人がいる。こんなことが書いてあります。「木をくりぬいて作られた　タイコには　一頭のヤギの皮が　はられている　ヤギは死んで　皮をのこし　音になって　また生きる」。おもしろい考え方ですね。ヤギは死んでしまったけど、生きているんですね。音になって残っている。これは最後にもいいますが、音というもののすごいテーマです。何かが死んだと思っているけど、実は音は世界に充満して残っているという考え方です。そういう大事な太鼓がお祭りに叩かれる。これもパランパランという音です。太陽の光を浴びてヤギ皮が……。こんな絵です。なかなか楽しそうです。

こういう音が、絵本を見ているあいだに僕らの心の中に聞こえてくる。「かわいた風に乗り　タイコのことが　はこばれていく　ことばは　みどりの葉をゆらし　遠くへ　遠くへ　はこばれていく」。言葉はどんどん運ばれていきます。「ずうっと　ずうっと　遠い祖先の昔から　変わることのない夜　星たちとねむる」。昔から変わりのないこういう景色があります。こういう景色の中にも音は満ちているんですね。こういうところが音のすごいところです。いまお見せしたのは絵を見ているだけでほんとにすばらしい。

いろいろ見せたいので、流してしまって申し訳ないんですが、ほんとはこの一冊の本だけで一時間しゃべれといわれても結構しゃべれます。そして夜がきて朝がきます。「とくべつな朝がきた　まつりの朝だ　となりの村から　そのまたとなりの村からも　タイコの音といっしょに　おおぜいの人たちが　あつまってくる」。お祭りに音楽とか太鼓は欠かせません。楽しそうにたくさんの人が集まってきます。そこでご馳走をつくります。ご馳走をつくるために穀物を突いている音とか、いろんな音がしてきます。そしてみんなで踊って、太陽の恵みに感謝して、命のつながりにも感謝して、みんな喜ぶ。その中で太鼓が叩かれて、今度はみんなが踊りをはじめます。この絵も音に満ちています。単に太鼓と踊りだけじゃなくて、人々の命の鼓動が聞こえてきます。こういうのを見ていてよく思うんですが、お祭りというのは現代はむずかしいですね。ほんとにみんながこれだけ躍動できるようなお祭りというのは、いまの世界では少なくなっています。しかし、ここにはちゃんとお祭りがあって、最後はこういう景色になります。静かな、音がない静かな世界。けれども、どっからか太鼓の音が聞こえてくるというのが終わりです。同じテーマですね。音がしていないようで音が満ちているのが、ようく耳をすましたら聞こえてくるではないか。

聞こえない音が聞こえてくるようなテーマというふうにいいますと、今度は『ぐんぐんぐん』（デービッド・マレット文、オラ・アイタン絵、脇明子訳、岩波書店、一九九八年）という絵本です。「ぐんぐんぐん、みどりのうた」というんですが、これはまったく現代になります。「るんるんるん　はるかぜの　においが　してきたら　ぼくは　たがやすんだ　ちいさな　はたけ」というんで、現代の子どもが畑を耕しています。これもなかなかすばらしい絵です。一体これでどこに音があるのかというと、ここで大事なのは、この子が石ころを取ったり、耕したり、いろんなことをしているんですが、要するに夢といいますか、この子の耕しているものが伸びていく。それがぐんぐん。ぐんぐんという音は、ほんとうは聞こえないですね。自分の子どもを育てるとわかりますが、見ていたらぐんといって伸びられたらたいへんですが、子どもが伸びてくるのをいおうと思えば、ぐんぐんといわざるを得ない。絵本をつくる人はおもしろいと思うんですね。ほんとうはこういう絵本ですね。それをパッとここだけパーンと本を縦に使

『ぐんぐんぐん』（岩波書店）より

って、まさにぐんぐんというのをここであらわしている。テーマはまさにぐんぐんぐんです。話は簡単で、この子が木を世話したりカラスがきたら邪魔しないようにしたりしてどんどん伸びていくのだというのが書かれています。「ぐんぐんぐん　どこまでも　のびていく　みどり　ぼくは　つくるんだ　すてきな　にわを」というんで、この子がすてきな庭をつくっている。

こんな小さい子がこんな立派な庭をつくってと思う必要がないのは、児童文学ファンタジー大賞の『裏庭』(梨木果歩)、それから『秘密の花園』(バーネット)というのがありますね。『裏庭』の受賞の時、私は解説を書いて、すべての人が自分の心の中に秘密の花園をもっている。その花園の中に何を植え、何を育てるのかというのは、その人の人生の大切な課題だと書いたんですが、これなんかは、まさにそれがテーマで、おもしろいのは、ぐんぐんという音が書いてあるということです。

皆さんの心の中でも、ぐんぐんぐんと鳴っているんですが、なかなか聞こえない。下手に耳をすますと、おなかの音がグーッと聞こえたりするんですが、そうじゃなくて、心をすましたときに聞こえてくる音。

そういうテーマでいくと、皆さん、おわかりだと思いますが、いちばん最初は世界のはじまりからきて、だんだん現代のテーマになってきている。現代もほんとうは同じなんだと。聞こえないようだけれども、音は聞こえている。

これは『よるのようちえん』(谷川俊太郎文、中辻悦子絵・写真、福音館書店、一九九八年)という絵本です。夜の幼稚園ですから、だれもいません。あたりまえですね。だれもいないどころか、物音もひとつも聞こえない。われわれがそこに何もないと思っているんだけど、実はそこに何かあるというのがすごく大事なテーマで、これは「そっとさんが　かおをだしました　そっとさんは　きょろきょろりん」と書いてあります。だれもいないと思っていたら、ここに「そっとさん」というのが出てくる。おそらく皆さんで会った人はないと思います。それに、そっとさんだけではなくて、まだ出てくるんですね。どんなのが出てくるかというと、すっとさんというのが出てくる。すっとさんがすっとんとんと出てくるんです。そこにさっとさんもいます。さっとさんは、こんな調子です。昼の幼稚園は子どもがいっぱいいるんですが、夜の幼稚園にもちゃんと出てくるんですね。じっとさんもいます。ぜっとさん、もっとさん、もしかするとぱっとさん、いつの間にかぽっとさんが出てくる。それからぬっとさん、おっとさん、みんなで何人という、おもしろいでしょ。いまいったように名前ばっかり書いてあって、なんとかさんというのがちょろちょろっと見えるけど、椅子にはだれも座っていませんね。だれか夜中に幼稚園にきても、見えるのは椅子だけですね。あっ、夜の幼稚園、だれもいませんねというんで帰ってしまうんだけど、ようく見ていたら、おっとさん、そっとさん、がいて、がやがやとやっているわけです。すっとさんとぱっとさんは、二人でぱしゃりんこ。どっかにはまったような、いろんな音がしています。

　そうしてどうなるかというと、「そらがあかるくなってきました　あれれ　みんなどこかへきえちゃった」。この人たちは、空が明るくなるとまったくいなくなって、どっか消えていきます。「そっとさんのこえがきこえました　さよよんならららーん」。幼稚園の園長先生は、朝早くこられると、最後のらーんぐらい聞こえるんじゃないですかね。えっと思うと何もいない。

『よるのようちえん』
（福音館書店）

　夜の幼稚園、だれもいない何の音もしないと思っているのに、結構こういうおもしろい存在が出てきてやっているということです。残念ながらわれわれには、あまり見えないし、聞こえない。しかし、こういうのが見えたり、聞こえたりしだすと、非常におもしろいか、非常に恐ろしいか。大体非常におもしろいことは、非常に恐ろしいです。非常に価値のあることは、非常に危険です。みんな危険が伴います。夜の幼稚園へ行って、だれもいなかったと帰ってくるとそれで終わりですが、いたいたなんていうとたいへんなことになりますね。だれがいたの、そっとさん、さっとさんがいましたなんていいだすと、たいへんで、こういうのを見た人はあまり人にいわないほうがいいと思います。私もよく見ているんですが、大体は黙っていることにしています。

## 音から音楽へ

だんだん音から歌のほうに近づいてきまして、最後のほうは音楽になります。人間のおもしろいところで、さっき音から言葉をつくったといいましたが、今度は音から音楽を人間はつくってくるんですね。それはいろんな音がある中で、ドミソとか、そういうのを考えたりする。それを上手に節とリズムをつけると楽しくなってくる。それまでの『アフリカの音』は、リズムが多かったですが、今度はメロディに入ってくる。そういう点で、まさにはじめから音楽ということがテーマになってきます。

ここに『らくがきフルート』(D・ピンクウォーター文・絵、谷川俊太郎訳、童話屋、一九九三年)という本がありま す。これは外国の絵本ですが、まずいちばんはじめ、主人公の「ケヴィン・スプーンは　すてきなくらし　すてきな　りょうしん　すてきな　おうち　じぶんの　へやと　じぶんの　おふろ　じぶんの　テレビに　じぶんのビデオ　じぶんの　ステレオ　じぶんの　パソコン」みんなもっている。日本でもこういう子どもがたくさんいます。自転車とか、いっぱいあります。それもいいのばっかり。「ケヴィン・スプーンは　うんのいいこ　かあ

さんもとおさんも　そういっている　じぶんじしんだって　そうおもう　ケヴィンのうちの　うらにはうらにわ
そのうらにわには　プールがあって　プールのうしろに　へいがあり　へいのうしろに　こみちがあった」。これは幸福なケヴィンの家族とその家です。これで何もかも満ち足りていると思っているところへおもしろいことが起こるというのがお話ですね。

この裏の小道に不思議な少年が出てきます。メーソン・ミンツといって得体の知れない子で、おもしろい格好をしている。「メーソン・ミンツの　りょうしんは　いろんなものを　にわにうえてる　カボチャなんかも　そだててる　ケヴィンをみると　メーソンはいった　「ホー　ケヴィン」」というんですね。「ホーってなんだ」「ふつうはハイだろ」とケヴィンはいった。ミンツという子は、みんながハーイというとき、ホーというたりするんですね。なぜかというと、そういうものはそういうものだろうというんで、なかなか世界のことをよく知っているんじゃないかと思いますが。

そんな話をしていると、今度は、いまきた子どもミンツが、僕はこんなフルートをもっているというんで、ポケットから笛を出した。それはフルートというよりは笛です。フルートというと横笛を思いますが、それはオカリナに近いようなものじゃないでしょうか。それはなんや、不思議やなというと、これはらくがきフルートというんだって吹きはじめる。ミンツがペロペロと吹いています。おもしろいのは、音は色によってあらわされています。こういうところが絵本のおもしろいところですね。音と色は関係ないようであるのかもしれません。

この子の吹くフルートがあんまりおもしろいんで、ケヴィンのほうが自分のもっているものと換えてくれっていうんですね。ケヴィンはさっきいったようにいっぱいもっているから、これと換えようというてもいやだというし、これと換えようというてもいやだというし、僕はともかく自分勝手にこの笛を吹いているんだから、そんなものいらんというんです。それでケヴィンが残念がりまして、お父さん、お母さんに頼んでいろんな楽器を買ってもらうんだけど、ミンツの吹いていたおもしろい笛にはどうしても負けてしまう。ついにケヴィンがミンツに、僕のもっているピアノと換えようかといっても換えない。ヴァイオリンと換えようか、換えない。換えない、換えないいうて換えてくれないんです。とうとうケヴィンが業を煮やして、もしただでくれといったらくれるかというんで、いってごらんというので、ただでくれっていったら、くれるんですね。エーッてびっくりしたら、おれはそういう人間なんだとかいってすましているんです。

ケヴィンは大喜びで吹くんですが、全然よい音が鳴りません。困ったなあと思って、ミンツのところに教えてくれっていくと、おまえ、自分の笛だから自分で吹け、教えられんというんです。どうしてというと、それはおまえの笛でおれの笛ではない。そこでケヴィンがおまえが笛をもっていたら教えてくれるかといったら、そりゃ教えたいけども、やってしまったというわけですね。そうすると二人で笛をもっていたら教えられるかいうたら、そりゃ教えられるというんで、この笛は二人で共有しようということになるんです。二人のもんやったら、一緒にやろうじゃないかというんで、最後のところは二人がえらい楽しく笛を吹いているところで終わりになります。

この絵本のテーマも明らかですね。どんなにたくさんものをもっていても、どんなに幸福そうに見えても、ほんとにこれだというのは、やっぱり人間は自分で探すより仕方ないし、これだというものをもっている子は、ものがなくても悠々としている。しかし、それが音で出てくる。題がおもしろいんですが、『らくがきフルート』というのは、ドウドル(doodle)という英語で、らくがきとちょっと感じが違う。これは実は谷川俊太郎さんが訳された絵本です。『らくがきフルート』よりもっといい題ないか、フルートというと横笛を思うしと言うと、谷川さんが、河合さん、いい題つけてというんで、ずいぶん考えましたけど、よい題は思いつきませんでした。

『きまま笛』ぐらいかなあといっていましたが、あまり感心しません。これも音が絵本から広がってくる。それがみんなを楽しませてくれる。

### 魂にのこるもの

最後に紹介する本は『ヴァイオリン』（ロバート・T・アレン文、ジョージ・パスティック写真、藤原義久・千鶴子訳、評論社、一九八一年）です。これは絵本といえば絵本ですが、実は全部写真です。これはだいぶ長い物語です。全部をそのままお読みすることはできません。主人公は、クリスとダニーという二人の少年です。クリスが一生懸命になってビンにお小遣いをためている。ビンにいっぱいお小遣いがたまる。なぜかというと、クリスは、ある店で見たヴァイオリンがほしくてほしくて仕方なくなります。そのヴァイオリンを買うためにお金をためていて、ダニーがいろいろ応援してくれている。クリスとダニーが、そのお金をもってヴァイオリンを買いに行く。二人がヴァイオリン屋へ行って、ヴァイオリンを見るところです。こちらがヴァイオリンで、こちらに見えるのはショーウィンドーのヴァイオリンです。

『ヴァイオリン』（評論社）

これもおもしろいんですが、子どものときというのは、あれがなんといってもほしいとか、なんでか知らないけれども、私は絶対あれになるんだとか、あれをやるんだと思いつく子がいます。みんながみんなそうではありません。たとえば今度ノーベル化学賞をもらった白川英樹先生は、中学校のときにプラスチックの研究をするとちゃんと作文に書いておられるんですね。そんな年齢のときにそういうことをパッと心の中に思いつくというのは、非常に不思議ですね。どうしてなんだろうといったら、ただ世界はそうなっているのだというのが答えなんですけどもね。そのときに、ふとあったことをだんだん開花させていかなきゃならないというところがおもしろい。

この場合は、ビンいっぱいのお金をもっていったのに店屋のおっさんに笑われる。何をいっているか、こんなヴァイオリンが買えるか。そりゃそうですね。ものすごく上等ですから。クリスとダニーがはん泣きになって帰ろうと思ったら、これなら買えるって。ヴァイオリンというのはピンからキリまでありますから、売ってもらうんです。喜んで二人はヴァイオリンをもって帰ってきて、クリスが弾くぞといって弾いたら、あんまり変な音がするのでダニーが耳を蓋しています。クリスはいっぺん音楽会でヴァイオリンの音を聞いているんです。あの音を聞いたら私はやりたいというんでやったんですが、ここでやると変な音がする。ダニーも助けてっていう。クリスが思ったのは、やっぱりこのヴァイオリンが悪いと。上等を売ってくれんと安物を売ってくれたんだから、こんなヴァイオリンはだめだいうてごみ箱にほってしまう。なかなか思い切ったことをする子ですが。

そこへ不思議な老人があらわれてきます。鳥籠をぶらさげているようなおもしろいおじいさんです。そのおじいさんが、ごみ箱の中のヴァイオリンを取り出して弾き出すと、すごいよい音がするんです。クリスとダニーがびっくりして、やっぱり弾き方の問題だとわかる。それでおじいさん、それは僕のヴァイオリンやといったら、おじいさんがそういうならばということで、おじいさんにヴァイオリンを習いはじめまして、クリスはだんだん上手になってきます。

そのおじいさんはおもしろい人で、一人でどっからかふらっとやってきて、鳥とか兎をいっぱい飼っていて、そういうのに音楽を聞かせて喜んでいる。クリスもどんどん上手になって、おじいさんもなかなかいいなあといっているときに、クリスとダニーがふざけて、クリスがワーッといって引っくり返ったら、ボキンとヴァイオリンをつぶしてしまう。ヴァイオリンの上に座りこんでしまうんです。こういうことってほんとに起こりますね。はっと思ったときは、いちばん大事なものがなくなった。それでクリスは、僕はもうヴァイオリンは弾かないというんです。ダニーはそれを見てたまらなくなったんでおじいさんのところに飛んでいったら、おじいさんも、クリスはヴァイオリンも上手になったし、いろいろ考えたんでしょうね。もう旅に出ようと思って出掛けるところだった。その話をするとおじいさんがパッとやってきて、おじいさんは考えた末、自分のヴァイオリンをクリスにやるんです。これをやる、おじいさんはどうするのいうたら、僕はまたどっかで見つけるだろうというんです。このへんは書いてありませんが、わかるところがありますね。自分はヴァイオリンを弾こうと思ってすごくやってきたけど、やっぱりクリスはすごく弾くし、自分はヴァイオリンで飯を食う人間じゃないとおじいさんは思ったかもしれませんね。そのへんのことはむしろ巧みにぼかされています。

おじいさんはヴァイオリンを残して立ち去っていくんです。クリスは追いかけていって、見たら、おじいさんは船に乗ってどこかへ行く。二人が必死に呼んでも聞こえない。そこでクリスが思いついてヴァイオリンを弾くんですね。そうするとヴァイオリンの音に対しておじいさんははっと反応してうれしそうに帰ってくるんです。帰ってくるんだけれども、結局は何にもいわずに立ち去ってしまいます。最後の文章はこんな文章です。「あとで、クリスはダニーにいってきかせるだろう。うつくしい音楽の世界をのこしていく人は、だれも、さようなら、なんていわないんだよ」。なんでおじいさんはさようならといわないんでしょうね。さっき『よるのようちえん』は、さよんならららーんといって帰りましたね。あそこに出てきたそっとさんたちは、またくるからです。またくることは確実ですね。このおじいさんはもうきません。きませんけど、もっと確実なことがある。それは音が残っているということです。音楽は残っている。これはすべてのテーマに共通でした。やぎが死んでも音は残っている。ヴァイオリンがこわれても、ボディがこわれても残るものというと、私なんかすぐ連想するのは、魂ということです。体がなくなってもまだ残っている。

そういう意味で音と歌というのは、心をすましていたら聞こえてくる魂のひびきといっていいのではないかと思います。私の話から皆さんの心の中に音と歌が残ったら、私は終わりといわずに終わろうと思います。

# 日本語と日本人の心

## 生きることの創造性

「日本語と日本人の心」ということで話をさせていただくことになりました。この文化セミナー全体としては「日本語と創造性」という題がついております。きょうは、そうした創造的な仕事にかかわっておられます大江健三郎さんと谷川俊太郎さんもいっしょにきていただいております。「先生」というべきかもしれませんが、親しいのでさん付けで呼ばせてもらいます。

じつをいいますと、私は小説を書くとか、詩をつくるとか、絵を描くとか、音楽を作曲するとか、そうした創造的な仕事ができない人間だということは、非常に小さいときからよく知っておりました。そうした自覚がありましたので、まさかこうした創造的な仕事をしている大江さんとか谷川さんといっしょにセミナーをするなどということは、夢にも考えませんでした。私は夢が専門ですが、そんな夢も見たことがありません。ところが、現実にこういうことになりました。

どうしてかということを私はよく考えるのですが、このごろ、私もそうとう創造的な仕事にかかわっているのだなという気がしてきました。それはどういうことかというと、私の心理療法家としての仕事では、相談にこられた一人の方と必死になってその人のために力を尽くすのですが、そういうことをしているうちに、人間が一人一人生きているということじたいがすごい創造活動だ、と思うようになったのです。

そのなかで、いろいろな表現を作品として残される方もありますが、それ以上に、その人の人生そのものがその人の作品である、これはもうだれも真似ができない、世界中たったひとつしかないすごい作品としてその人の人生がある、というふうに実感するようになりました。だから、そういう人たちの生きていくことを私が助けているということは、ものすごい創造活動にかかわっているのだと思います。

そんなふうに考えて小説を読んだり詩を読んだりしておりますと、私の仕事のことがそこにそのまま書いてある。つまり私の仕事は心理療法とかカウンセリングとかいわれていますが、そういう人の相談をしていることが、そっくり書かれていると思うときがあります。

きょうは谷川さんがおられますので、谷川さんの詩で、私の仕事がそのまま書いてあると私が感じた詩をここに持ってきましたので、読んでみます。これはみなさんでもご存じの方が多いかもしれませんが、「みみをすます」(『みみをすます』福音館書店、一九八二年、所収)という詩です。

この「みみをすます」という詩をいちばん初めに読むのは、「みなさん、わたしの話を耳をすまして聞いてほしい」という意味で言っているのではありません(笑)。これも蛇足ですが、日本人は「そういう意味で言っているのではありません」と言っている場合は、だいたいそういう意味で言っているのです。これはだいたいまちがいありません。たとえば、「きみを非難するわけではないが」という場合は、もう非難したいときにちがいないのです(笑)。

この詩を朗読しなくてはならないのですが、私は朗読はできませんので、関西弁で読みます。

みみをすます

みみをすます
きのうの
あまだれに
みみをすます

みみをすます
いつから
つづいてきたともしれぬ
ひとびとの
あしおとに
みみをすます
めをつむり
みみをすます
ハイヒールのこつこつ
ながぐつのどたどた
ぽっくりのぽくぽく

みみをすます
ほうばのからんころん
あみあげのざっくざっく
ぞうりのぺたぺた
みみをすます
わらぐつのさくさく
きぐつのことこと
モカシンのすたすた
わらじのてくてく
そうして
はだしのひたひた……
にまじる
へびのするする
このはのかさこそ
きえかかる
ひのくすぶり
くらやみのおくの
みみなり

みみをすます
しんでゆくきょうりゅうの
うめきに
みみをすます
かみなりにうたれ
もえあがるきの
さけびに
なりやまぬ
しおざいに
おともなく
ふりつもる
プランクトンに
みみをすます
なにがだれを
よんでいるのか
じぶんの
うぶごえに

みみをすます

そのよるの
みずおとと
とびらのきしみ
ささやきと
わらいに
みみをすます
こだまする
おかあさんの
こもりうたに
おとうさんの
しんぞうのおとに
みみをすます

おじいさんの
とおいせき
おばあさんの

はたのひびき
たけやぶをわたるかぜと
そのかぜにのる
ああめんと
なんまいだ
しょうがっこうの
あしぶみおるがん
うみをわたってきた
みしらぬくにの
ふるいうたに
みみをすます

くさをかるおと
てつをうつおと
きをけずるおと
ふえをふくおと
にくのにえるおと
さけをつぐおと

とをたたくおと
ひとりごと

うったえるこえ
おしえるこえ
めいれいするこえ
こばむこえ
あざけるこえ
ねこなでごえ
ときのこえ
そして
おし
……

みみをすます

うまのいななきと
ゆみのつるおと

やりがよろいを
つらぬくおと
みみもとにうなる
たまおと
ひきずられるくさり
ふりおろされるむち
ののしりと
のろい
くびつりだい
きのこぐも
つきることのない
あらそいの
かんだかい
ものおとにまじる
たかいびきと
やがて
すずめのさえずり
かわらぬあさの

しずけさに
みみをすます

（ひとつのおとに
ひとつのこえに
みみをすますことが
もうひとつのおとに
もうひとつのこえに
みみをふさぐことに
ならないように）

みみをすます
じゅうねんまえの
むすめの
すすりなきに
みみをすます

みみをすます

ひゃくねんまえの
ひゃくしょうの
しゃっくりに
みみをすます

みみをすます
せんねんまえの
いざりの
いのりに
みみをすます

みみをすます
いちまんねんまえの
あかんぼの
あくびに
みみをすます
みみをすます

じゅうまんねんまえの
こじかのなきごえに
ひゃくまんねんまえの
しだのそよぎに
せんまんねんまえの
なだれに
いちおくねんまえの
ほしのささやきに
いっちょうねんまえの
うちゅうのとどろきに
みみをすます

みみをすます
みちばたの
いしころに
みみをすます
かすかにうなる
コンピューターに

みみをすます
くちごもる
となりのひとに
みみをすます
どこかでギターのつまびき
どこかでさらがわれる
どこかであいうえお
ざわめきのそこの
いまに
みみをすます

みみをすます
きょうへとながれこむ
あしたの
まだきこえない
おがわのせせらぎに
みみをすます

みなさん、聞いていただいたらわかると思いますが、これを読んでいますと、「みみをすます」のすばらしさが実感されます。このとおりのことを私がやっているとは言いません、私のやりたいことがここに書いてあると思います。

私のところにこられた方がいろいろな相談をされる。兄弟げんかをして、「あんな憎らしい兄貴はいない」と言う人もいるし、あるいは嫁と姑で、もう姑さんがいつお亡くなりになるでしょうかということに希望の星を見いだしてがんばっている方もおられる。そういう話を聞きながら、私はほんとうはこの詩にあるようなすべてのことを聞いていないといけないと思うのです。

だから、ほんとうのところ、たとえば、「わたしは親父なんか殺したいんです」と言われたときに、私が「いやあ、恐竜が生まれてきたようですね」とかなんとか、そういうあいさつをすれば、すごくすばらしいと思うのですが、まだそこまでいっていません。

これはほんとうに冗談ではなくて、一人の人が生きているということはものすごいものを背負っている。そして詩の最後にもありましたように、おそらく未来も背負っているのではないでしょうか。未来も全部背負って一人の人間がそこにいる。その人に私がお会いしているというふうに考えると、この詩は私のやりたいこと、やろうとしていることをそのまま書いてくださっていると思うのです。

## 日本語の身体性

それから、きょうの題である「日本語」ということに関係してもうひとつ思いましたのは、この詩の題の〝みみをすます〟という言葉は、そうとう日本的な表現なのです。

きょう朝御飯を食べているときに、谷川さんにお訊きしたら、英語に訳す方が、この「みみをすます」を訳すのにだいぶお困りになったようです。みなさんのなかで英語のできる方は、これを英語にするときにどうするかと思われたら、それがわかると思います。直訳はできないですね。たとえば、「耳をそばだてて聞く」という言い方があります。それに似たような英語はあると思いますが、「耳をそばだてて聞く」のではないのですね、耳をすますのだから。

これはほんとうに私が心掛けていることで、われわれカウンセラーが心しなければならないことです。このなかにありました。それはどういうことかというと、

（ひとつのおとに
ひとつのこえに
みみをすますことが
もうひとつのおとに
もうひとつのこえに
みみをふさぐことに
ならないように）

ということ、これはほんとうに大事なことなのです。

ともすると、われわれのような仕事をしておりますと、夫婦の問題などでよくありますが、たとえば、先に妻のほうがこられるとすると、自分の夫がどんな情ない男であるかということを話されます。それを聞いているうちに、「ほんとうにそんな男はもう男のカスだなあ」とわれわれも思いそうになるのですが、それではだめなの

です。その言われたことを全部聞いていないといけないのですが、その奥さんが話をされている声に耳を傾けすぎて、その夫の声が聞こえなくなっていると、われわれの仕事は成り立たないのです。だから、一生懸命に奥さんの話は聞いているのですが、その合間、合間に聞こえてくる夫の声を聞いていなかったら、われわれは失敗してしまいます。

それは非常に難しいことです。私が注意をすごく集中して、その奥さんの声ばかり聞いているとだめなのです。耳をすまさないとだめなのです。耳をすますというのは、スーッとすんでいるわけですから、その前にいる人以外の音も全部落ちてくるというか、全部入ってきてもいいようになっているということです。そういう状況にいるから、われわれの仕事が成立するのです。この「耳をすます」という非常にいい表現は、ほかの国の言葉ではちょっと言いにくいのではないかと思います。こういう表現を持っているところは、日本語のなかなかおもしろいところだと思います。これは文法的にいっても、また非常におもしろいのだろうと思いますが、私は文法的な話ができませんので、そこはみなさんが考えてください。

なにかひとつのことに注意を集中するというのではなくて、スーッと耳をすましているということを、英語で言おうと思うと、どうなるかと言いますと、じつは非常に似たようなことを言った人がいます。それはだれかというと、フロイトです。

フロイトはどう言ったかというと、「われわれ精神分析家は平等に漂える注意を持たねばならない」と言ったのです。「平等に漂える注意」というのは、ドイツ語とか英語でいうと、じつは自己矛盾しているのです。なぜかというと、英語とかドイツ語で「注意」というのは、ひとつに向かっているときに注意というのです。「わたしはある人に注意している」とか「ある物音に注意している」とか、一点に集中しているのを「注意」といいます。それを「平等に漂える」といったら、そんなもの注意じゃないではないかと言いたくなるのですが、その「平等に漂える注意」を持つように自分を訓練しなくてはならないということを言っているのです。

しかし、そういう矛盾をふくんだ「平等に漂える注意」という言葉を発明してフロイトが言わねばならなかったことを、われわれ日本人は日常語に持っているのです。これはすごくおもしろいことだと思います。

もうひとつ言えることは、この「みみをすます」がおもしろかったので、外国人がどういうことを言っているかといろいろ探してみたのです。そうすると、さっき言ったフロイトの「平等に漂える注意」というのをすぐ思いつきましたし、もうひとつは、これはちょっと忘れましたが、非常に有名なアメリカの分析家で、ずいぶん前です、このごろはそんな本は読まれていませんん、私が精神分析を勉強しはじめたころですから、一九五〇年代だと思います。そのときに“Listening with the third ear”という本を書いた人がいます。つまり「第三の耳で聞く」という表現をした人がいます。この人の言いたかったことは、ふつうは二つの耳で聞いているのだけれども、三番目の耳で聞かないと、精神分析はできないということを言っています。

この本はたしかにおもしろいのですが、しかし、私から言いますと、ちょっと精神分析的すぎるというか、だれかがものを言ったら、その無意識は何を言おうとしているかという場合に、あまりにも精神分析の枠組みで解釈し、考えようとしているという感じがあります。つまり虚心坦懐に「耳をすます」感じではない。それにしても、『第三の耳で聞く』という本があったということはすごくおもしろいですね。私は「みみをすます」のほうがもっともっと広いのではないかと思っています。

もうひとつ、ちょっと似たような表現としては、『身体の声を聞く』という本があります。これは“Listening to our bodies”という原題で、横山貞子さんが訳されて、思想の科学社から出ています(一九八七年)。ステファニー・デメトラコポウロスという女性の著者です。この本の日本訳の題は『からだの声に耳をすますと』で、ここに「耳をすます」が出てくるのは興味深いです。

この原書は一九八三年の出版ですが、アメリカの人たちに、自分たちの近代的な生き方ということにだんだん反省が出てきまして、どうも近代主義ではだめだ、それを乗り越えるためにどうしようということのなかから出てきたものと言えます。つまり近代人は身体の声を聞くのを忘れすぎている、だからもっと身体の声を聞こうという意味で出てきた本です。これはなかなかおもしろい本です。

しかし、考えてみると、日本人はむしろ身体の声を聞くことを、いままでずいぶんやってきたのではないかと思います。だから、言葉と「身体性」のかかわりが非常に深いものがあります。「身体」といわずに、わざわざ「身体性」といって「性」をつけているのは〝わたしが生きている身体〟、そういう意味です。みなさんはご存じのように近代医学は身体を心から離してしまいますね。だから、近代医学では心を抜きにしてからだを厳密に調べて、そしてどこが悪いか、どこがいいかというふうに調べるのですが、そういう近代的な心とからだを分けて考える身体というのではなくて、わたしが生きている身体、わたしの心と不可分に密着している身体という意味で「身体性」と私は言いたいと思うのです。

そういうふうにいうと、日本語は「身体性」とかかわる言葉を非常にたくさんもっていると思います。先ほどの「耳をすます」ではありませんが、そうしたおもしろい表現がある。そのなかで、みなさんは自分でお考えになったらすぐにたくさん出てくると思いますが、例として「腹」をちょっと挙げてみたいと思います。

日本語には「腹が立つ」「片腹痛い」「腹を割って話をする」「腹を据える」「腹におさめる」「腹の虫がおさまらない」「むかっ腹が立つ」とか、「腹」をめぐる表現が数多くあります。「ハラハラ」なんてのもありますが、これは冗談です。これほど腹の表現が多いのは珍しいのではないでしょうか。
これは英語にはできないと思います。そのときに、たとえば、近代人だったら、ものを脳で考えるということはみんな知っていますから、これを置き換えて「片脳が痛む」「脳を割って話をする」としてみましょう。それではあまり感じが出ない。

ところが、非常におもしろいことに、「片腹痛い」「腹を割って話をする」とかいうのがみんな通用しているのはどういうことかというと、つまり「考える」「思考する」ということよりも、「感じること」、あるいは感じるよりももっと広く、「わたしが生きている」ということを全体的に考えますと、頭にもっていくよりも腹を中心にもっていったほうが感じがわかりやすいのではないでしょうか。そうした意味で日本人は「腹」を使っている。

こういうと、よいようにも聞こえますが、日本人には巧妙にずるく腹を使っている人がたくさんおられます。頭を使わずに腹だけで政治家になっておられる方なんか見ていますと、腹を割って悪いことをしておられたり、腹と腹でずるい話を考えたり、いや、考えないんですね、腹と腹でやっておられますから、だから、そういう人は反省するために知能を使うことはありえない。そういうのをハラハラドキドキというのかもしれませんが、そういうのを見ていると、ものすごくそれこそ腹が立ってくるのですね(笑)。

じつは私は若いときにはそういうことがものすごくいやでした。だから「腹」なんて聞くだけで腹が立つと言いたくなる、腹ではなくて、もっと頭で考えて、政治なんていうものはどうすればいいかとか、どんな政策が意味を持つのかとか、そういうことを考えるように日本人はならないとだめではないかということをしつこく思ったのです。

しかし、このごろは私自身は両方のジレンマのなかにいます。西洋人のようにあれだけ明確に思考して論理的に積み上げていくのはすごいなと思う。すごいとは思うけれども、はたしてそれだけでいいのだろうか。つまり近代の欧米のなし遂げたことを、日本はいまもいっぱい輸入している、ほとんどそれの真似をしているのですが、それだけではどうもだめで、われわれ日本人が昔から持っていること、これをなんとか保持したいという気持ちもあって、すごく迷うのです。

迷いながらいろいろなことを考えますが、そうすると、これは日本の昔のことを調べねばならないというので、これまでそれほど関心がなかったのですが、このごろ大急ぎで日本のいろいろなことについて勉強を始めているところです。

## 日本的なものの深層にある仏教

私は先ほど言いましたように、若いときは日本的なものは大嫌いでしたから、これから日本人に必要なのは自然科学である、科学的に合理的にものごとを考えるのが大事だというので、大学では数学を専攻したぐらいですから日本の文化のことはなんにも知らない。

それに、私は、若いころは戦争中でなんにも習っていないのです。中学校二年まで習って、あとは工場へ行きまして、旋盤というのをご存じですか、その旋盤を使って大砲の弾をつくることばかりやっておりました。中学二年からはもうなにも習わなくて卒業して、理科系に進んであとは数学なんかやりましたから、私は幸か不幸か、ほとんど国文学を学校で学んでいないのです。歴史も、小学校では習いましたが、そんなに習っていない。なにも知らないのです。そのなにも知らないということを武器にしてこのごろは勝手な勉強をしているのです。

そうして勉強を始めて気がついたことは、われわれは自分が意識するよりも、はるかに仏教に影響されているということです。みなさんのなかで、自分は非常に仏教的に生きていると思っておられる人は少ないのではないかと思います。私もそう思っていました。思っているどころか、正直にいうと、仏教はあまり好きではありませんでした。

そして、好きでないと思っているのに、外国へ行くと自分は「仏教徒」だなどと書かなければいけませんから、書くときに恥ずかしい思いをして書いていました。このごろは、思いのほかに仏教の影響を受けていると思っています。その証拠に、われわれがふつう日常語に使っている言葉のなかには、仏教の言葉がいっぱい入っています。

私が非常に印象的だったのは、あるカトリックの教会の結婚式に行ったときのことです。神父様が「ご結婚おめでとうございます」と言って説教をされますね。そして、「新郎新婦は末永くいっしょに生きていかねばならない。ずっと仲良くしなさい」というときに、「夫婦は一蓮托生ですから」と言われました。これにはすごく感激しました。「一蓮托生」というのは仏教の言葉なのです。カトリックの神父様が堂々と使うのだから、それはなにも急に仏教の言葉を借りたのではなくて、日常語として言っておられると思うのです。

「一蓮托生」というときに、われわれは日常語として使いますね。そういうふうに日常語に使っている言葉のなかに、仏教語がたくさん入っています。だれか関心のある人は、いっぺんみんなの日常語を録音して、そのなかに仏教語がどのくらいあるかというのをお調べになったらわかるぐらい、おもしろいことだと思います。

そんなわけで、仏教のほうをちょっと勉強しますと、日本人がそういう言語表現、「腹」とかいうようなことを言って、論理的に表現していくことをあまり好まないということの意味が、だいぶわかってきました。

仏教といいましても、いろいろな考え方があって、派があって、簡単に言えませんが、大乗仏教の場合、非常に中心的な考え方だといっていいと思いますが、その世界の見方は、いうなれば、自然科学的世界観のまるきり逆といってていいのではないかと私は考えます。

いまからちょっとお話しすることは、井筒俊彦先生のお書きになった『意識の形而上学——大乗起信論の哲学』(中央公論社、一九九三年)という本からの受け売りです。

ついでにちょっと言っておきますと、この井筒俊彦という方は、日本が世界に誇れるすばらしい方だったと私は思っています。非常に残念なことに、一昨年(一九九三年)亡くなられました。私の仏教の勉強のいちばん大きい手引になっているのは、だいたい井筒先生です。

この井筒俊彦先生のお書きになった本を見ていますと、仏教で非常に大事なこととして「真如」という言葉があります。要するに、「真如」ということがわかれば、もう仏教では終わり、悟ったということになるのでしょう。ところで、この世界のなかで私のような俗人はひとつひとつこだわって、ここにマイクロホンがあるだけではなくて、このマイクロホンはどのぐらいの値段がするのだろうかとか、どこのメーカーだろうかとか、そういうことを考えますが、そういうふうにひとつひとつ区別していろいろなことを人間がやっているのはすべて妄念、妄想であって、世界というのはほんとうはひとつで、そのひとつの世界というものには、そんなわれわれが必死になっている区別などというのは存在しない。まったく区別はなくて、いうならば、すごいエネルギーの固まり、ただもう存在しているというふうな、そういうものなのだ。それが「真如」なのです。そういう「真如」がこの世にあらわれてきて、マイクロホンという形になってみたり、私という人間になってみたり、一人一人みなさんのようになっているのです。

だから、考えて見ますと、「私」というのを私はすごく大事にしているのですが、ほんとうは「私」などというのも、真如のほうからみれば妄念なのです。

これは谷川俊太郎さんといつか雑談していて出た話ですが、谷川さんも覚えておられて、私も覚えていた子どものときに読んだ本で、「怖かったなあ」というので忘れられない話があります。それはどんな話かといいますと、まさに仏教的な話です。

それは昔、「日本児童文庫」(アルス)というのがありました。私の教養はほとんどその日本児童文庫によっているのです。そのなかに『印度童話集』という巻がありまして、どんな話があるかというと、ある旅人が旅に行って、小屋にいますと、一匹の鬼が人間の死体を担いでその小屋に入ってきました。その鬼はその小屋のなかで死体を食べようと思っていたのでしょうね。そう思っていると、あとからもう一匹の鬼がきました。そして、もう一匹の鬼がその死体を食おうとするのです。初めの鬼が「いや、ちがうちがう、これはおれがとってきた獲物だ」と言うと、あとからきた鬼が「そんなことない、これはおれのもんだ」と言い合いをするのです。

その二匹の鬼がいさかいをして決着がつかないので、「ああ、そういえば、ここに旅人がおる。それでは、この旅人に訊いてみよう、この死体はどっちの鬼のものかということをこいつに訊いたらわかるんじゃないか」と言うのです。旅人は怖くて困りましたが、まあ、正直に言うよりしかたないと思ったので、「いや、初めにきた鬼さんのものでございます」とか言ったのでしょうな。

そうすると、あとからきた鬼がものすごく怒って、「なにを言うか」といって、その旅人の腕をパッとちぎったのです。「痛い!」って思うと、初めにきた鬼が「いやいや、大丈夫」って、死体の腕をパッとちぎってつけてくれたのです。そうすると、あとからきた鬼がもう一本の腕をパッとちぎる。もう一匹の鬼が死体の腕をまたつけてくれる。こんど頭をパッとちぎられると、またパッと頭をつけてくれる。というわけで、そのうちに、旅人と死体が入れ代わってしまったのです。そうすると、二匹の鬼は「もう疲れたから、二人で半分ずつしようやないか」といって、「死体」を食ってしまったのです。それで鬼は行ってしまいました。

あとに残った本人は「わたしはだれか?」って、わからなくなってくる。「わたしはわたしなんだろうか?」「わたしは死んでいた死体なんだろうか?」というすごい哲学的疑問に巻き込まれたのです。というところまでしか私は覚えていないのです。

この話が私はものすごく怖かったのです。すごく怖い話で、「わたしはいったいなにか?」ということを子ども心に思いました。じつはそのあと、ちゃんと答えは書いてあったのです。書いてあるのですが、私は完全に忘れていました。

谷川さんとお話ししていたときに「あの答えは忘れましたなあ」と言ったら、谷川さんもたしか覚えておられなかったと思うので、谷川さんに「その本を貸してください」と言ったら、じつは谷川さんのところにもなくて、大岡信さんの家にあるというので、わざわざコピーを送ってもらいました。

コピーを見たら、答えはどう書いてあったと思いますか?「そもそも私なんてないのに、あると思うからそんなばかなことが起こるんだ」ということを偉いお坊さんが言われるのです。それで、「ああ、なるほど」ということで終わるのですがね。こんな答えが子ども心にわかるはずがないのですね。

つまり、そもそも私なんかないのだというのは、真如という観点からすると、私がいて、あなたがいるというのは妄念なのです。全部真如のあらわれとしてみんなが動いているのですから、という考え方なのです。だから非常に大事にしている「私」というものさえ、もう私もあなたもないというぐらいのすごい区別のない世界というもの、これが世界だということがわかって、いまここに生きている。そのあらわれとして私が生きているというふうな生き方をしましょうというのが仏教の考え方です。

そこで仏教のおもしろいところは、そういうふうに言っておいて、つぎにどう言うかというと、じつは、この一人一人が別々に「この花と私はちがう」とか「マイクロホンはどこ製ですか?」と言っているのも真如だというのです。だから、妄念だといっぺん全部否定しておいて、じつはその妄念そのものもじつは真如なのだという非常に矛盾に満ちた言い方をします。これが仏教の特徴です。

しかし、それは真如なのだというのですが、やはり区別していえば、私が言いましたもともとの全体というほうは、言葉では言えないのだから、またいろいろな言い方がありますが、きょうは言葉のことに関係しますので、これだけ言いますが、これを言葉で言えないから離言真如、それからその離言真如のあらわれとしての、たとえば「花」と言葉で言っていますね、そういうのは言葉に依っているので依言真如という。おもしろい言い方ですね。

そうすると、いうならば、いちばんの底のところのいちばん大事なところは離言だという前提があるのです。だから、そのことをうっかり言ったらもう依言真如になりますからね。だからいちばんいいのは、ただ黙っていることになってくるのです。

実際そうでしょう。禅は不立文字《ふりゆうもんじ》といいます。言葉を立てないと禅の人ははっきり言っているのです。だからこれは離言なのです。「禅は不立文字です」「なにも言わない」といって、本屋へ行くと、禅の本がものすごくたくさんあるのですね。これが言葉のおもしろいところなのです。「不立文字」ということを説明しようと思ったら、どうしてもたくさんの言葉を費やさねばならないのです。

だから、人間というものは非常に不思議なもので、離言真如ということを言おうとしても、言葉に頼らねばならない。言葉に頼りすぎていると、もうどこか離れていくというようにおもしろい矛盾を背負ったなかで言語があるのです。日本人はどうしてもこういう考え方の影響を受けていますので、やはりなにか言わないほうがどうもいいというふうなところがみんなにある。

日本人で「あの人はよくしゃべる」というと、なんか軽く見られます。私などはよくしゃべるほうですからずいぶん軽く見られているのですが、私はどうも西洋のほうが好きだったから、どうしても言語に頼るところがあるのだと思います。真に大切なことは言語で表現できない、とは言っても、人間は言語によらずに多くのことを表現することは不可能である。この矛盾を大事に生きるのが仏教だというふうに井筒先生は書いておられるのです。そこが私の井筒先生の非常に好きなところなのです。

ふつう下手をすると、仏教のほうはあちらに行ってしまって、あるいは日本的といわれている人たちはあちらに行ってしまって、何も言わないか、あまりにも不可解なことを言う。依言と離言の矛盾を抱きかかえたままでなかなか発言しようとしないところがあるのではないでしょうか。

## 片子として生きる

この矛盾を抱えてというところ、この点で、私は昔ばなしが好きですから、私の自分自身のことを考えて、昔ばなしのなかにある片子というのを使ってよく話をします。これは、ご存じの方も多いと思いますが、日本の昔ばなしに「鬼の子小綱《こづな》」と一般にいわれているたくさんの類話があります。この「鬼の子小綱」の話それ自体としては非常におもしろいことはほかにたくさんあるのですが、それは残念ながらちょっととばして、ひとつのことだけに焦点をおいて話をします。

この「鬼の子小綱」のなかに出てくる片子というのはどういうことかといいますと、初めに若い夫婦がいまして、話は略しますが、この妻のほうが鬼にさらわれて鬼ヶ島へ行ってしまうのです。妻のほうはそこで鬼と結婚させられます。夫のほうは自分の妻をあちこちあちこち捜しまわるのですが、なかなか見つからなくて、とうとう十年たって鬼ヶ島へ行きます。

鬼ヶ島へ行きますと、一人の子どもがいます。見ますと、その子どもは半分が鬼で、半分が日本人であるとなっているのがおもしろいですね、人間と書かないで半分が日本人となっているのです。半分が鬼で半分が日本人の子がいました。「おまえだれだ?」と言うと、「ぼくは片子だ」と言います。「エッ?」と言うと、「うちのお父ちゃんは鬼で、お母ちゃんは日本人や」と言う。それで尋ねて行った男は、「それは自分の妻だったんで、いま捜しにきたんだ」と言うと、「そんなら連れて行ってやろう」というんで、片子が案内していくと、自分の奥さんがいるのです。そうすると、その妻のほうは、「あんた、とうとう迎えにきてくれたのね、わたしは日本に帰りたくて帰りたくていつも海を見て涙を流していたんだ」と言います。「さあ、帰ろう」ということで、夫は妻と片子も連れて帰ろうとします。このあいだにいろいろなことがあります。これは省略しますが、いろいろ問題があるのを片子が全部助けてくれます。片子の知恵で二人は鬼から逃れて帰ってきます。

そして日本へ帰ってきました、めでたしめでたし、それで終わっている話もあります。終わっている話もあるのですが、それから続く話もあるのです。どんなふうに続くかというと、そこに片子はいたのですが、半分が鬼で半分が日本人なので居づらくなりました、と書いてあるのです。この「居づらくなった」という表現はすごくうまいですね。つまりだれがどうしたということはないんだけど、ともかく居づらいのですよ。

みなさんのなかに、そういう人はおられませんか。取り立てて意地悪されているわけではないけど、ともかく職場に居づらいとか、家に居づらいとかね、これは日本人が非常に上手ですね。「あんた嫌い」なんてだれも言わないのだけど、ジワーッとこう圧力が加わって、「居づらいなあ」と思う。

そして居づらくなった片子は自殺をします。昔ばなしのなかで子どもが自殺する話は非常に珍しいのです。私はずいぶん調べましたが、ものすごく珍しい。ないとは言いません、ほかにもありますが、すごく珍しいのです。しかも、自殺のしかたが凄まじい。大木に登って身投げして死んだとか、小屋をつくって、柴を入れて、なかに入って火を放って死にましたとか、凄まじい死に方をする。

私がなんとも言えない気がしたのはどういうことかというと、それを読んでいて、「わたしは片子だ！」という気がするのです。

どうしてするかというと、私の父親はC・G・ユングとかいう鬼なのですよ。つまりヨーロッパ人なのです。母はだれかというと、日本のグレート・マザーというか、日本にいるかぎり逃れることのできない「母なるもの」。そのなかに住んでいながら、わざわざヨーロッパまで行って、ヨーロッパの怖いお父ちゃん、ユングというふうなヨーロッパ的な考え方を身につけて日本へ帰ってきまして、そして私はたしかにずいぶん居づらい思いをしました。ともかく、そんななかで自殺をせずに生きてきたのです。

これを片子を読んだときに思いまして、なんとかして生きねばならない。死んではならない。しかし、どうして生きるかということがたいへんな問題である。それが私の課題であると思っていたのです。

そんなふうに思っていましたときに、ここにきょう来ておられる大江さんがノーベル文学賞を受賞なさって、受賞式の時に話をなさいましたのが、ここに持ってきていますが、「あいまいな日本の私」という講演です（『あいまいな日本の私』岩波書店、一九九五年、所収）。大江さんは「あいまいな日本の私」という言い方をしておられますが、これは片子だと私は思いました。つまりこちらでもないあちらでもない、こちらでもあるあちらでもあるというそういうなかに生きている日本の私です。これを「私」と書かないで「日本の私」と書いておられるのは、私の考えでは、日本人全体がこれを背負っている、そして全体のなかの一人として自分は生きているという、そういうことだと思います。

そして、この「あいまいな日本の私」を拝読すると、すごく心に残るところがあります。もちろんこの「あいまいな日本の私」というのは一種のパロディで、「美しい日本の私」ということを川端康成がノーベル賞をもらったときに言いましたから、それを踏んで書いておられるのだろうと思いますが、川端康成がノーベル賞受賞のときにどんなことを言ったかということを、そのときに大江さんは語っています。あのとき川端康成は明恵《みょうえ》上人の歌とか、そういう歌を引用して話をしていました。「現代に生きる自分の心の風景を語るために、かれ〔川端〕は中世の禅僧の歌を引用しています。しかも、おおむねそれらの歌は、言葉による真理表現の不可能性を主張している歌なのです」。離言真如です。

つまり言葉で言っているのだが、言葉で言いながら、言葉では言えないのですよということが籠っている歌なのです。だからこういう言葉をたしか使っておられたのですが、下手をすると、その言葉が閉じてくるのです。せっかく話をしていながら、なんか「あなた方ヨーロッパの人にはわかるまい」ということが、非常に直接的にみんなに迫るようなそういう話になっているのです。

それはもうだめで、ヨーロッパの人にもアメリカの人にも中国の人にも、あるいは韓国の人にも、開く言葉ということでわれわれは語るべきではないだろうか、あるいは語らねばならないのではないだろうか。しかし、そういうことを考えだすと、とたんにあいまいになってくるのです。つまりなんでもパッと話したらいいから、依言真如でいこうとしても離言真如のことも知っている。そういうなかで、川端康成は自分のなかに入り込んでいる日本の言葉で、平気で「日本はこんなんですよ」と言って喜んだのだけれども、われわれはもうそうはいかない。そうはいかないとなったとたんに「あいまいな日本」となるし、私に言わせると、「片子」になるというわけです。

ところが、私は私自身のことを話すつもりで片子の話をアメリカやヨーロッパでしたのですが、そうすると、おもしろいことに、聴衆の人たちはみんな自分のこととして聞いたと言われるのです。あちらの聴衆の方は、あとで手紙をくれたりしゃべりにきたりする人が多いので、なるほどと思ったのですが。そして、自分たちはあなたの話を自分のこととして聞いた。「どうしてですか?」と言うと、「いや、私は精神と肉体の片子だ」と言った人がいます。つまりいま生きているということは、精神ということと肉体、その分裂をどう生きるのか、そのような片子として生きているのだというのです。あるいは、「私はユダヤとキリスト教文化圏のあいだの片子だ」と言った人もいます。そんなふうに言っていくと、いろいろなところで、みんなヨーロッパやアメリカの人まで、どこかで片子性を背負っているのです。

だから、私がいま大江さんのことについて言ったのがまちがっていたら、あとで訂正してほしいのですが、こういう話をされても、おそらくあちらの人にすごくうけたのではないかと思います。現代人はあちらの人もどこかで自分の片子性、あいまい性を意識してきているのではないか。

これはどういうことかというと、近代というものは非常にすっきりとしていたのですが、近代というものを乗り越えようとしてそのあとをねらうかぎり、どうしてもこういうことが入ってくるのではないかと私は思っています。この近代というものの特徴は、自然科学とテクノロジーです。二十世紀は自然科学とテクノロジーが爆発的に発展した時期ではないかと思います。自分の人生で考えても、子どものころといまを比較すると、テクノロジーの発達はすごいものです。テレビとか、ロケットで月へ行くとか、こうしたことはみんな空想科学小説のジャンルだったのですが、いまは全部現実になっています。

だから、そういうことをやり抜いたので、みんながそういうことはすごく好きになったのだが、どうもこれだけではだめだ、ここからなにかわれわれは考え直さねばならないというときに、どうしてもちがうものを入れてこなければならない。そこに、欧米の人までわれわれは片子だというふうなことが入っているのではないかと思うのです。

そんなときに、日本人というのは欧米に追いつけ追いこせで、ずいぶん真似をして近代的な生き方をしているのですが、まだまだ日本的なものを引きずって生きていると思います。これはまさにあいまいで、それを悪いという言い方もできるし、よいという言い方もできるのですが、私は両方を持っているところは非常におもしろいと考えているのです。

## 日本語の主語とは

そういう点で日本語を見ますと、近代の科学主義、テクノロジーとまったく逆のほうの言葉を非常にたくさん持っていると思います。端的に言うと、多くの言葉の背景に離言真如的な考えがちらついているのです。私とマイクロホンは区別されている。あるいは鳥と動物と哺乳類と人間とは区別して考えるというふうな考え方と逆に、みんなともかくいっしょじゃないか、このみんないっしょにつながっているということを表現するのに、非常にやりやすい言葉をもっているのです。

それは例を挙げれば非常にわかりやすいと思いますが、われわれは話をするときに、主語とか目的語を省略するのではなくて、意識をせずにしゃべっていることが多いのじゃないでしょうか。ひとつの例を挙げますと、みなさんがよくご存じの「ぞうさん」という歌があります。その二番で「ぞうさん　ぞうさん　だれが　すきなの」と訊くと、ぞうさんの子どもが「あのね　かあさんが　すきなのよ」と言います。あの「あのね　かあさんが　すきなのよ」というのは、英語になったらどうなると思いますか。「イエス・アイ・ラブ・マイ・マミー」とかいって、だれが主語か言わなければならないのですよ。「かあさんが　すきなのよ」といったら「かあさん」が主語みたいに感じませんか。あのときに「私は……」とかなんとかひとつも言わないのですね。「かあさんを」とも言わないでしょう。英語的表現をすると「私は母を愛します」という。ところが、「かあさんがすきだ」と言っているときは、言っている子どもはもうそのなかに入って、消えているぐらいの感じなのです。そういう言い方のできるのが日本語だと思います。そういうのをたくさん持っていて、みんなは平気で使っておられます。

私は若い人によく「〝アイ・ラブ・ユー〟というのを日本語に直したらどうなる?」ときくと、「私はあなたを愛します」という人が非常に多い。つまり「あなた」が目的語になるのです。ところが、本来の日本語にはそういう言い方はないと思います。「愛します」なんて言い方はふつう使いませんからね。「好き」と言おうと思ったら、「あなたが好き」としか言いようがないですね。もちろん「好き」だけでもいいのです。あるいは「いとおしい」と言うときに、「あなたをいとおしい」と言う人はないと思います、「あなたがいとおしい」。そのときに、主語のほうはどこかに消えていくような言い方を、われわれは日常茶飯事にやっている。

いや、それは日本語だけではありません。イタリア人などがそうですが、イタリア語の場合は主語をとばして言うことがすごく多いのです。しかしそういうときでも、主語を省略しているというふうに思っていると思います。いちいち"I〜"なんて言わなくてもわかるから、あるいは"I'm going 〜"でも"going"だけでわかるからというけれども、意識のなかには「I」という主語はあると思うのです。ところが、われわれはそれを意識していない状態ではないかと思うのです。

その非常に典型的な体験を私は隠れキリシタンのことを研究しているときにしました。隠れキリシタンのことをいろいろ調べていましたので、長崎の島まで行きまして、隠れキリシタンの家のずっと後裔、いまはもう隠れキリシタンでない方のところへちょっと尋ねて行って、しゃべっていたのです。行きますと、その方が「先生、いまは科学の時代ですから、なにも神も仏もないですよ」と言われるのです。私は日本人ですから、「へへェー」と言っていましたが、「そんなもう、なにもありませんわ、キリストもなにもない」と言われるのです。「ああー」とかいって見たら、すごく立派な神棚が祀ってあるのです。しかも、お灯明が上がって、榊が祀ってあって、完全に祀っておられることは明らかです。ちょっと悪いかなと思いましたが、「あれは……?」と神棚のほうを指しますと、その人は平然として、「いや、あれがあると落ち着きますからな」と言う。私は「いや、ほんま落ち着きますねえ」と言いました。その人の言い方はもっと傑作でね、「わたしは新教はあれがないから嫌いなんですよ」と言われるのですよ、「新教」ってなにかわかりますか、カトリックのことなのです。

それはすごくおもしろくて、隠れキリシタンの人はみんな自分たちのが本来の宗教で、日本が開国したあとでやってきたカトリックは新しい宗教だと思っておられるのです。だから、そういうのはみんな新教、新教と言われるのです。だから、自分らは本来的だったのだが、新教がきたのでと思っておられるらしいのです。それはともかくとして、自分は古いほうも新しいほうも全部やめてしまった。やめてしまったのだけれど、「あれがあると落ち着きますなあ」と言われて、私は「ああ、これが日本人の宗教的な生き方をあらわすすごくよい例だな」

と思ったのです。

それでヨーロッパへ行きまして、ヨーロッパで隠れキリシタンのことを発表しました。そうすると、あとで質疑応答の時間があって、日本人の宗教性はどうもわかりにくい。われわれから見ていると、まったくないと言いたくなるときと、ものすごくあると言いたくなるときと、どうもわからないと言われました。私はその「あれがあると落ち着きますなあ……」の話がすごくいいと思い、その話をしようと思って、話をしかけたのです。そして、「あれがあると落ち着きますなあ」というところを英語で言おうと思ったら、フッと詰まったのです。なぜ詰まったかというと、だれが落ち着くのかわからんわけですよ。その人を主語にして、「I」として「私が落ち着きます」というのか、いや「家が落ち着きます」というのか、宇宙が落ち着くのか、われわれが落ち着くのか、そこの主語になにをもってくるのかで、ものすごく変わってしまうのですね。ところが、その人は言っていないのですよ。

しかも、私はそのままで「いや、そうですねえ」なんてやっていた。二人ともそのときはなんにも意識していないのです。そのときに私がパッと意識して、ああ、これは「I」を省略してるとかなんとか、そんなことやっていないのです。それで、思ったのは、われわれは非常に大事なときに主語とか目的語を意識なしですまして、言葉をしゃべっている、そういう非常におもしろい言葉を使っていると思いました。

私たちの心理療法の世界で言いますと、こんなおもしろいことがありました。それはどんなことかと言いますと、われわれは一九五〇年代にカウンセリングということを始めたのですが、ほんとうのところは、どうしたらいいかわからないのです。いろいろ相談にこられるのに、ほんとうに考えだすと、なにが正しいかわからない。たとえば、だれかがこられて、「私は理学部を受けようか文学部へ行こうか迷っています」などと言ったときに、テストして、「あなたは理学部へ行け」なんて、そんな簡単に言えないですね。そのときには私は責任を持って言わねばならない。あるいはだれかがこられて「うちの子どもは夜尿します」と言われるが、夜尿症の原因などは、そりゃ言おうと思ったら言えますが、ほんとうはなかなかわからない。

そんなときに、どうしようかと思って私たちが非常に困っているときに、ものすごい福音がありました。いや、もう大丈夫、必ずできる方法があるというのです。それはどんな方法かといいますと、C・R・ロジャーズという人がおり、日本人にものすごい影響を与えています。その人の考え方もだんだん変わっていきますので、われわれも変わっていくのですが、いちばん初めに私たちの読んだ本が、『非指示的《ノン・ディレクティヴ》カウンセリング』という本でした。

それはどういうことかというと、こられた人に対して、私は指示を与えないほうがいいというのです。こられた人が自分で考えられるのだから、いちばん大事なことは指示を与えないことだと書いてある。ともかく指示を与えなかったら、その人が自分で解決されるというのです。これはものすごくいい方法です。私は勉強もなにもせんでいいのですよ、要は指示をしなかったらいいのです。

そうすると、相談にこられて、「うちの子どもは夜尿して困るんですよ」と言われたら、ふつうすぐに「エッ、夜尿はいつから始まりましたか?」とか「子どもさんは何歳ですか?」とか「ご主人の職業は?」とか言うでしょう。そういうのは全部だめなのです。そうしたことを訊くのはまちがいであって、「うちの子どもは夜尿するんですよ」と言っても、指示を与えずにそのまま言ったらいいのです。「ああ、夜尿されるんですね」と、こう言ったらいいのです。「どうしたらよろしいでしょう?」と言ったら、「どうしたらよろしいでしょう?」とこうやっている。

ところが、すごくおもしろいのは、この発想は英語によっていますね。英語はそれがものすごくうまくできるんですよ。なぜうまくできるかというと、"I～""I feel ～"と、こう言うでしょう。そうすると、その"I"を"You"に変えて言ったら、そのままになるのですよ。「わたしは親父がもういやでいやでたまりません」と言うと、「ああ、あなたは親父がいやでたまらないのですね」と、そのまま言えばいいのです。

ところが、日本語はふつう主語を使わないでしょう。そうすると、「親父はいやなやつなんですよ」と言われたときに、「いやなやつですな」と言ったら、「ああ、先生もそう思われますか」となる。「いやいや、私はそう思っていない。私はただ非指示的に受け入れただけであって、私の意見を申し上げているわけではない」と言わなければいけないのですね。

英語はうまくできている。"I～"と言ったら、"You～"と言ったらいちばんいいでしょう。だから、パッパ、パッパいくのです。ところが、日本人はこれがうまくいかないのですよ。下手をすると、「あっ、先生もご賛同のとおりだ」ということになる。家に帰って「先生が怒ってはったよ」などと言われると困るので、どうしようかということになった。

すると、やはりいつでも知恵のある人がいまして、それには「あなたとしては……」と言われたら、こう言ったらいいという。つまり「わたしは親父に腹が立ってしかたがないんですよ」と言われたら、「あなたとしてはお父さんに腹が立つんですね」と、「あなたとしては」という言葉を入れるとうまくいくということを発見した人がいました。それで、われわれはなんでもいいから「あなたとしては……」とやっていたのです。そうしたら、怒りだして、「いや、先生はどうお考えになるんですか」って言う人がいましてね、その場合、「あなたとしては、わたしがどう考えるかご心配なんですね」と言うのです(笑)。

その結果どうなったと思いますか、それでも治っていく人がたくさんおられました（笑）。これは驚きでした。ほんとうにそんなばかなことをしていて、みんな笑われるかもしれませんが、たくさんの人がよくなられました。下手な指示を与えるよりは、よほどそのほうが効果があります。これは大切なことです。

ところが、それでよくならない方もおられました。そういう人はどうされるかというと、次にこなくなります（笑）。あるいは日本人ですから、治らないのにずっと続けてこられる人がいます。そうすると、こっちもだんだん憂うつになってくるのですね。「あの人こんど休んだらええのになあ」と思っていると、相変わらずこられるのです。それで、「あなたとしては……」と言っているうちに、むちゃくちゃにこっちが眠たくなってしまうのです。そして、眠たくなるので足をガッと詰めて、また眼を開けて「あなたとしては……」とこうやっても、そういう人はぜんぜんよくなりません。

そこで私は思ったのです。これではだめで、相手も生きているし、私も生きている、生きたもの同士が会って、しかも指示を与えないという方法があるにちがいないと思った。私はそれからアメリカへ行くのです。日本でこんなことをやっていたらたまらんから、本場へ行って勉強しようというわけで、それから長い遍歴が始まります。

しかし、それはおいておきまして、ここで言いたいのは、やはり主語とか目的語を明らかにしない言葉で話し合っているということから、そんなことが起こるということです。

だから、われわれはなんの気なしに、ヨーロッパのものとかアメリカのものを輸入していても、知らない間に、どこかで日本化しているのです。これはなぜかというと、やはりどこかでわれわれはずっとひっついているひとつなんだ、ということを前提の上にした言葉をぼくらは話しているのですね。なんか分けるのを嫌っている。

ところが、みなさんご存じのように、自然科学とかテクノロジーははっきりと分けることの方を前提になりたっています。0と1を分けること。この0と1に分けることの組み合わせを基としてコンピュータはでき上がっています。こういう世界に生きているなかで、どういう言葉で話をするのかということになってきます。

今回出席されるはずだった佐野洋子さんがパンフレットにお書きになっているのを読んで非常に印象的だったのですが、佐野さんはこういうことを書いておられます。世の中全体が思いやりがないようになっているのではないか。だから、もう日本語がどうのこうのという前に、人間がすでに本来の言葉を失ってしまったのではないか、というふうに書いておられるのです。

これは、われわれがコンピュータ的な世界だけを土台にしだすと、要するに、0か1か、この人は役に立つのか立たないのか、役に立たない人は捨ててしまおうとか、そういうふうになって、思いやりがなくなってしまったということを佐野さんは言っておられるので、そういう点で、われわれは思いやりということをどう考えるかということになります。

この「思いやり」というのが英語になるとどうなるかというと、これまた非常におもしろい考え方です。そのときに、欧米人は全部区別するからバラバラかというと、そんなことはありません。彼らはちゃんといっしょに心を合わせて仕事をしている、隣人愛というものを完全に持っているわけですから、「いっしょというもの」を持っている。彼らが持っている隣人愛というものと、われわれが持っているみんないっしょだというのとはちがうのです。そういう文化状況のなかで、われわれは思いやりを持ち、その思いやりがある言語というのはどうなっていくのかを考えることは、これからの非常に大きい課題だと私は思っています。

これはたんに言葉のなかに、片仮名の言葉を使ったりするかどうかなどということではなく、全体的なパターンはなかなか変わらないと思いますが、今後日本語はどうなっていくかというふうに私は思っていまして、答えはあまり言うことができません。

## ファンタジーとリアリティ

そういう関係で考えてみますと、今日は「ファンタジー大賞創設記念」の行事でこれを行なっていますが、「ファンタジー」ということも、すごく大きい問題を投げかけていると思います。「ファンタジー」と英語で言って、日本語で言っていないのです。この「ファンタジー」というものは、日本語ではなかなか言いにくいのではないかと私は思います。

たとえば、私はこのごろ平安時代の文学が好きになって、それこそ遅まきながら、いまごろになって、去年生まれて初めて『源氏物語』を読みました。そんな調子で生まれて初めて読んでいるのがすごく多いのですが、日本の古い物語を読んでいます。

そうすると、そのなかには物の怪《け》が出てきたり、みなさんご存じのようになにか生霊がとり憑いたりとかいろいろありますね、そういうのを見ていたら、いやいや、もう平安時代から日本人はちゃんとファンタジーを持っているじゃないか、というようなことを言う人がいますが、それはちがって、あの時代の物語を読むと非常にはっきりわかりますが、英語で「ファンタジー」と「リアリティ」というふうにしていちおうみんなが区別していることが、いっしょになっている、重なってひとつの現実として語られているというのが、あのころの物語ではないかと私は思います。

これは、先ほど私が言いました「真如」という考え方で、離言真如的に言うと、われわれがいまやっているのは全部妄念なんだ。しかし、その妄念も真如なんだというふうにして、パーンとひとつにしてしまいます。

それと同じように、英語の「ファンタジー」と「リアリティ」とに分けているものは、ひとつの現実として受け止められている。そういうことを語るのには、日本語はすごく適しています。たしかにそういう意味であのころの物語を読むのが私は大好きなのです。さっき言いました近代をどういうふうに乗り越えていくかというときに、あんがい、当時の古い物語がわれわれにすごくヒントを与えてくれているというふうに思って読んでいるのです。

現代では自然科学でわかるような現実を、これが現実だというふうに思い込みすぎる人が多すぎるので、現実というのはもっともっと層があって、多層的であって、そして自然科学というのはそのなかのひとつの層を見ているのだというのが私の考え方なのです。自然科学だけで現実を見るということは、非常に豊かな世界のうちのひとつだけ見ているのにすぎません。

その点、全部の層を総体として見ると、どうなるか。たとえば、平安時代の物語はそのような「現実」を書いているのではないか、と考えながら読むということは非常におもしろいと思っているのです。西洋の場合は特に近代になると、なんといっても、ちゃんと区別してわたしとあなたはちがう、それからわたしと世界はちがうというふうにして「わたし」をつくり上げてきた。そうした「わたし」というものを、西洋人は西洋人の「自我」と呼んでいるのです。そういうものを構築してきて、こういう自分が世界とどうつながっていこうかというときに、その自分と深い世界のありようの関係を物語としてつくればファンタジーというものがつくれるというふうに西洋の人は考えまして、みなさんがご存じのように、私たちが一生懸命になって読んでいるような名作のファンタジーがつくられているのですね。

それはなにかひとつのがっちりとしたものがつくられている。たとえば、みなさんはご存じだと思いますが、

『ゲド戦記』なら『ゲド戦記』というひとつの構築された世界が出てくる。ともかくそういうものがボーンと、きれいにでき上がってくるのですね。西洋人でエゴに凝り固まっている人は、ファンタジーなんかにはもうぜんぜん関心がありません。ル＝グウィンが書いていましたが、アメリカではしばらく前まではファンタジーというのは非常に嫌われていました。たとえば、三十年前であれば、ファンタジーなんか子どもに読ませないほうがいい、あんな逃避的なものは読ませないほうがいいというのがアメリカの教育のあり方でした。

それはなぜかというと、現実にちゃんと直面して、お金をもうけて、結婚して、子どもをつくってとか、そういうことのほうをすごく評価していますから、そんなときに「アースシーに魔法使いがいるそうだ」という話になると、「そんなばかなことあるか、だからそんな危険なものは読ませないほうがいい」というので、ファンタジーは非常に評判が悪かったのです。

ところが、一九八〇年ぐらいから、こういうものは子どもに読まそうというふうにアメリカが変わってきた。近代的な考え方、自然科学とテクノロジーで武装されている自我というものはもっと開かないと、二十一世紀に生きていけない。そのときに、もっと層を変えて開いていく生き方のすごい世界の記述としてファンタジーというものがあるのだ、ということをアメリカ人はわかってきたのです。

だから、ファンタジーを読むことによって、子どもたちももっと豊かな世界に生きられることになってきたのです。それで最近では、そういうものがどんどん出てきたのですが、これを日本でやるとなると、どうなるのか、すごく難しい問題があるのです。なぜかというと、われわれがものを書く時はほとんどみんな日本語で書いている。ところが、ファンタジーを日本語で構築してくるというのはなかなか難しいところがあると私は思います。

そのひとつの証拠といっていいかもしれませんが、日本のファンタジーの作品の主人公の名は片仮名がすごく多いのです。たとえば、これが日本の国で、そして丹波の篠山で、寅さんという人が山へ入って行っても、ファンタジーとなるとなかなか難しいですよ。たしかに妖怪変化は出てきます、絶対に出てはきますが、それをファンタジーというふうに呼べるものなのかどうか。

そのときに、私はファンタジーと言っているが、なにも西洋流のファンタジーがファンタジーであるというふうにこだわらないつもりでいます。だから、日本人が日本人のファンタジーというものを書くときに、ひょっとすると、すごく新しいものが出てくるかもしれないとも思っているのです。

今後のところは私はこれ以上言うことができません。みなさんのなかでできる方は、それを自分の心のなかでやってみてください。それができる方はそれをやってみたらいいです。

ただ、はっきり言えることは、ファンタジーというのは頭で考えてつくるものではありません。頭で考えてつくっても、これはなかなかファンタジーにならない。やはり自分の全存在を賭けたなかから出てくるようなものをつくっていかないといけないでしょう。これを日本の名前で、日本の土地でつくると、どうしても平安時代の物語のように、いわゆるファンタジーといわゆるリアリティが混合したものになってきて、なかなか作品になりにくいのではないかと私は思っています。日本語というのはそういうものなのです。

つまり、いまファンタジーとリアリティと言いましたが、ちがう言葉で言うと、一般に内界と外界と分けているようなそういうものが、なんかひとつの言葉でスーッとあらわされてしまうような、そういう言葉を私たちは持っているのですから、そういう言葉を使ってファンタジー作品を書くということは、なかなかのことだろうと思っています。そういう点でまた私は楽しみにもしていますし、それからちょっと不安な気持ちもあります。

## 方言と普遍性

最後に、少しだけ、方言のことをお話ししたいと思います。

日本の国はそうとうたくさんの方言をもっています。私はこれはすばらしいことだと考えています。私自身は、みなさんがいま聞いておられてもわかるように、もう標準語を話すことは不可能です。これはよく言うのですが、生まれて初めてテレビに出たときは、四十五分間、完全な標準語でしゃべり抜きましたが、終わったあとで、ディレクターがニコニコっとしてきて、「先生の関西弁よかったですね」と言ってくれたので、私は標準語でしゃべることは不可能だということがそのときわかった。それからもう標準語でしゃべる意思はますますなくなったので、英語まで関西弁でやっています(笑)。

この方言というものは、さっきの身体性ということとも関係して言いますと、自分のたんなる考えというのではなくて、自分の存在を賭けてくると、どうしても方言のほうがやりやすいですね。ただし、私は数学の公式をやるときには、これは関西弁になりません。発音がちがうかもしれませんが、a＋bの2乗はと考えたら、これは関西弁で書こうと東北弁で書こうと、どころか、世界中どこでもいっしょです。だから数学というものはすごいものなのですが、逆に、自分を賭けてくると、これは方言になるのです。

私はたしかに方言で話します。それは私という人間の仕事は、抽象的な理論を大切にして生きているのではなくて、いつの場合でも自分の全存在を賭けたことをやっていますので、どうしても方言でないとだめなのではないかと思います。

で、このことは、非常におもしろいことなのですが、難しいのは書くときの問題です。書くときはどうするか。

そして、じつをいいますと、私は自分が話したことが記録に残るのは大嫌いなのです。きょうのこれは初めから記録に残すことにしていますので、珍しくちゃんとこんなに要点を書いて持ってきていますが、ふつうはこんなことは絶対にやりません。講演のときはなにも考えないで行っています。何時にどこへ行ったらいいという以外は、なにもわからない。会場へ行って、出る前に、きょうの題はなんですかと聞いて、そしてみんなの顔を見て、でまかせにしゃべっているのですが、そのほうがよっぽどみんなに喜ばれるのですね(笑)。そのかわり、きょうは記録が残るというときは、そのつもりで話をしています。

それはどうしてかと言いますと、ベラベラ好きなようにしゃべっている場合、みんなにワーッと喜ばれてしゃべっているのですが、日本人というのはときどきけしからん人がいまして、約束していないのに、勝手に録音をとって記録を書いてくる人がいるのですよ。「先生のお話は非常におもしろかったので、これは発表したいと思います」といって、それを読んだら、ほんまにゲエーッとなりますね。なににゲエーッとなるかといったら、方言、関西弁が多すぎる。また関西弁だけではありません。もっといやなのは「バチャーン」とか「ガツーン」とか「ゴォーン」とか、そういうのがやたらに出てくるのですよ。言わないでもいいとこで「バー」とか「ビー」とか言ってるのです。それはなんか自分の持っているものをみんなに伝えようとするから、いわゆる抽象的概念以上のものを伝えたいと思うから、どうしても標準語でなく「そんなあきまへんでえ、ガーンとやらな」とか言うのが、全部そのまま書いてあるのです。それを見たら、われながらよっぽどアホとちゃうか思ってもういやになるのです。

これはどういうことかというと、やはり生きている人間が生きている人間と接しているということは大変なことなのです。そこで伝わっているものというのは、人間から人間へと伝わるから、みなさんは私の話を聞いていても、それほど「ガツーン」とか「ゴツン」とか、あまり覚えておられないと思うのです。ところが、文字というものはいっぺん距離をおいて客観化しようと思うのですから、そういうときになんかえらい片仮名で、「ゴツン」とか「ガツーン」とか「あきまへんでえ」とか書いてあると、それはおもしろいと言う人がいるのですが、それはその場にいて、話を聞いた人が読めば、それを思い出すからおもしろいと思いますよ。しかし、それとぜんぜん関係のない方が読まれたら、「これなんや?」というふうに絶対に思われると思うし、私はそれはいやです。できるかぎりそういうのはやめてもらうようにしてますし、「それは絶対に困ります」といって、せっかく書いてこられても、発表するのをやめてもらった例はたくさんあります。「もし発表するのでしたら、これを削ってください、これを削ってください」といって、ずっと削っていくと、だんだん残りはなくなってくるということになるぐらいです。

こういう話し言葉と書き言葉の差の問題は、方言のこととも関連して、日本語のひとつの難しさがここにあると思います。

ただし、昔ばなしの記録が方言で書いてあるのは、ぼくらは読めますね。あれはなぜかというと、昔ばなしというものは人間が人間に話しするもんだと私たちはわかっているのです。わかっていますから、方言で書いてある昔ばなしを読んでも、「ああ、おじいちゃんが話をしてくれるんだな」、「おばあちゃんが言ってくれるんだな」と思いながら読んでいるから、ほとんど抵抗がないのです。そしてまた、昔ばなしという内容が方言と非常に密着しているから、方言で書かれた昔ばなしというのは読むことができますが、ふつうの講演記録はもうすでに読みにくい。となると、まして作品を書くときにどうするか、これは非常に難しい。

ところが、みなさんも文学作品を読んでおられてわかると思いますが、ときどき方言を非常にうまく使っているのがあります。全部方言で書いてあるわけではありませんが、会話のどこかとか。しかし、それをよくよくごらんになるとわかりますが、ちょっと方言が変えてあることがあります。そのとおりは書いていないのです。それを知らない人は、「あの先生が書いておられるあの方言はまちがっています」などと言う人がありますが、それはそうではなくて、方言的なものを入れながら読むに堪える言葉というのを書いておられるのです。これはみなさんもお読みになるときに注意して読まれるとおもしろいと思います。書き言葉の場合は、方言的なものをどう表現するかということには注意しなくてはならない。

これをもっともっと大きく言いますと、日本語というのを考えてみたら、世界のなかの方言ですからね。その方言を使って「ファンタジー」という片仮名文字でいわれるようなことを書くという場合に、どこまでそれを駆使するのか、どこまでそれを変えていくのか、ファンタジーを書こうと思うと、おそらく文体も変わっていくのではないかと思います。そういうふうなことも、これからファンタジー大賞の応募原稿を書く時にはすごく大きな意味を持っているのではないかと、私は思っています。

まあ、日本語ということで、だいたい考えていることを言いました。あと、また大江さん、谷川さんと話し合いできるのは非常にありがたいと思っています。私が言ったことのなかで、また変なことがあったら、そこで言っていただいたらありがたいと思います。どうもありがとうございました。

# Ⅲ

# 「わかること」と「わからぬこと」
## ——子どもの「帯電」状況をどう変えるか

### 原因は何か

神戸の中学生による殺人事件は、日本中の多くの人々に衝撃を与えた。マスコミは最初のうちは犯人探しに夢中になり、いろいろな「推察」が述べられた。丹念に考えたり、合理的な推察を積み重ねたり、苦心のほどはうかがえたが、結論はあまり当たっていなかったようである。

犯人が中学生とわかった時点から、事件の「解明」を通じて、その原因を明らかにしようとする努力が続けられた。マスコミには、この事件の「原因」についての論議がさまざまの形で展開された。

しかし、われわれ臨床心理士として仕事をしている者は、このような事件の「原因」がいかにわかりにくいものであるかを、いつも身をもって体験している。一人の人に一度や二度会うのではなく、数年にもわたって会い続けていると、なかなか簡単に「原因」などわかるものではないことを痛感させられる。「なぜ、そうなったか」などと本人に訊いてわかるはずもないことは、むしろ当然である。もちろん、それに対して本人が答えることがあっても、それをそのまま「真実」とは考えられないことのほうが多い。

たとえば、このような例がある。子どもが学校に行かない。不登校ということで相談に行くと、相談を受けた人が家庭の事情を訊き、「これは父親が単身赴任で、子どものことに無関心だからだ」と言う。これを知って父親がなるほどと思い、その態度を変えて、事態が好転するときがある。しかし、次のような場合もある。その父親が「それは承知できない、父親が単身赴任で子どもに無関心であることが子どもの不登校の原因というのなら、そのような家の子がすべて不登校になりそうだが、そんな家でも沢山の子どもが登校しているではないか」と言う。

これは理論的にはちゃんと筋が通っている。自然科学において、「原因」-「結果」というときは、ある原因によって、定まった結果が出るときを言うはずである。ある「原因」によって生じる結果はまちまち、ということがあるだろうか。科学技術の発展によって、人間はいろいろ便利なものを作ってきた。そのような機器のなかで、「このボタンを押して下さい。それによって機械が動くときと動かないときがあります」などというのがあるだろうか。ボタンを押すという操作によって、一定の結果が必ず得られるところに、その価値があるというものである。

ここで機械の例を持ち出してきたのは、機械と人間は異なることをよく認識してほしいからである。そんなこと当り前だという人でも、他人のことを考えるときは、「機械扱い」しがちになっている自分に気づいていただきたい。今度の事件などについて、すぐ「原因は何か」と知りたがるのなど、機械が故障すると、早く「原因」を知れば修理ができるという発想がその底流にあるからではなかろうか。あるいは、他の例を知ることにより、自分の家の機械(子ども)の状況を点検して、事故を予防できると考えていないだろうか。

それではこのような実際的な問題に対して、われわれ専門家はどのように対応しているのか。もちろんいろいろな考え方や方法があろうが、私の場合で言えば、私は「原因」を探ろうなどという気持ちをほとんど持っていない、と言っていいだろう。原因などわからなくても、よくなればいいと思っている。原因を見つけようなどという態度から自由になって、ともかく相手の言うことに耳を傾ける。そうしていると、何度も聴いているうちに、相談に来た人が自分でいろいろと考え、行動したりして解決を見つけていく。それに従っておればいいのである。

もちろん、これは簡単そうだが困難なことで、よほどの専門的訓練を受けた者でないとできないことである。そんな点は省略するとして、ここで強調したいのは、何が「原因」かと過去にばかり目を向けるよりも、いかにして解決するか、今をいかに生きるか、などと現在や未来に目を向けることも非常に大切なのだ、ということである。そして、ついでに言っておくと、そのような過程で、その人およびその周囲の人などが、思いがけない可能性を見出して変化していくことが多いことである。人間が機械と異なるところは、時間の経過と共に、本人も知らなかった可能性が生じてくることである。過去の原因を見出して、それを改めていこうとするよりは、未知の可能性に賭ける態度で接するほうが効果的であることもある。もちろん、この経過中には、原因探究的な会話がもたれ、それが重要な意味をもつこともある。したがって、原因を探す態度を決して排するわけではないが、それればかりを大切にしないことである。

## なぜ「原因」を知りたがるのか

ものごとの解決には「原因」を知るばかりが大切ではないと述べた。そうすると、一般の人々はどうして「原因」を知りたがるのだろう、ということが問題になってくる。

これは人間という存在の特性と大いにかかわってくる。人間は自分の周囲に生じる事象を、それなりに「わかる」ことを必要とする。そして、わからないときには不安を感じるのだ。たとえば今度の事件のような場合、誰もがまず「不可解」と感じる。そのとき、それは自分にまったく無関係のこととし、はじめから考慮の外に棄ててしまう人は、そのことによって、自分の安定を守ることができる。このような人も多い。

しかし、何となく気になる人もある。「わからない」ことが人を落ち着かなくさせる。なかには次のような人もいる。今度の事件の家族が共稼ぎでないのを知って、よかったと思った……というのは、自分は夫婦共稼ぎをしているから……。つまり、共稼ぎが「原因」ではない、と考えて安心する。このような原因論が単純に過ぎることは明らかだが、ともかくこんなのを見ていると、人間が早く安心するために、「わかった」と思いたがる傾向がよく出ていると思う。

これほど単純ではなく、もっと精密に考えたり、科学的に考えたりして、「原因」を見出したように思うこともできる。しかし、この際の「わかる」というのは、多くの場合、自分を局外者の立場に置くことによって、「わかる」のではなかろうか。たとえば、これは時代の「社会」のありようが原因だと言うにしても、何となく、自分はその「社会」の外に立っている者として考えていないだろうか。そのことによって、現代社会について嘆いたり、非難したりする。しかしそのとき自分がその社会の一員として、何をしてこなかったのか、これから何をすべきかについては考えてみない。

局外者として「わかる」ことは、身の安全を確かめるだけではなく、その事象に対して操作したり、対策を立てたりできる、という利点をもっている。たとえば、今度の事件に対して、子どもたちの行動を大人がちゃんと監視できなかったことが「原因」である。したがって、今後このようなことが生じるのを防止するため、居住地の大きい木を切り、見通しをよくして子どもたちが大人に隠れて悪い事ができないようにしよう、という対策が立てられ、それはあちこちで実行されたと言う。これなど局外者的発想の最たるもので、まったく馬鹿げている。

子どもたちの立場に立って考えてみると、現在の日本の子どもたちは、むしろ大人の監視やコントロールがあり過ぎて、自由に伸び伸びと子どもらしく遊ぶ機会が少なすぎる、というべきである。子どもを隠す木を切ってしまうというのは象徴的で、子どもがその姿をすべて露呈してしまうのは問題だ。ここのところは難しいことで、ほんとうは詳細に論じるべきかもしれないが、それについては、神戸の事件の起こる少し前に出版した拙著『子どもと悪』(岩波書店、一九九七年(本著作集第五巻所収))に論じているので省略する。要するに、子どもはそれ自身の世界を構築していくべきで、その間に大人から見れば「悪」と見えるようなことも少しずつ体験してこそ、うまく成長できるのだ。さもなければ、思春期になって、心の奥底から変革が生じてくるときに、それまで溜っていたものを爆発させて、まったく手のつけられないようなことが生じるのだ。

それを局外者的な発想で、今度の事件に対して、「監視が行きとどかなかった」のが原因だと「わかった」、というわけで次の対策を考えるのは、あまりに単純に過ぎないだろうか。

何かのことが「わかる」のは、なかなか大変なことである。といって「わからない」で放っておいていいのだろうか。先にも少し紹介したが、心理療法家としての私の仕事は、人々が早く「わかった」と思っているときに、「果たしてそうだろうか」と問い続けることをしているとも言える。

自分がこのようになったのも父親が悪いからだ、と言う人がある。われわれは、直接的に疑問を呈することはあまりない。耳を傾けていると、その人自身が自分の言ったことに疑問をもちはじめ、果たしてそうだろうか、と考えはじめる。どこかで答えが出そうになるが、また疑問が生じる。これを繰り返しているうちに、他人のなかに「原因」を見つけようとしていた人が、自分のこととして、自分の主体がかかわる事象のなかで、いかに行動しようかと考えはじめる。それでこそ、その人固有の生き方が見出せるのである。

学問にしろ、芸術にしろ、大きい仕事をした人は、一般の人々が「わかった」と思っていることに対して、「果たしてそうだろうか」と疑問を感じ、簡単にわかろうとする誘惑に耐え、「わからない」ことに時間をかけて取り組んだ人たちである、と言える。

## 今回の事件をどう考えるか

今回の事件の本質は、不可解さにある、と考えてみてはどうであろうか。科学技術の発展によって、人間はこれまでに不可解と思ったり、神秘と思ったりしていた多くのことを解明し、原因‐結果の因果関係の体系のなかにまとめあげることを可能にした。「生命の神秘」も、科学的に解明できるのは間近いという人もある。遺伝子を操作することによって、生物の生き様をコントロールできる。

このような考え方のパターンを、人間が人間に対して当てはめようとし過ぎたのではなかろうか。人間は一人ひとり異なる生きものであることを忘れてしまい、画一的な「よい方法」によって「よい子」ができるなどという錯覚を起こしてしまった。上手に手入れをすれば、長さも大きさもそろった、よいキュウリができるように、よい子が育つと思ったのだろう。しかも自分の子どもが他と同じように育つのではなく、他よりは成績のよい子になってほしいと願うのだから、ますます矛盾した話である。

何でもかんでも「わかった」と思い、それによって他を操作するような思考に陥っている現代人は、「わかること」の傲慢さに気づいていない。それに対する警告として、ここに極めて「不可解」な事件が生じてきた、と考える。これは別に何が「原因」であると考えるのではなく、このような事件が生じる社会に同時代人として生きている自分にとって、それが何を意味するのかを考えようとするのである。そのことはすなわち、現代において自分がどう生きるかについて考えさせられることになる。

われわれは子どもに対するときに、全体をうまく操作して「よい子」に仕立てあげようとか、どのようなことを教えこもうとするのではなく、一人ひとりが異なる存在であり、その個々の子どもが、大人の測り知れないものを内に蔵していることを認識して会っているだろうか。教師が生徒に対して、親が子どもに対して、どのような姿勢によって対しているだろうか。深く考え直す必要がある。

「不可解」ということは、理解する努力を放棄せよと言っているのではない。むしろ、われわれはそのような努力をするべきである。しかし、簡単に「わかった」と思い込む傲慢に陥らないようにしたいのである。そして、わかろうとする努力のなかで、原因‐結果という考えに頼ろうとするのも否定するものではない。現代人はものごとを考えるとき、このような筋道に頼らずにすることは極めて困難なのである。したがって、思考の支えとして、原因‐結果という筋道を用いるにしろ、それは、物理学における因果関係とは異なること、それと自分自身とのかかわりを忘れないこと、などの配慮が必要である。他人事として見ても、意味はない。

今回の事件について意見を求められたとき、私はこれは「雷が落ちたようなものだ」と言ったことがある。既に述べたような現代の子どもを取り巻く状況は、空が強力に帯電しているのとそっくりである。それは、どこかに向かって放電されねばならない。そして、それが放電される場所は、ある程度の要因はあるとしても、相当に偶然性が作用する。したがって、われわれはなぜそこに落ちたのかを細かく調べるよりも、強い帯電状況について認識するほうが大切である。このような意見を述べたのである。

ところで、新聞の報道によると、犯人の中学生は事件後、児童相談所において「樹木テスト」(一本の実のなる木を描く心理テスト）を施行されたとき、一本の樹木を描き、その背景に暗雲がたれこめた空があり、そこから落雷して、木が真っ二つに裂けるのを描いたという。私は沢山の樹木テストの絵を見ているが、このような樹木ははじめてである。そして、私の発言とあまりにも符合する絵のことを知り、暗然とした。少年は自分が雷に打たれたという認識をもったのだろうか。

ここでわれわれが考えねばならぬことは、このような強力な帯電状況をどのようにして変えていくか、という点にある。それは既に述べたように、教師、親、すべての大人が、もっと子どもの自由に伸び伸びした行動を保証し、見守ることに努力することではなかろうか。子どもたちに対する大人の干渉が強すぎるのだ。これはおそらく教育制度の改変によっては対処できないことであろう。日本の親の各人が、子どもの真の幸福について考え直すことが必要である。大人が子どものために幸福の路線を敷くのではなく、子どもたち自身が試行錯誤しつつ、自分の力で道を探していくのを許容し見守る態度をもたねばならない。

# 透明なボク

## ――神戸小6殺害事件を問う

神戸で痛ましい事件が起こった。小学生が殺害され、しかも、その後の経過は周知のとおりであるが、まったく常軌を逸した事件であり、よほど「変態的」な人物の犯行ではないか、などと予想されているときに、中学生が容疑者として逮捕された。このことによって、日本人全体の受けるショックは、二重、三重になった。

事件の詳細は何もわからないので、とやかく言えないが、ここではこの事件によって受けた心の傷の癒し、という点について限られた紙数のなかではあるが論じてみたい。

### 常識が妨げに

このごろは、「癒し」が一種の流行となっている。私自身もそれにある程度かかわっている気がして、申し訳ないような気持ちでいる。というのも、「癒し」ということが何だか手軽に行われたり、何かの「マニュアル」に従って行われたりすると、うまく成功するように感じさせるような、もの言いをする人が多い気がするからである。

癒しはそれほど単純なことではないし、不可解な部分さえある、というべきである。映画『禁じられた遊び』

を見られた人は多いだろう。空襲によって目のあたりに両親の死を見た少女は、その後、いろいろな墓をつくることによって、心を癒そうとする。しかも、それは大人たち——神父様も含む——の常識によって破壊され、少女の心の傷はより一層深くなる。

このことは、癒しということがいかに一般の常識を超え、時には大人たちの常識や善意がそれをぶち壊すものであるかを如実に示している。このような例は、阪神・淡路大震災のときにも見られたことである。

今回のような事件が起こると、それの癒しを考えるよりは、早く忘れたり、否定したりしたがる人が多い。そのような方法で一番手っとり早いのは、事件の「原因」を単純にきめつけ、それによって何か話が解決したように思うというのがある。

「家族」「学校」あるいは、特定の人々を「原因」と考え、それを攻撃し、自分は攻撃する側に回って安心する。これはごく一般に行われ、確かに、何か話が「わかった」と思えるし、自分に責任がないことは明らかになるし、それもよかろうと言えるが、癒しという観点からは、まったく別のことで、それによって傷を深くする人を増やすだけだ、という認識はもたねばならない。

## 悲しみ据えて

癒しの根本は、そのことによる悲しみ、怒り、痛み、などを心のできるかぎり深いところの中心に据え、それはそれとして、日常のしなくてはならぬことを、がっちりと行うことである。おそらく、それは簡単には言葉にならないだろう。中学生たちに感想を聞き、それによって「癒し」を行おうとするのは単純すぎる。おそらく、彼らはあまり話さないだろう。それは隠しているのでもないし、感じていないのでもない。それは言葉にならないのだ。もし話し合うことによって癒しを行いたいのなら、彼らの「言葉が熟し」、それを聞かせてもらうほどに「関係が深まる」のを待たねばならない。その待っている間、何カ月とか時には何年とかの間、前記の悲しみを、自分の心のなかにずっと据えている力がなくては、ことは起こらない。

カウンセリングが癒しにかかわるとするなら、それはここに述べたように実に大変なことである。これがどれほどのエネルギーを必要とするかはわかってもらえるだろう。安易にテクニックやマニュアルに従って、表面的なおさまりをつけるのとは、まったく異なることである。これができるためには、相当な訓練を必要とする。

何だか話が難しくなったようだが、癒しということ自体が大変なことなので仕方がない。しかし、それでは被害を受けた人たちはどうすればいいのか、ということになろう。被害者のご家族、容疑者のご家族は、ほんとうに大変であろう。ともかく、第三者としては、その生活にみだりに立ち入らないことが一番大切であろう。癒しはそれぞれの人の心のなかから、時間をかけて生じてくる。これについてはこの短い紙数のなかでは論じられない。

## 教師と親の役割

むしろ、このような事件の周囲にいる人たち、とりわけ、思春期の子どもにかかわる教師や親たちについて、少し触れることにする。

この場合も、繰り返して言えば、悲しみを中心に据え、日常生活をしっかりとすることだ。日常生活の遂行にのみ力点を置くと、それは癒しにつながらない。しかし、それを中心におくのではないが、心して毎日の生活をしていると、それは、あんがい癒しになってくる。学校の教師として、授業をすることに専念しつつ、自分の前に座っている生徒たちの心の奥底にあるものが、いかに凄まじくいかにいろいろな感情に結びついているかを、どこかで知っていること。そんなふうにしていると癒しは自然に生じてくる。

親の場合も同様である。自分の子どもも同じような事件を起こさないかなどと余計な心配をしても無意味である。日常のなかで、父として母としてするべきことをする。そんな中で、子どもが急に親に話しかけてきたり、家族旅行を提案したり、何か変わったことが出てくるかもしれない。それに正面から対しているうちに、それが「癒しの儀式」になっていることに気づくこともあろう。

# 児童文学のなかの「死」

こんなにたくさんの方が「死の臨床」の研究会に来ておられるとは、実は思ってもいなかったのでびっくりしておりますし、またありがたいことだと思います。医学の領域で「死」はタブーのような感じだったのですが、「死の臨床」ということを正面から考える方がこんなに多数おられるということは、日本人にとっては非常にうれしいことだと思います。

さて、特別講演をするようにと頼まれたのですが、私は死についてそれほど経験があるわけでもありませんし、まだ死んだこともありませんので、何を話せばよいのか困っていたのですが、ふと思いつきまして、私は児童文学が非常に好きなので、「死」と関係のあるものを思いつくまま探していく

表1

| | |
|---|---|
| 1 | ペーター・ヘルトリング<br>(上田真而子訳)<br>『ヨーンじいちゃん』偕成社 |
| 2 | 今江祥智<br>『おれたちのおふくろ』理論社 |
| 3 | ハンス・ペーター・リヒター<br>(上田真而子訳)<br>『あのころはフリードリヒがいた』<br>岩波書店 |
| 4 | 灰谷健次郎「子どもの隣り」<br>『灰谷健次郎の本』第8巻　理論社 |
| 5 | ルーマー・ゴッデン(瀬田貞二訳)<br>『人形の家』岩波書店 |
| 6 | アーシュラ・ル＝グウィン<br>(清水真砂子訳)<br>『影との戦い』岩波書店 |
| 7 | 小川未明「金の輪」佐藤さとる編<br>『ファンタジー童話傑作集』2　講談社 |
| 8 | 梨木香歩<br>『西の魔女が死んだ』楡出版→小学館 |
| 9 | 河合隼雄<br>『子どもの宇宙』岩波書店 |
| 10 | 河合隼雄<br>『子どもの本を読む』楡出版→講談社 |

と案外あるのですね。それで「児童文学のなかの「死」」という題にして、私が好きな作品のなかから「死」を取り扱っているものをとりあげてきました(表1)。

児童文学を私はよく読みます。なぜ読むのかというと、いちばん簡単な理由は読みやすいということです。大人の本はいろいろと面倒くさいことが書いてあって、考えなくてもよいことを考えたりするのですが、子どもの本はまっすぐにものを見ています。そういう目で書かれているので、スッキリと真実が述べられているという感じが強いのです。それで、私はもっぱら児童文学を読んでいるわけです。

表1にあがっている1から8までの、どの一冊を読んでも、みなさんは感激されると思います。このリストを覚えておいて、本屋さんで見つけたら、ぜひ買って読んでください。ぼくの話を聞くよりも、一冊読んだほうがよかったと思われるぐらい感激されると思います。

あとの二つは、私が児童文学の解説めいたことを書いているものです。

## ペーター・ヘルトリング『ヨーンじいちゃん』

ヘルトリングは、対談をしたこともある、私の好きな非常に暖かい感じの人です。この人の文章で好きなところは、センチメンタルなところがないということです。児童文学でいちばん嫌なのはセンチメンタルな本です。この作品は、十二歳のラウラと十歳のヤーコプの二人の子どもとお父さんとお母さんが住んでいるところに、ヨーンじいちゃんが一緒に住みにくる話です。ヨーンじいちゃんはお母さんのお父さんです。ヨーンじいちゃんから、七十五歳になってひとりでは大変だから、そろそろ一緒に住もうかと手紙がきます。家中で話し合って、一緒に住もうということになります。ヨーンじいちゃんからの返事は、半年一緒に住んでみて嫌だったらやめることにしようというものでした。

そのあと、なかなか面白いことが起こります。じいちゃんは田舎の人ですから一徹で、ときどきはお父さんと衝突します。それから、ヨーンじいちゃんに好きな人ができるのですね。好きな女性と付き合おうとするので、家の人が迷惑をしたりするところがあります。ヤーコプは「あんな歳になっても人を好きになることができる」と感激するのですが、こういうところはみなさんに読んでほしいところです。

ところで、ヨーンじいちゃんは病気になって、だんだんとボケてきます。ついには、ヤーコプの見ている前で台所のガスの栓を全部開けて、スーッと自分の部屋に帰って行きます。ヤーコプはビックリして栓を止めるのですが、その後お父さんやお母さんにそのことを言おうか言うまいか思案します。つまり、言うと「大変だから、おじいちゃんは入院」ということになってかわいそうだけれど、ガスを開け放っておくのは危険千万ですから、すごく迷うのです。ヤーコプは「秘密は言わないでおこう。おじいちゃんのことは自分が気をつけていよう」と決めます。こういうところはなかなか思いやりのある子どもだと思います。

ところが、ヨーンじいちゃんはその後も危ないことを次から次へやるので、ヤーコプは怖くなってお父さんとお母さんに言います。お母さんはビックリして、それでまた一家で話し合うのです。そうすると、お父さんは「絶対に入院してもらわないと困る。こんな状態だったら家中おかしくなる」と言います。ところが、お母さんは「みんなで注意して、最後まで見てあげよう」というのですね。子どもたちはどうなるのかハラハラするのですが、とうとうみんなで頑張っておじいちゃんを見てあげようということになります。

そのときに、お父さんも賛成するのですが、ヤーコプに「ヨーンじいちゃんは、もっともっとひどくなるかもしれないんだぞ。そうなれば、ぼくたちみんな、いまのようにやさしい気持ちでいられるかどうか、きっとむずかしくなるだろう。ヨーンじいちゃんにはそんなつもりはなくても、おれたちをとことん苦しめるだろうからな。わかるかい?」と言うのです。

ここのいいところは、さっき言いましたようにセンチメンタルにならないのですね。日本の家庭ではどうなるでしょう。それに、ドイツ人のようにすべて言葉で表現するかどうかわかりません。

ヨーンじいちゃんはこの家でとうとう亡くなります。最後にこういうところがあります。「ヤーコプは、外に出たりまた家にはいったり、うろうろしていた。そのうち、ふとソファの右はしのからっぽの席に目がとまった。ヤーコプは目をつむった。すると、ふいに、そこにすわっているヨーンじいちゃんが見えた。ヤーコプは目をあけた。ヨーンじいちゃんはいなかった。ヨーンじいちゃんはもうそこにすわることはけっしてないんだ、とヤーコプは、いま、わかった」というのがこの本の終わりです。

老人というものがいかに生きて、いかに死んでいくか、それを家族がいかに見守っていくかということが、さっきから何度も言っていますように、甘い言葉にならなくて、そのまま書かれているので、私のとっても好きな本なのです。

## 今江祥智『おれたちのおふくろ』

今江祥智さんというのは、京都におられる児童文学者です。『ぼんぼん』『兄貴』『おれたちのおふくろ』『牧歌』が四部作になっていて、今度その四つを一緒にした『ぼんぼん 全一冊』(理論社、一九九五年)というものすごく大きな本が出版されました。

この『おれたちのおふくろ』は、今江さんが子どもだったときの自分のお母さんのことを思い出して書いておられるのですが、話は作者が大人になって、自分の母親が死ぬところに飛行機でかけつけるというところから始まっています。今江さんらしき四十代の主人公が到着すると、もうお母さんは亡くなっておられたのだけれども、そのかけつけるあいだに子どものときのことがお母さんの回想のようにしていろいろと出てくるのですね。

そこで印象的なのは、死に顔が子どもの顔になったり、おばちゃんの顔になったり、おばあちゃんになったりするのを見ていて、「おかあちゃんはいま旅をしているんだ」と主人公が思うところです。われわれは、ここで死にましたとか、ここがご臨終とかいっていますが、死んでいく人はそこでまた一瞬の間に自分の人生をすべて体験しているかもしれませんね。そういうところが『おれたちのおふくろ』にはうまく描かれています。

もうひとつ印象的だったのは、このおふくろさんが亡くなっていく時に、ちょうど主人公を生んだ時のことを思い出しているところです。子どもを生んだ時には赤ちゃんがなかなか泣かなかった。なんとか泣いてもらおうと必死になって「泣いてほしい、泣いてほしい」と思ったら赤ちゃんが泣いた。そういうところを読むと、死んでいく人はただ死んでいくのではなくて、死んでいくなかに子どもが生まれるという体験も同時に行われていることもあるのではないかと感じました。

こんなふうに、児童文学のなかでは案外「死」のことが描かれています。そして、小さな子どもたちもそれを読んで、それなりにすごく印象づけられたり、考えたりしているのではないかと思います。

ハンス・ペーター・リヒター『あのころはフリードリヒがいた』

これは日本中の人に読んでほしい本です。この本の特徴は、「生まれたころ(一九二五年)」「じゃがいもとパンケーキ(一九二九年)」というように、各章に全部年代が入っていることです。一九三〇年、三一年、三二年と進んで、一九四二年で終わります。

主人公の少年にはフリードリヒという友だちがいました。第一次世界大戦が終わってしばらくたったころですから、ドイツはすごいインフレの時代で、主人公の家は貧しく非常に困っていたのですが、フリードリヒの家はお金持ちなので親切にもいろいろしてくれて、たとえば少年が楽しい遠足に行けたりするのです。

時代が進むと、立場が逆転してきます。フリードリヒは実はユダヤ人だったのですね。主人公の少年はユダヤ人ではなく、お父さんがナチスの党員になる。ナチスの党員はだんだんと羽振りがよくなってきます。ところが、フリードリヒのほうは圧迫されてきて、ついにはドイツ人がユダヤ人の家を略奪するようになって、フリードリヒの家もやられます。

今度は、少年とそのお父さんとお母さんがなんとか助けようとします。だけど、ヘタに助けると今度は自分たちの命が危ない。ナチスは、たとえばユダヤ人の恋人になったというだけで、「私は愚かにもユダヤ人を恋人に持ちました」と書いた紙を首にぶらさげて街中を引き回されるというようなことをするように、すごかったのです。

そして、フリードリヒのお母さんは略奪されて扉もなくなった家で、病気になります。なんとか助けようとお医者さんも来るのですが、水道はでても電気設備がないから湯も沸かせないのですね。主人公の家で湯を沸かして、注射器を煮沸消毒してフリードリヒの家に持っていくのですが、お母さんはすでに亡くなっておられたというような状況です。

最後の章では、フリードリヒはユダヤ人として捕まえられていくのですが、なんとかして逃げ出します。けれども、一九四二年というとそろそろドイツが負けてきて、空襲に遭うわけです。フリードリヒが防空壕に逃げ込もうとすると、ナチスでカンカンの奴が「おまえはユダヤ人だから入るな」と言います。フリードリヒは防空壕の外にいたために爆風で死んでしまいます。ナチスの党員はフリードリヒを蹴飛ばして、「こういう死にかたができたのはこいつの幸せさ」というところでこの本は終わっています。

「死」というのはほんとにいろいろあって、何の罪もない、何も悪いことをしたこともないひとりの少年が、だんだん迫害されて、結局は非常に無惨な死を遂げた。おそらくハンス・ペーター・リヒターさんの体験に根ざした話だと思いますね。どうしてもそのことが言いたくて、この本を書かれたのではないでしょうか。本を読んでいると、人間というものは、自分自身も含めて、どんなに残虐ですごい心を持っているのかということがわかります。やさしいことを言ったり、親切にしている人でも、考えがちょっと変われば平気で人を殺してしまうのです。ナチスの党員のなかには、自分たちは世の中をよくするためにユダヤ人を殺していくんだ、正しいことをやっているんだと思っていた人がたくさんいたのではないでしょうか。自分は正しいことをしていると思いながら、他人を死に追いやってしまうというようなことが書かれています。

そして、ぼくが感激するのは、これが児童文学として書かれているということです。ドイツのリヒターという人が、ドイツの少年たちに読んでほしいというつもりで書いたのですが、何もドイツ人だけでなしに世界中の人が読んでいくべき本だと思います。こういう深刻な本もあります。

## 灰谷健次郎「子どもの隣り」

この作品はそんなに長くないものですが、このなかにターくんという四歳の男の子が出てきます。ターくんは、幼いときにお母さんが亡くなって、お父さんと二人暮らしなんですね。だから、ターくんはどうしても死ぬということに関心がいかざるを得ないわけです。

ついでに言っておきますが、子どもたちは大人が考えるよりもはるかに「死」のことを考えていると、ぼくは思います。みなさんも自分が子どもだったころを考えると、小学生のころから死ぬことを考えたり、死を怖ろしいと感じたことがあるのではないでしょうか。子どもたちは、大人に言っても相手にしてもらえないし、大人が不機嫌になるということを知っているから、黙っていることが多いです。

このターくんは四歳ですけれども、死ぬことにどうしても気持ちがいってしまう。だから、公園に行っても老人に「結局、みんな死んでしまうの?」って聞きます。年寄りは「みんなもうすぐ死ぬよ」って平気で答えるわけです。

そして、ターくんがお父さんと食堂に行くと、そこの店員が「ここの大将あかんかってんやてなあ」というような調子で、人が死んだことを日常茶飯事のようにしゃべっている。ターくんはごはんが食べられなくなるのです。お父さんがそのことに気がつきます。そこでお父さんは、「誰かが死ぬということはとっても悲しいことだから、みんな知らんぷりして、知らんぷり語を使うんだ」と言います。それを聞いてターくんはフーンと思います。

この「知らんぷり語」というのはすごい言葉ですね。われわれ大人は、人が死んだときに心の底では「ああ、よかった」と思っていても、「いや、残念ですね」と言ってみたりしてね。人の死は飾られて、飾られて、知らんぷりするようにして、「本当は」ということはしゃべらないというわけです。大人は、この「知らんぷり語」を使っています。

ターくんは「ママが死んだときに、パパは悲しかった?」って言います。突然聞かれたのでお父さんはビックりして答えられない。すると、ターくんは、自分は小さかったので覚えていないので、「そのとき自分は悲しんでいたのか」と聞きます。お父さんは「悲しかったんだろうけれど、あのときおまえはまだ小さかったから、まあなあ……。どうしてそんなことを聞くの」と尋ねます。すると、「だって、そのとき悲しんでなかったらママに悪いもの」とターくんは言うのです。

知らんぷりをするのではなくて、死の悲しみをそのまま悲しむということを、ぼくらは「喪の仕事」と呼んでいます。死んだ人にふさわしい「喪」ということをしなかったら、「死」が完結しないということをターくんという四歳の子が知っているわけです。

それから、保育園で兎の子が死にました。みんなで欅の木の下に埋めて拝みました。考えない子どもは、兎が死んだら埋めて、「ナンマイダ」でさよならですが、ターくんはお母さんのことがありますからそうはいかない。拝みながら、口の中で「死んでも死んでも死んでも死んでもいい。ここにおるもん。死んでも死んでも死んでも死んでもいい。また生むもん」と言ってるのですね。これはターくんの心のなかで、死んでもまた生まれ変わってくるというイメージがあって、兎を弔っているのです。

これはほんとにお経ですね。いま、死んだときに言う非常に大事な言葉であるお経やお祈りがわれわれにわからない場合が多いです。いちばん大事な言葉が「知らんぷり」ではなくて、「知らん」言葉になっているのです。人間の死について、すごく大事なことが言われているのですが。

それに比べると、ターくんの言葉はほんとのそのことを言っているわけで、これはすごいと思いますね。本当のお経を四歳の子が言っている。われわれはそれに見習わなければならない。この子こそ、兎の死に対する「喪」をやっているのです。いまは「喪」の期間が短すぎると思いますし、形骸化して、本当の喪にならないということがあります。

ついでにちょっと言っておきますと、『禁じられた遊び』という映画がありましたね。この映画の主人公ポーレットは、目の前でお父さんとお母さんが銃撃にあって死んでしまって、ひとりぼっちになるわけです。それでどこかの村のなかに逃げ込んで、住まわしてもらうわけです。村にはミッシェルという男の子がいます。

ポーレットは何かあると十字架を建てます。木を組み合わせて、洞穴にたくさん十字架を建てているのです。「十字架ごっこ」といえるのかもしれませんが、もっと深くいえば「喪の仕事」をやっているわけです。誰も自分の両親の死を悼んでくれないから、あるいは空襲で死んだたくさんの人の魂を癒さないから、ポーレットという女の子がひたすらお墓を作っているのです。

ミッシェルの家と隣の家とは喧嘩ばかりしています。そのうちに隣の家の誰かが死にます。棺を運ぶ、日本でいえば霊柩車のようなものが出てくるのですが、そのうえには上等の十字架がついています。それを見たミッシェルは、ポーレットを喜ばしてやろうとして、それを盗ってきます。これからお葬式というときになって十字架がないことに気づいて、隣のおっさんが盗んだのに違いないと思うわけです。それで、隣へなぐり込みに行こうと相談していることをミッシェルが知って、びっくりして神父さんのところへ懺悔に行きます。両家が墓場で対決する寸前に神父が割って入って、「ポーレットを喜ばせるためにミッシェルがやったのだ」と和解させるのですが、すべてはポーレットのせいだということで、ポーレットを施設にあずかってもらうことになります。ポーレットがさみしく立ち去って行くところで映画が終わるわけです。

あの映画の言いたいところは、誰もがしなかった喪の仕事を子どもが引き受けているということです。

それからもうひとつ、これは私が心理療法を仕事にしているから思ったのかもしれませんが、私がひどくこころに残ったのは神父さんのしたことです。神父というのは告解を他に漏らしてはいけないわけです。われわれ心理療法家も、そこで聞いたことを外に漏らしてはいけないのは同じことです。神父さんは怪我人が出るのを防いだように見えるけれども、大人の怪我を救うために少女の魂にすごい傷を負わしているのですね。そのことがいちばん言いたかったことかもしれません。もし私があのときにミッシェルの話を聞いていたらどうしただろうなあと思います。死の問題がかかわってくると、われわれのほうにも命がかかってくるということがすごくよくわかります。ヘタに命を救おうとすると、魂に傷をつける。どちらが悪いのか、ちょっとわからないですね。

## ルーマー・ゴッデン『人形の家』

『人形の家』というのも素晴らしい作品でして、人形が住んでいる人形の家の話です。その人形で遊んでいるのがエミリーとシャーロットという二人の女の子です。その人形の家には男の人と女の人と子どもがいて、それをシャーロットとエミリーは家族にしているわけです。実際はその三人はバラバラなんですが。

ぼくがどういうところに感激したかというと、人形というのは何かがほしいと思っても何もできません。人形にできることは祈ることだけです。祈りが通じたらほしいものが手に入ります。羽根ふとんがほしいと祈ったら、シャーロットがこの子には羽根ふとんかなあというようにやってくれるわけです。

ぼくがなぜこういうところに感激したのかというと、心理療法というのはこの人形と同じだということですね。ぼくのところにやってこられたクライアントさんを、ぼくは動かすことができない。それでも、祈ることはできる。子どもが暴力を振るうといって来られたお母さんに「もっと子どもに親切にしてやってください」といっても、親切にするお母さんはまずいません。忠告して、ぼくの思うとおりに人が変わるということはまずないです。

忠告して人が変わるのなら、ぼく自身に忠告したい。「河合隼雄よ、もっと早く起きて勉強しなさい」というようにね。ところが、われわれ心理療法をやっている人間は祈ることはできるのです。そして、不思議なことに祈りは通じるときと通じないときがあります。

いつも通じるのはテクニックです。たとえば、テレビのリモコンは思うようになります。これをなにも知らない人が見たら魔法としか思えないですね。あまりにもテクノロジーがなんでもできるので、われわれ人間はときどき錯覚を起こして、上手なテクニックを使えば人間を変えることができると思うのではないでしょうか。たしかに、テクノロジーがすごく発達したので、いままで死んでいたはずの患者さんが手術や薬によって助かるようになりました。ありがたいことです。ありがたいことですが、人間の本質にかかわってくることになるとテクニックはまず通じないですね。何が通じるかというと祈りです。

この本でもはじめはうまくいかないのです。エミリーとシャーロットは人形たちを大事にして喜んでいるのですが、そのうちにもっと綺麗で高慢ちきな人形が好きになって、それを人形の家に入れます。そして、その人形を主人にして、いままでいた三人を召使いに変えてしまうわけです。三人は残念で、必死になって祈るのですが、なかなか通じなくてどんどん変化していく。そういうなかで、シャーロットのほうがなんとなく可哀想に思ってくる、つまり人形の祈りが通じてくるのですね。

意地悪な人形は、子どもの人形を石油ストーブでやけどをさせようと悪巧みをするのですが、母親役だったセルロイドの人形が子どもの危機を救うためにパッと飛び出します(このあたりは人形がしたのか、人間がしたのかわからないようにうまく書いてあります)。セルロイドですから自分は燃えつきてしまうのですが、その勢いで子どもの人形は助かります。やっと気づいたエミリーとシャーロットは意地悪な人形を追放します。

ぼくは、人間のほうよりも人形のほうがぼくに似ていると思って、一生懸命に読んでいたので、母親人形の死にショックを受けました。われわれの仕事には命がかかっていると思ったのです。誰かを救おうとするときに、自分の命を捨てるくらいでないと、祈りは通じないのでしょうね。

## アーシュラ・ル゠グウィン『影との戦い』

『影との戦い』というのは、われわれ心理療法家のように、誰かを助けようとする仕事についていることには命がかかっているということがよく出ている作品です。この本は『ゲド戦記』の第一巻です。ル゠グウィンの『ゲド戦記』はぜひともみなさんに読んでほしいのですが、全四巻で死の問題を正面から扱っているのは三巻です。ですが、これをとりあげると長くなりますので、『人形の家』との連想で『影との戦い』を持ってきました。

これは、ゲドという魔法使いの話です。この本で好きなのは、魔法使いも偉くなるにしたがって、魔法を使わなくなってくるというところです。なぜかというと、たとえば、明日は運動会だから、無理にここ京都は晴れというようにしたとします。そうすると、そのために九州は大雨になってしまうかもしれない。だから、魔法はうっかりと使えなくなるわけです。医学でもそういうことはありませんか？　一部だけ見たらよいけれど、全体として考えると問題だというようなことがありませんか？

「死」の問題についていうと、ゲドは修行をして魔法が使えるようになってくると、使いたくて仕方がなくなる。それで、やってはいけない自分の影を呼び出すということをやって、ゲドは死ぬところまでいきます。ゲドは魔法使いの学校のようなところに通っていたのですが、そこには偉い魔法使いがたくさんいます。そのなかの大賢人のネマールが、優秀な学生であるゲドが助かるように祈るのです。そして、ゲドは助かって、その大賢人は死にます。ひとりの人を救うことによって、ひとりの人が死ぬということはよくあるのではないでしょうか？おそらく、その大賢人は自分の命を捨てても、ゲドを助けることに意味があると思ってやったのでしょう。

## 小川未明「金の輪」

小川未明の「金の輪」という物語は、ぼくが子どものころに読んで、すごく印象に残っている本です。太郎は長い間、病気で寝ていましたが、少し元気になったので床から出られるようになります。太郎は往来に出ましたけれど、誰も友だちが遊んでいませんでした。ここから小川未明の文章を引用します。

するとよい金の輪の触れ合う音がして、ちょうど鈴を鳴らすように聞こえてきました。かなたを見ますと、往来の上を一人の少年が、輪をまわしながら走ってきました。そして、その輪は金色に光っていました。太郎は目をみはりました。かつてこんなに美しく光る輪を見なかったからであります。まったく見知らぬ少年が、すっごくいい音を出して金の輪を回しているのですね。そこを過ぎるときに、少年はちょっと太郎のほうを向いて微笑しました。

翌日もその少年がやってきます。

こちらを向いて、昨日よりもいっそう懐かしげに、微笑んだのであります。そして、なにかいいたげなようすをして、ちょっとくびをかしげましたが、ついそのままいってしまいました。

太郎は少年に非常に親しみを感じます。友だちになりたいなあと思います。それで、お母さんに向かって、金の輪をまわしてくる子どもがいたよといいますが、お母さんはそれを信じませんでした。

最後はこうなんです。

太郎は、少年と友だちになって、自分は少年から金の輪を一つ分けてもらって、往来の上を二人でどこまでも走ってゆく夢を見ました。そして、いつしか二人は、赤い夕焼け空の中に入ってしまった夢を見ました。
明くる日から、太郎はまた熱が出ました。そして、二、三日めに七つで亡くなりました。

子どもの死を描いているめずらしい作品です。ひょっとしたら、小川未明が子どもの時に死にかけた体験を書いているのかも知れません。死ぬということは誰も歓迎することはないと思いますけれども、七歳で死んでいくなんてますます残念です。こういう文章を読むと、この少年が七歳で死ぬということと、八十歳までただ生きて死ぬということとほとんど変わりがないとさえ思います。

われわれは「死」を美化する必要はありません。こんなふうにも描けるということは大事なことではないでしょうか。

### 梨木香歩『西の魔女が死んだ』

この本はいろいろな賞をもらった作品です。児童文学の題名に「死」が入っているのは非常にめずらしいと思います。題名に「死」が入っていると、親も子どもも買うのを躊躇するのではないでしょうか。

主人公は「まい」という中学生の女の子です。この子は他の子から仲間外れにされて学校に行かなくなります。お父さんとお母さんは心配して、おばあさんのところにあずけます。そのおばあさんというのが面白いおばあさんで外国人なのです。おばあさんはひとりで田舎に住んでいます。このおばあさんが魔女なんです。よい魔女なんですけどね。

この物語のなかで、こういうところがあります。まいが悲しくなって、「みんな死んでいくのだけれど、ほんとに人間は死ぬとどうなるの」とおばあさんに話をします。実は、この質問は以前にお父さんにもしたことがあったのですが、「死んだら終わりやなあ」という返事しかかえってこなかったのですね。それで、まいの心のなかにそのことがずっと残っていたのです。おばあさんは、「死んでも魂というものがそれ以後も続いていくのだ」と話してくれたのです。

魔女というあだながついているのは、おばあさんには奇跡のようなことが起こる傾向があるからなんですが、それがあまり素晴らしいのでまいはおばあさんのように魔女になりたいと言い出します。おばあさんは、まいには素質がありそうだからというので、魔女になる訓練をいまからしてあげると言います。

魔女になる最初の修行はどうするのかというと、朝早く起きて、ちゃんと仕事をして生活することだというんですね。規則正しい生活をするところから魔女見習いが始まるのです。おばあさんはこうしたことがすごく上手です。ジャムの作りかたや掃除の仕方や花の咲かせかたをよく知っているのです。こういうことをひとつひとつていねいにやるわけです。

これも横道になりますが、『ガイアシンフォニー・地球交響曲』という映画の二作目の冒頭に出てくる弘前のほうにおられるおばあさんのことなのですが、このかたのところにいろいろな人が相談に行くのですが、みんなが感心するのはおばあさんの作った料理がすごくおいしいことなんですね。ここで食べたにぎり飯と漬け物の味が忘れられない。

こんな話があります。ある青年が自殺しようとしたのですが、無理やりにおばあさんのところにつれていかれたのですね。おばあさんに相談せよというのですが、青年のほうは死ぬ気になっていますから黙っています。おばあさんのほうも何も言わない。座っていただけなので、「帰るわ」ということになると、おばあさんは「言うことがないなら仕方がないけど、せめてこれでも」と、にぎり飯をつくってくれるのですね。そして、帰りの汽車のなかで青年はにぎり飯を食べるのです。そのにぎり飯を食べたとたんに、あんまりおいしかったから生きる力がわいてきたというのです。

すごくわかります。われわれは心理療法なんかやっていますが、本当はそういうことができたらいちばんよいのだと思います。

この映画の監督をした龍村さんがあんまりおいしいから作りかたを教えてくれというと、「決まった作りかたなんてない」っておばあさんは言うのですね。寒いときもあるし、暑いときもあるから、そのときそのときでみんな違う。ある人にはにぎり飯のなかに梅干しを入れるときもあるし、入れないときもある。入れるときでも、ひとつのときも二つのときもある。海苔を巻くときもあれば、巻かないときもある。みんな違うというのです。

それをひとりひとり違う、ひとつひとつ違うということを丹念にやること、人の命を救うということはすごいことじゃないでしょうか。『西の魔女が死んだ』でもそうですね。このおばあちゃんがひとつひとつ違うということを日常生活のなかでやり抜いているのをまいという少女が見ていて、結末はみなさんに読んでほしいので言いませんが、人間が死ぬということはこういうことなんだと思います。こういうふうに死ぬのだったら、こういうふうに生きようと思うわけです。

結局、死を考えるということは、死だけを考えるということではなくて、死と生が裏表になっているから意味があるので、死んでからどうなるかとか死とは何かということは、結局はどう生きるか、生きるということは何かということにつながってくると思います。いま自分の前にいるその人においしくものを食べてもらおうということに一生懸命になっている人が、いちばん人を癒す力を持っているというのはすごいことだと思うんです。

みなさんは死の臨床をやっておられますので、死というのはひとりひとり違うということを考えてくださったらいいんではないかと思います。

風邪をひいてますので段々声がかれてきて、「もうこのへんで終われ」と声が言っているようですから、これで終わることにします。

# 解説　バーリー・ドハティ『ディア　ノーバディ』

この書物は実に多くのことを考えさせる。読んだ後も、何度も人間の生き方についてあれこれと考えた。しかし、結論ははっきりとは出ない。この書物の与える課題は、現代人にとって実に大きいものであり、今後ともずっと考え続けていかねばならないことだろう。わが国のできるだけ多くの人に読んで考えていただきたい作品である。

主人公は高校三年生の男女、クリスとヘレンである——ひょっとして、主人公は「ノーバディ」とも言えるのだが。二人の恋人はある日「そんなことになるとは思っていなかった」のに、性関係をもつ。そして、その結果、ヘレンは妊娠する。言うなれば、こんなことはわが国でも珍しいことではないかも知れぬ。その結果の多くは、近代の医学によって「処置」されてしまう。あるいは、アメリカなどだったら、近代の福祉が助けてくれるかも知れない。いずれにしろ、ものごとは一応の「解決」を見る。

一般に解決されたと思っていることでも、実はそこに多くの人が考えねばならぬ課題が残されていることを、文学の名作はわれわれに思い知らせてくれる。この書物は、先に述べたような事柄の背後に、近代社会における母性の否定という問題があることを提起していると思われる。「訳者あとがき」によると、この作品における「命そのものをいとおしむ深さ」について訳者が感じているとき、「著者は、もうひとつの主題は「母親さがし」

であると話してくれました」とのことであるが、「母親さがし」の方が本題だったのではないかと思われる。

クリスはヘレンとのことがあってすぐ、父親と別居している母親に会いたいと思う。そして、今まで訊いたことのなかった質問を父親にぶっつける。「お母さんと、なにがあったの?」と。父親は自分の妻が自分を棄てて、他の男のもとに行ってしまったことを話す。クリスはその後、母親に会うことになるが、それは後に述べる。

他方、ヘレンは妊娠していることを知り、随分と苦しんだ後に、それまであまり話をしたことのない祖母(母の母)に会い、祖母が、「うちにはよっぽど悪い血が流れてるんだねえ。母親が母親なら、娘も娘ってことだ」と言うのを聞く。その後、ヘレンは「わたしはあれから何日もかけてママとパパの書類箱をかきまわし、わたしの出生証明書とママたちの結婚証明書をさがした」。しかし、何も出て来なかった。そこでヘレンは意を決して母親に、「わたしが生まれたのはママが結婚する前だったの」と訊く。母親は、「そんな、きたならしいことを」したことはないと言い、娘の追及に耐えかねて、実は自分が私生児であったことを告白する。

高校三年生の男も女も、二人が性関係をもったのを契機として、それぞれの家のタブーに挑戦し、敢て「母親」に関する秘密を知ろうとする。これはどうしてだろう。

大人になる、ということは実に大変なことである。したがって非近代社会では、ほとんど命がけのようなイニシエーション儀礼を通じて、子どもが大人になった。しかし、ここで大切なことは、彼らは「部族の一員として」の大人になったのである。しかし、西洋の近代社会においては、あくまで「個人」を中心にして、個人が大人になるにはどうすべきかを考えた。そして、大まかに言えば、各人がその母親への依存関係を断ち、自立して行動できる人間になるべきだと考えた。確かに、どんな人間でも母親から生まれてくるし、母親に依存しているわけだから、これは納得のいく話である。母親にしても、いつも子どもから依存対象として見られていたら、個人としての自分自身の人生というのが壊されてくることにもなる。以上のような考えによって、近代社会においては、母親との関係の切断による自立という、大人になるための図式は、相当固定的になった。

「個人」を中心と考えながら、大人になる筋道として万人共通のパターンを考えるのはおかしいと思うが、これが「近代」の特徴ではなかろうか。それは「個人主義」というひとつの考え方であって、別に「正しい」ことでもないし、ましてや万人共通などではあり得ない。個人主義に頼ることによって個人が壊されていく。そのようなことに最近では気づく人が出て来たようだ。この作者もおそらくその一人だろう。

「母親との関係の切断」と言えば、非近代社会のイニシエーションにおいて、成人式への参加者は母親から引き離されることが多い。多くの場合、彼らは「殺される」ことになっていて、必死になってそれを守ろうとする母親から奪い去られる形をとる。このようにして、母親との関係は切断されるのだが、「部族全体」という母性との関係を確立することによって、大人になっていくのである。

ここで、「部族全体」という母性は、各人の安心感を保証するものになるが、「個人」を中心に見ると、それは束縛に感じられる。したがって、それを否定して個人主義が生まれてくるし、旧来のイニシエーションは消滅してしまう。しかし、ここに示された、個人としての母親との関係の切断と、あらたなる母性との関係の確立という方式は、現在においても見習うべきものと考えられないだろうか。

人間にとっては、男女を問わず父性も母性も必要である。とすると、個人として生きようとする人間は、母親への依存を棄てるにしろ、自分の心の中にある父性と母性との関係をいかにして確保していくか、そのような父性と母性をどのようなものとして把握していくか、という大変な課題を背負うことになる。これはおそらく一生の課題であろう。

ところが、近代の個人主義は前述したような単純な図式によって考え、しかも、母親との関係の切断と、母性との関係の切断を取り間違ったので、母性の価値を低くみる生き方を採用してしまったと思われる。これによって生じる悲劇(および喜劇)がどのようなものであるかを、本書は実に巧みに描いている。

近代の個人主義に則る限り、クリスの母親の生き方は素晴らしいと言える。最初の結婚によってある程度の心の癒しを得たものの、「ほんとうの自分を生かしておくため」に、新しい男を見出して家を去る。そこで登山など自分の好みを生かす生活を築きあげ、別れた子どもが訪ねてきたときには誠実に対処する。そして、前の夫と離婚し、現在の夫との結婚を正式に成し遂げる。これは立派と言っていい生き方である。

しかし、母性という面から言えばどうなるだろう。家を出た後、彼女は子どものことを思って泣き暮らす。クリスに子どもができたことを知ったとき、孫の養育のために「義援金」を送ることを申し出る。彼女は母性の欠如した女性ではない。しかし、ほんとうに個人として生きるには、それは十分ではない。というよりは、近代という時代そのものが母性との深い関係を切断して個人をつくろうとしたために、混乱が生じてきているのだ。

高校三年生の男女が「そんなことになるとは思わなかった」のに性関係ができる。一般化はできないが、多くの場合、このようなことの背後に、母性の不足ということがある。(これは近代社会のことで、まったくの母性社会になると、また異なるシステムになるが、ここでは触れない。)クリスもヘレンも「肌が恋しい」のであり、「抱いて欲しい」のである。それは男女の愛とは異なると言っていいだろう。クリスの母は「父親を求めて」結婚したと言っている。そのとおりだろう。心の方はそうであっても、生物的には彼らは、「父」、「母」にならねばならない。このような大変なことになる背後に、クリスにしろ、ヘレンにしろ、母性の不足という近代社会の課題を背負っていることを、本書は具体的に述べている。

ここで、「母性」ばかりが強調されると嫌に思う人のためには、「身体性」という表現を用いる方がいいかも知れない。クリスの母は何も特に母性の弱い人ではないと述べた。彼女は孫のために「義援金」を出す。しかし、はじめて訪ねてきた息子に対して、「まともな食事も作らない」のだ。ヘレンが妊娠しているかどうか一人で思い悩みしているとき、「後ろから抱きつき、ママの肩に顔をうずめた。驚いたママは笑いだし、わたしの手をふりほどこうとした」。母と娘の身体レベルの接触はまったく切れている。この光景を見ていたヘレンの弟は、「きもちわりい!」と叫んでいる。「身体」というものは「きもちわりい」ものであったり「きたならしい」ものであると思われている。

「身体性」と言えば、ここに出てくる男たちの「父性」にほとんど「身体性」が感じられないのも特徴的である。非常に興味深いのは、ヘレンの祖父、ヘレンの父、クリスの父、これらの人に共通に「母性」が感じられることである。彼らはうすうす現代における「母性の欠如」に気づいているので、意識的、無意識的に「母性」の役割を演じている。しかし、彼らは「体を張った」父性の強さを失っている。

近代の個人主義は頭で考えすぎたので身体性が稀薄になりすぎたようだ。本書に登場する人物は、すべてが誠実で健気に生きている。にも拘らず、「幸福」な人はほとんどいないと言っていいだろう。人生の目標が「幸福」だなどとは言えないにしても、もうちょっとまし な生き方はないものだろうかと思う。

「ほんとうの自分」とやらを探しに出かけるのなら、頭だけでなくもっと「身体」を使わないと駄目である。そうするともう少し幸福になるが、それに見合う苦しみも増大することは覚悟しなくてはならない。

こんなことを考えていると、この本の題はほんとうにうまくつけてあると思う。「ディア ノーバディ」を読者に対する呼びかけとして読むと、この本はわれわれに対して、「親愛なる 身体を失った者よ」と呼びかけているように思えるからである。身体性を失った現代人はいかに生きるべきか、本書の投げかける問いは、実に重いものがある。

＊編集部注――児童文学の歴史的作品には、差別にかかわる表現が用いられている箇所がありますが、行論の必要上そのまま引用しました。

# 初出一覧

序説　子どもと物語　　書き下ろし。

Ⅰ

物語とふしぎ　　一九九六年三月、岩波書店刊。

Ⅱ

児童文学の中の「いのち」　『いま、「いのち」を考える』一九九九年三月、岩波書店刊。

児童文学のなかの家族　『家族はどこへいくのか』二〇〇〇年三月、岩波書店刊。

絵本の中の音と歌　『絵本の力』二〇〇一年六月、岩波書店刊。

日本語と日本人の心　『日本語と日本人の心』一九九六年四月、岩波書店刊。

Ⅲ

「わかること」と「わからぬこと」　『季刊アステイオン』一九九八年冬号、ＴＢＳブリタニカ。

透明なボク　『朝日新聞夕刊』一九九七年七月九日、朝日新聞社。

児童文学のなかの「死」　『死の臨床』二七号、一九九六年九月、日本死の臨床研究会。

解説　バーリー・ドハティ『ディア ノーバディ』　バーリー・ドハティ著、中川千尋訳『ディア ノーバディ』新潮文庫、一九九八年三月、新潮社刊。

■岩波オンデマンドブックス■

河合隼雄著作集 第II期 4
子どもといのち

2002年5月7日 第1刷発行
2015年12月10日 オンデマンド版発行

著 者 河合隼雄《かわいはやお》

発行者 岡本 厚

発行所 株式会社 岩波書店
〒101-8002 東京都千代田区一ツ橋2-5-5
電話案内 03-5210-4000
http://www.iwanami.co.jp/

印刷/製本・法令印刷


ISBN 978-4-00-730336-4 Printed in Japan